KB241031

신화·예술적 상상력이 역사·노동·비극적인 상상력을 거쳐
미래·예술·창조적인 상상력으로 질적 도약할 수 있을 것인가.
그리하여 상처입은 역사·비극적 상상력을 복원할 뿐 아니라,
실패를 출구로 한, 더 거대한 전모(全貌)로 상승시킬 수 있겠는가.

상상하는 한국사 4

반란의 시대

고 려 편

김정환 지음

도서
출판 푸른숲

육체와 정신, 아름다움과 포르노그라피의 병존

고려사를 총체적으로 이해하는 데는 유독, 광범위하고 복잡한 예술론이 필요하다. 불교와 정치가 혼융하면서 때로는 위대한 문화·예술 유산을, 다른 한편으로는 노골적인 음란을 낳는 광경이 바로 고려사의 큰 틀거리인 것이다. 밖으로 외세와 몽고의 탄압과 안으로 무신정권의 창궐은 그 사태를 더욱 어지럽게 만들었다.

경제발전이 가속화되면서 현실과 환상, 그리고 육체와 정신이, 아름다움과 포르노그라피가 병존하고 서로 살을 섞는 그 광경은 현실 사회주의 패망 이후 현재의 자본주의 사회를 선견(先見)케 하는 바도 있다 할 것이다. 역사를 쓰고 있는 것인가, 아니면 한 편의 영화를 보고 있는 것인가. 고려사를 이해하고 가슴에 품으려면, 고려의 역사를 느끼려면, 그 착각과 혼동을 두려워해서는 안 된다. 오히려 그 현기증을, 예술가처럼 활용해야 한다.

인생, 역사 그런 것은 덧없다. 고려의 종말은 그렇게 기록할 것이다. 아니, 영화의 자막은 이렇게 쓰여질 것이다. 색즉시공 공즉시색. 우리가 영화를 보기는 본 것일까? 영화는 스스로 영화인 것을 아는 것일까? 영화의 시간은 4백 년이 넘지만, 현실의 시간은 이 책을 읽는 시간 정도일 것이다. 아니, 거꾸로인가? 무엇이, 고려사가, 아니면 영화가?

1997년 5월

김정환

쌍화점 1장

그리고 그 전과 그 너머

쌍화점이라는 속요를 통해 고려의 전반적인 성격을 규명해보자. 해외무역이 급성장한다. 고려가 '코리아' 로서 서방에까지 알려지게 된다. 숱한 외국인들이 고려를 찾는다. 문화는? 음란해진다. 왜 그랬을까? 갖은 금은보화를 삼키며 색과 공이 어긋난 불교가 육체의 반란을 초래한다. 불교-귀족권력에 대한 무신(武臣)들의 구테타가 그렇게 발생한다. 그리고……

포르노/의성(擬聲)과 의태(擬態)/아름다움과 육체, 시간과 영속/경제의 정치적 비전/문민적/반성과 반전/무력 스스로의 자학/애국적인 군부?/가장 야만적인 문화 침략/불교 예술과 가상현실/개혁과 멸망/남녀상열지사(男女相悅之詞)

포르노

쌍화점에 쌍화사라 가고신댄
회회(回回)아비 내 손모글 주여이다.

만두가게에 갔더니 서역(西域) 놈이 내 손목을 잡기에……. 1279
년 고려 궁정 연회장이다. 몽고 풍색이 완연한 충렬왕(1274~1308년)
과 신하들이 불콰하게 취했고 여인네들의 간드러진 웃음소리가 술상
위를 거침없이 굴러간다.

노래를 부르며 음란한 춤을 추는 것은 개경과 8도에서 뽑은 기녀
에게 남장을 시킨 가무단. 노래 자체에 그 몸짓이 묻어난다.

이 말삼미 이 점(店) 밧긔 나명들명
다로러거디러

죠고맛감 삿기 광대 네 마리라 호리라

　이 말이 가게 밖으로 새어나가면 다로러거디러 조그만 새끼광대놈 네놈 짓인 줄 알겠다……. 그러나 가사 내용의 협박이 무슨 소용인가. 이미 다 알고, 그래서 좌중 앞에서 부르는 노래 아니던가.
　'다로러거디러'는 의태어. 그전에 '나명들명'도 의태어 역할을 족히 했다. 남성기(男性器)가 여성기 속을 드나드는 좌중의 몸짓이 그 의태어를 따라 더욱 음란해지고 1절의 고조가 온다. 따라 부르는 자도 있고 따라 동작하는 자도 있다.

더러둥셩 다리러디러 다리러더러 다로러거디러 다로러

　다리들이 뒤섞이고 신음소리가 나는 듯하다. 춤과 노래가 광란의 절정으로 치닫는다. 모두 따라 부르고 혼연일체가 된다.

그 자리예 나도 자라가리라
위 위 다로러거디러 다로러
긔잔대 가티 덦 거츠니 업다

　그곳에 나도 자러 가리라. 그 잔 곳같이 울창한 게 없다. 거의 집단 섹스의 경지, 아니 지경이다. 노래는 4절까지 이어지는데 모두 섹스 순행(巡行)이다.

삼장사(三藏寺)애 불혀라 가고신댄
그 뎔 사주(社主) ㅣ 내 손모글 주여이다

드레우므레 므를길라 가고신댄
우물 용(龍)이 내 손모글 주여이다

술팔 지븨 수를 사라 가고신댄
그짓 아비 내 손모글 주여이다

의성(擬聲)과 의태(擬態)

각 절 3행은 점(店) 대신 '뎔'(절)로, '우믈'로, '집'으로 변하고, 4
행은 '삿기 광대' 대신 삿기 상좌(上座), 그리고 '드레바'(두레박), 그리
고 '의구비'로 변한다. 마지막은 후렴이다. 좀더 따져보자. '주여이
다'는 '주고 싶다'로 들리지 않는가.

'긔잔대 가티 덦거츠니 업다'는 섹스 행위의 흥건무쌍함 그 자체이
다. 모든 것이 의미의 형식을 깨고 성교(性交)를 의태하고 의성(擬
聲)한다. '네 마리라 호리라'까지도.

여기서, 바람피우는 여자가 제 생식기를 고추장 푸던 주걱으로 때
리며 비밀을 지키라고 엄포를 놓는 '고추장 단지' 음담(淫談)까지는
별로 멀지 않다. 만두의 소리 표시인 '쌍화'가 집단 섹스를 의미하는
'雙花'로 변한 것처럼, 궁중 연회장 전체가 집단 섹스장으로 변해갔
을까? 그랬을지도 모른다. 이곳이 왕과 총신·총희들만 드나들 수
있는 지밀(至密) 궁정의 연회·공연장이었다면.

이 노래의 연회를 지휘한 것은 승지 오잠. 어진 신하를 모함하고
살해하여 원성이 자자했지만 아무도 그에게 대들지 못했다. 충렬·
충선왕 부자를 항상 이간시켰다. 사람들이 고려를 다스리던 원나라
의 사신에게 상소를 올렸지만 그는 사신에게 뇌물을 주어 무사했다.

후에 유배되었다. 하지만 충선왕(1308~1313년) 때 다시 복권되어
승승장구한다. 1321년에는 왕의 원나라 방문 때 따라가서 왕을 모함

히에로니무스 보스, 〈세속적인 환락의 정원〉.

하더니 2년 후에는 원나라 황제에게 고려 국호를 폐하고 원나라 직속령으로 할 것을 청했다. 〈쌍화점〉 등 음란한 가무 연희의 위력은 그만큼 강했고 그만큼 해악이 컸다.

남녀상열지사(男女相悅之詞). 포르노란 원초적인 성과 다르다. 그보다 높은 문화 수준을 의미하는 동시에 타락을 드러내기도 한다. 원시의 성은 미개를 뜻할 뿐 그 자체로 타락은 아니다. 이 노래에서 갈등과 망설임이 없는 것은 본능 때문이 아니고 쾌락 지향 때문이다.

아름다움과 육체, 시간과 영속

매우 문화적이되, 매우 퇴폐적인 경지 혹은 지경인 것이다. 남장의 여자 기생들이 춤을 춘 것은 신라시대의 화랑이나 동성애와 달리, 그 쾌락이 극도로 변태적이었다는 것을 의미한다.

충렬왕이 방탕해서 이 연희가 만들어졌는지 이 연희가 충렬왕의 방탕성을 자극했는지가 닭과 달걀의 논쟁이듯, 쾌락을 추구하는 '문화적' 기술의 발달과 그것의 사회적 질병화(疾病化)는 앞서거니 뒤서거니 서로를 악화시킨다.

아름다움의 육체인 예술이 육체의 아름다움만을 탐할 때 시간과 영속 사이 삶의 의미가 정체성을 잃게 된다. 순간의 쾌락이 스스로 더 진하고 독한 쾌락을 요구할 뿐 그 사이의 시간은 모두 지옥인 것이다.

〈쌍화점〉은 오잠이 개인적으로 창작한 것이 아니고, 시중에 유행하던 속요를 '방탕한' 충렬왕의 기호에 맞게 고친 것이다. 이 문장에 그 당시 정황이 모두 드러난다. '나라'란, 그것을 근거삼아 보다 나은 미래를 추구하는 자가 다수이거나 주도적일 때 존속되는 법. 이 정황이 망국의 그것임은 말할 나위가 없다. 어째서 이런 일이 벌어졌을까? 그 과정을 우리는 이 권에서 추구해볼 것이다. 이 장은 그것을 위한 전반적인 배경으로 쓰여진다.

고려 왕조는 매우 불안한 상태에서 출발했다. 지방 호족들의 힘은 아직 엄청났고 중앙의 통제가 미치지 않았다. 태조 왕건은 그들을 끌어들이기 위해 무려 20여 호족 출신의 여인 29명을 왕비로 맞아들인다. 그뿐인가. 숱한 호족들에게 왕씨 성을 주었다.

이 안이한 현상유지 정책은 자신의 생애 너머를 보지 못한 '재벌'

왕건의 정치적 '비전 없음'을 적나라하게
보여주면서 동시에 왕정 타락의 예감도
가능하게 한다. 고려 왕조의 후궁사(後宮
史)는 놀랄 정도로 족보가 문란한 것이
다.

경제의 정치적 비전

태조는 지방 호족들에게 자치권
을 주면서 그 아들을 인질로 잡아
두는 기인 정책, 개국공신들을 고
향에 내려보내 그 지방의 치안권

봉합인(封緘印)으로 사용된 인장(印章). 고려시대.

을 관할케 하는 사심관 제도 등을 병행했다. 그러나 그의 정치관은
그가 정말, 고려라는 나라가 몇백 년 유지될 거라는 희망이나 예감을
하기는 했던 것일까 의심하게 만들 정도이다.

그는 만년에 신하로서 지켜야 할 규범인 《정계(政戒)》 1권과 《계백
료서(戒百寮書)》 8편을 지어 널리 반포했다. 그리고 자손과 후대의
왕들을 위해 《훈요십조(訓要十條)》를 다시 내렸다. 이 임종의 다작(多
作)은 무슨 뜻인가? 지상 경제의 평화에 갇힌 태조 왕건의 시각이
자신의 죽음 너머를 보며 미래 정치의 시각으로 뒤늦게 전화되는 것
인가? 그러나 너무 늦었다.

그가 죽자마자 광주(廣州) 호족 '왕'규가 난을 일으키는데, 그는 두
딸을 왕건의 제15, 16비로 들어앉혔던 사람이다. 왕규 세력을 진압한
것은 '왕'식렴파. 그는 개경 호족이었고, 애초의 서경 천도론은 그의
세력기반을 벗어나려는 왕정의 노력에서 비롯되었다.

왕식렴의 힘으로 왕위에 오른 정종(945~949년)은 서경천도를 직접
추진했지만 뜻을 이루지 못하고 일찍 죽었다. 왕권이 어느 정도 안정

된 것은 광종(949~975년) 때. 그는 매우 정책적이었다.

그가 956년에 실시한 노비안검법은 호족들에게 딸린 숱한 노비들을 해방시켜 '나라의 백성'으로 만들었고, 958년 후주 사람 쌍기의 건의를 받아들여 실시한 과거제도는 신진관리를 양산, 개국공신 계열들에 타격을 입히는 데 주효했다.

그러나 그의 정책은 호족과 개국공신들의 불만을 불러일으켰고 그는 무자비한 살육으로 답했다.

문민적

경종(975~981년) 치세는 형식적으로는 반동기이다. 개혁정치의 주역들이 제거된다. 그러나 이제 중앙집권화 정책은 대세였고, 976년 제정된 전시과는 중앙관료들의 경제적 기반을 마련해주게 된다. 중앙집권 체제가 마무리된 것은 성종(981~997년) 때. 최승로의 건의를 매개로 유교가 정치이념으로 형식적으로나마 확립되었다. 중국 제도를 본뜬 중앙관제가 제정되고 12목(牧)을 설치, 지방자치 체제가 중앙정부의 통제하에 놓이게 된다.

이때 호족이 중앙집권 체제에 편입되는 과정은 사뭇 문민적이다. 호족의 자제들을 개경으로 불러 유교·정치학을 가르친 후 과거를 통해 중앙관리로 등용하는 것이다.

문종(1046~1083년)에 이르면 중앙집권 체제의 지배와 사회구조가 완성된다. 그 사이에 거란이 세 차례에 걸쳐 침입했고 여진족이 압박해 들어왔지만 그것은 고려의 상승·안정세에 건강한 자극으로 작용했다. 중앙군제가 확립되고 경제제도도 정비된다. 사회구조가 정착되면서 문벌을 중시하는 귀족사회가 발달했다. 이 귀족세력이 문종 때에 이르러 고려의 정치·경제·사회·문화 전반에 걸쳐 황금기를 일구고 그후로도 1백 년 동안 지속된다.

그러나 불교가 여전히 위력적이었고 이 문벌들의 유교 — 정치철학
은 충분히 정치·경제학적이지 못했다. 정치철학이 없는 문벌귀족
간의 갈등과 항쟁이 나라를 병들게 한다. 갈등의 양 축은 전통적인
문벌귀족과 지방 향리 출신인 신진관료이다.

인종(1122~1146년) 치세에 발생한 두 난 중 이자겸의 난은 전자가,
묘청의 난은 후자가 주체였다.

반성과 반전

이자겸은 두 딸을 왕비로 들여보내 권세를 잡은 인주 이씨 문벌의
중심인물이었다. 그리고 묘청은 개경의 문벌귀족에 대항하는 지방
신진세력의 대표격이다.

개경 문벌이 주도하는 조정은 금나라에 사대의 예를 취한 것에 맞
서는 자주적 혁신정치를 표방했지만, 묘청 일파의 서경천도 및 칭제
(稱帝, 황제를 자처함), 건원(建元, 독자적인 연호를 사용함), 그리고 금
나라 정벌 주장은 정치철학적 토대가 불행하게도 풍수지리설이었다.

묘청의 서경천도론은 문벌의 세도를 약화시키고 왕권을 강화하려
는 인종의 의도에 맞아떨어졌지만, 《삼국사기》의 저자 김부식으로 대
표되는 개경 문벌의 강력한 반대 때문에 실현되지는 못했다. 이에 묘
청은 서경에서 난을 일으켜 새로운 나라를 세우니 그것이 묘청의 난
이다.

묘청의 난은 김부식이 이끄는 관군에 의해 일 년 만에 진압된다.
그러나 김부식의 아들대에 무신반란이 일어난다. 그리고 무신정권이
야말로 문벌귀족들의 화려한 문화에 내장(內藏)되어 있던 모순이 극
단적인 정반대를 부른 필연적인 결과이다.

이 극적인 반전 혹은 단속(斷續)이 중추적이고 일관된, 그리고 지
속적으로 발전해가는 정치철학의 부재로 인한 것임은 명백하다. 불

교는 만연해 있었지만 노쇠화로 인해 낡은 틀로 사회발전을 저해하
거나, 문란한 상상으로 농익고 부패하거나 둘 중 하나였다.

유교는 유약(幼弱)하거나, 설익은 강단으로 배타적이거나 둘 중 하
나였다. 이때 유일한 길은 유교와 불교의 정치·경제학적이고 예술
적인 결합이었겠다. 그러나 그 결합의 부재로 야기된 무신정권은 결
합 가능성의 싹을 아예 뿌리째 뽑아버렸다.

교만·허약한 문벌귀족의 무신 천대 정책의 반성에서 나온 결과가
아니라 극단적인 반전이었던 까닭이다.

무력, 스스로의 자학

무신반란은 경제적·하부구조적인 근거가 있다. 그때 군인은 일반
농민층으로 충당하는 게 보통이었는데,
문벌귀족이 대토지를 차지하자
토지를 잃게 된 농민층의 불
만이 군인층에 그대로 담지
됐던 것이다. 어쨌거나, 그
렇게 불교와 유교는 각각
그 단점을 악화시켜가게
된다.

인골을 담는 골호(骨壺).

무신정권은 1270년까지
꼭 1백 년 간 지속된다.
무신정권의 형성기는 칼과
칼이 범람하며 무도한 살육
을 일삼던 시기이다. 무력과
무력이 그것만으로 용호상박하
는 와중에 문벌귀족의 반항도

끼여들었다. 정권은 쉴새없이 교체된다.

이의방이 이고를 주살하고 정중부가 이의방을 제거하고 경대승이 정중부를 살육하고 병사, 그후 집권한 이의방을 최충헌이 숙청하고서야 무력끼리의 골육상쟁이자 무력 스스로의 자학은 진정세를 보인다. 이 혼란기는 천민·농민들의 민란으로 점철된 시기이기도 하다.

이 반란은 문신귀족정치 때부터 예견된 것이었으나 무신정권 형성기의 혼란을 틈타 집중적으로 발생했다. 무신들이 농민·천민계급을 전보다 더 극심하게 수탈했다는 경제적 이유가 근본적인 것이지만, 무력이 무력을 부른 외형적인 면 또한 강했다.

민란은 개경에서 멀리 떨어져 특수한 군사지대를 형성하고 있던 서북계에서 먼저 터졌다. 그 반란은 구지배계층이 군사적 여건을 바탕으로 일으킨 것이지만 농민층의 호응이 매우 컸다.

남도의 민란은 순수 농민·천민 반란으로, 1176년의 망이·망소이의 난, 1193년 사미·효심의 난, 그리고 1198년 만적의 난 등이 대표적이고 대규모적인 사례이다. 충청도 전역을 점령한 망이·망소이의 난은 농민반란에 부곡(部曲) 천민의 신분해방 운동이 결합한 것이다. 최씨 정권 성립기에 발발한 사미·효심의 난은 경상도 일대를 주름 잡았다. 이 난은 이듬해 진압되었지만 경상도 일대의 농민반란은 1202년 최충헌의 토벌작전 때까지 위세를 잃지 않았다.

애국적인 군부?

최충헌의 사노였던 만적의 난은 천민신분의 해방을 목표로 한 것이다. '왕후장상 따로 있나'로 요약되는 만적의 외침은 매우 혁명적이다. 어쨌거나 민란은 무신정권이 안정되면서 기세가 꺾인다.

그러나 무신정권은 민란을 진압하는 한편 농민을 위한 정책을 강구하지 않을 수 없게 된다. 그리고 농민과 천민의 반란은 귀족 중심의 엄격한 신분사회를 크게 뒤흔들고 백성 정치의 시대를 본격적으로 열게 한다. 이 점이 고려 무신정권의 유일한 진보적인 면이었다. 1960~1980년 간의 박정희 군부·개발 독재와 유사한 대목이다.

어쨌거나 1190년부터 1258년까지 최씨 집안 4대에 걸쳐 최씨 정권은 안정된 무신 독재정권을 영위했다. 최씨 정권은 다른 무반(武班)들을 억누르고 오히려 문신들을 보호하지만 그것이 무력통치의 더욱 완벽한 형태임은 말할 것도 없다.

강력한 세력인 몽고의 여러 차례 침략을 무신정권은 선방했다. 그러나 국토가 극도로 황폐해지고 백성들의 고충은 이루 말할 수 없었다. 최우는 수도를 강화도로 옮겨 몽고와의 전쟁에 대비했다.

1258년에 최의가 피살되고 최씨 정권이 막을 내린 후에 무신정권은 점차 약화되어갔다. 그러나 무신정권을 결정적으로 무너뜨린 것은 고려 왕족과 몽고 세력의 결탁이다. 고려 왕 원종(1259~1274년)이 몽고 세력의 옹호를 받으며 귀국, 개경 환도를 명한다.

삼별초의 난은 이 개경 환도를 몽고에 대한 굴복으로 간주, 이에 반대하며 배중손 등 무신들이 일으킨 반란이다. '애국적인' 군인의 탄생이다.

이 난은 진도에서 다시 제주도로 근거지를 옮겨 4년 동안 계속되다가 고려·몽고 연합군에 의해 진압되었다. 그리고 강화도를 겨냥하여 고려 전역을 짓밟고 다녔던 몽고가 고려를 훨씬 더 본질적으로 덮치게 된다.

가장 야만적인 문화침략

몽고, 원나라는 고려 국토의 3분의 1 이상을 직접 차지했고 두 차례에 걸친 일본 원정에 고려의 군량과 함선, 그리고 군사를 대대적으로 동원한다. 관제가 속국 수준으로 낮아졌고 왕실의 호칭도 격이 낮아졌다.

역대 왕은 반드시 원나라 공주를 왕비로 맞아들여 '사위국' 지위에 머물러야 했다. 경제적 수탈은 전면적이어서, 금·은·포·인삼·약재, 심지어 해동청 보라매까지 닥치는 대로 바치게 했다.

그뿐인가. 어린 처녀와 환관까지 원나라로 실려갔다. 그러나 그중 가장 야만적인 것은 문화침략이었다. 왕실과 상류층에게 몽고식 이름을 갖고 몽고어를 사용하게 했다. 몽고식 변발과 의복이 궁중을 풍미했다.

원나라는 그 팽창 속도가 가공할 정도로 빨랐지만, 호전적인 유목 민족으로서 정치·문화제도의 안정성이 중후한 제국은 아니다. 그들의 문화침략에 거의 겁탈당하듯 무력·야만적으로 당하게 된 것은, 무신정권을 잉태시킨 고려사 스스로의 죄값 치름이었을까? 어쨌거나 이 와중에 우리는 〈쌍화점〉 공연을 보게 되는 것이다.

불교문화는 이 모든 몽고 정치와 문화의, 그리고 저질러짐의 경로와 모태로 작용한다. 신라의 경우에 비해 그것은 얼마나 창녀적인가. 불교가 불교 스스로 거대하게 자멸해가는 과정은 매우 기괴한 색(色)일색이다.

굴종의 쾌락에 물든 왕족과 무력충동의 우매한 애국주의 사이에서 유교는 겨우 명맥을 유지하면서 불교 왕들의 몰락을 속수무책으로 방관할 뿐 발전과정이 봉쇄되기는 마찬가지이다. 나라 전체가 집단 음란의 환각 속으로 빠져들었을 것은 당연하다.

고려청자와 팔만대장경이 상징하는 고려의 문화 수준은 매우 높다. 그러나 정신적 의미의 뼈대 혹은 모태가 혼란에 빠져 있는 한 높은 문화는 더 지독한 포르노를 낳는다.

불교 예술과 가상현실

사대주의의 굴종과 음란이 공존하는 이러한 상태는 고려 멸망기까지 치명적인 장애로 작용한다. 공민왕(1351~1374년)은 중국의 정세 변동, 즉 원이 망하고 명이 들어서는 정황을 십분 활용, 반원(反元)·자주 개혁정치를 의욕적으로 펼쳤던 왕이다. 그는 친원파들을 숙청하고 원나라가 고려에 설치한 쌍성총관부를 무력으로 철폐했다.

그리고 요동지방을 공략했다. 바뀌었던 관제를 복구했고 몽고풍을 대대적으로 없앴다. 그리고 전통적이며 보수적인 권문세가를 억누르고 신진사대부를 키워냈으며, 특히 권문세가와 전혀 무관한 승려 신돈을 기용, 과감한 개혁정치를 폈다.

신돈은 권문세가들이 빼앗은 토지를 원주인에게 돌려주었다. 노비도 돌려주거나 양민으로 해방시켰다. 원의 압력, 그리고 원나라를 등에 업은 권문세가들의 반격으로 공민왕의 개혁은 좌절을 맞게 된다. 신돈이 제거되고 공민왕까지 시해된다.

그러나 여기서 흥미로운 것은 공민왕과 신돈을 둘러싼 원나라와 불교의 '분위기'이다. 공민왕은 노국공주에 대한 사랑에 눈이 멀었고, 그녀가 일찍 죽자 실의(失意)의 황음(荒淫)에 몰두한다. 미소년과의 동성연애를 즐기는가 하면 그들로 하여금 왕후를 범하게 하고 그것을 훔쳐보는 관음증(觀淫症)도 악화되는 등 변태의 극을 치닫게 된다. 신돈은 그런 그에게 죽은 노국공주의 환상을 불러내준다.

불교의 진정한 이승적 예술정신이 가상현실 차원으로 전락해버리고 개혁자 신돈이 요승 신돈으로 뒤바뀌는 순간이다. 이것은 공민왕과 신돈이 추진한 개혁정책의 문화적 한계를 극명하게 보여준다. 그렇다. 너무 늦은 것, 정신의 뿌리가 이미 곪아버린 것이다.

공민왕의 관음 행각은 그 뒤를 이은 우왕(1374~1388년)의 혈통에 대한 의심과 논쟁을 야기시켰고 왕조의 최소한의 존엄성마저 해쳐버

르네 마그리트, 〈겁탈〉.

렸다.

개혁과 멸망

공민왕 때 크게 진출한 신진사대부 세력은 그런 혼미 속을 한참 동안 이전투구하고서야 개혁의 시기를 맞게 되지만, 그때는 이미 고려의 멸망이 임박한 때이다. 그리고 고려 멸망은 신진사대부 중 상당수를 비운(悲運)의 지식인으로 집어삼켜 버린다.

그로 인해 조선 초기의 정치·경제학은 절름발이 상태로 출발했다. 신진사대부의 대표격인 정몽주를 죽인 자신의 아들 이방원에 대한 태조 이성계의 격분은 바로 그런 역사적 맥락을 갖고 있는 것이 아닐까? 농민들의 형편은 별로 나아지지 않았고 국내 상업도 크게 발달하지는 못했지만 고려의 대외무역은 매우 활발했고 귀족사회와 사찰로 부가 집중되었다. 지배계급에서 그렇게 사치가 만연했다.

가장 큰 비중을 차지한 것은 대송(對宋) 무역. 비단·약재·책·악기 등을 수입했고, 금·은·인삼·종이·붓·먹·부채·나전칠기·화문석 등을 수출했다.

거란·여진과의 무역도 활발했다. 그들은 은·모피·말 등을 가져왔고, 식량·문방구·구리·철·철제·농기구 등을 가져갔다. 일본과의 무역은 이들에 비해 좀 부진했다. 아라비아 상인들도 수은·향료·산호 등을 들여왔다. 위 〈쌍화점〉의 회회아비는 바로 아라비아 상인일 것이다.

고려 불교는 왕실·귀족들의 보호 속에 극성(極盛)했다. 태조 왕건은 개경에만 10개의 사찰을 지었고 문종은 2천8백 칸이 넘는 홍왕사를 지었다. 한창 때는 개경에 사찰이 즐비, 70여 곳에 이르렀다. 정월 보름의 연등회와 11월 15일의 팔관회는 호화의 극에 달했다. 국가는 불교에 막대한 재정지원을 아끼지 않았고 정치·사회적 특혜를 베풀었다. 그럴수록 불교는 현세구복, 호국적인 성격을 강력하게 띠게 된다.

교종과 선종은 불교의 두 축이다. 교종은 이론적인 학습으로 깨달음에 달하라는 교리를, 선종은 감성적 통찰 혹은 명상(止觀, 참선)으로써 진리에 달하라는 교리를 갖고 있다. 선종은 신라 말기 호족세력을 기반으로 유행했지만, 고려 왕조의 교종 우위정책으로 쇠약해졌다가 무신정권기에 다시 득세하게 된다. 무신정권은 교종 사원을 탄압하는 반면 선종세력에 후원을 아끼지 않았다.

참선은 무력을, 학문은 권위주의를 동반한다?

나전대모국화당초무늬염주합. 정교한 수법과 화사한 장식을 보이는 염주합은 나전칠기 중에서도 백미에 속하는 작품. 12세기.

남녀상열지사(男女相悅之詞)

선종 내에서도 혁신의 기풍이 불었고 이때 벌어진 교종에서 선종으로의 이행은 우리나라 불교사 전체에 커다란 의미를 갖는다. 그러나 이때쯤이면 이미 불교 자체가 세상 전체를 아우르는 정치·철학·예술적 세계관이 아니라, 하나의 종교로서 은퇴하기 시작한다.

어쨌거나 선종은 정치적이며 세속적인 성격을 벗고 왕실·귀족이 아니라 민중의 심성 속을 파고들었지만, 세속 불교계의 전반적인 타락상은 이미 돌이킬 수 없는 사태에 처해 있었다.

권문세가의 배경을 업고 사원은 막대한 농장을 소유하며 고리대금업이나 술 제조를 통해 부를 확대했다. 승려의 비행에 대한 사회 비난이 드높아졌다. 고려 불교는 찬란한 문화와 재화(財貨), 그리고 회회아비가 뜻하는 세계화를 감당하지 못하고 은둔과 타락의 두 길로 갈라졌다.

그렇다. 공(空)과 색(色)으로 갈라진 것이다. 그러한 불교의 극성 속에서 고려 유교가 '누추의 정치·경제학' 수준을 벗어나지 못했을 것은 당연하겠다. 이 누추의 정치·경제학이 누추 — 완고한 선비 —

지사주의(志士主義)를 낳았다. 그것이 조선의 정치를 격렬하되 가난하고 폐쇄적인 논쟁으로 점철시켰다. 그렇다. 불교는 모든 거대한 멸망이 그런 것처럼, 그냥 저 혼자 망하지 않았다.

조선의 유학자들은 〈쌍화점〉을 '남녀상열지사'라 하여 금기시했다는데, 타당한 명명(命名)이지만 답답한 조치였다는 느낌을 우리가 지울 수 없는 까닭이다.

훈요십조의 정치 · 경제학 2장

태조의 나라

고려 태조 왕건이 남긴 가르침 열 가지는 후세와 미래의 국가를 위한 것이지만 더 깊이 그 속을 들여다보면 건국 후 그가 처해 있던 상황을 매우 적나라하게 반영하기도 한다. 그 상황 혹은 한계는 고려의 미래를 운명적으로 예언하는 것 아니었을까? 그 정황과 국조설화를 대비시키면 우리는 고려 초기의 본모습에 좀더 총체적으로 접근할 수 있게 된다.

유언/발해적/경제의 미신화/열등감/망국적인 자주?/미신의 현실정치화/도식화와 역사발전의 주역/호랑이 이야기/오줌과 여우/노년과 불륜/생산과 투쟁/진위(眞僞)/어지럽다 그 찰라

유언

자신의 죽음이 가까이 온 것을 알고 태조는 대광(大匡, 16등급의 벼슬 중 제일 높은 자리) 박술희를 불러 〈훈요십조〉를 내린다. 고려 왕실을 이어갈 자들이 지켜야 할 열 가지 규범이다.

죽음은 죽음 너머를, 역사와 미래를 보게 하고 자신의 생애와 미래 예감을 요약하게 만드는 속성이 있다. 국가를 건국한 자의 유언은 특히 나라의 장래에, 즉 역사 전체에 대한 강력한 희망과 첨예한 불안을 담고 있는 것이 특징이겠다.

어느 왕조든 창건 초기의 정정은 그리 탄탄하지 못하면서도 그것이 개국기 특유의 강건한 역동성과 어울러 모종의 낙관을 품게 마련이다. 그러나 태조 왕건의 〈훈요십조〉는 좀 다르다. 매우 현실적인 것이다. 서문격인 '신서'부터 그렇다.

들건대 순(舜)은 역산에서 밭을 갈다가 요(堯)에게서 임금자리를 물려받았고 한 고조는 패택에서 일어나 마침내 왕업을 이룩했다.

사실 왕건의 꿈은 태평성대를 그냥 이어받는 순의 경우였다. 난세라면 정치적 혁명가가 되어야 했으리라. 하지만 그건 왕건의 기질에 맞지 않았다. 왕건은 한 고조 유방을 자신과 대비시킨다. 그 또한 왕건과 마찬가지로 정치적 혁명가는 아니었고 순리와 대세의 운을 입고 왕조를 창건했다. 그리고 그의 인생행로는, 특히 군사적인 초강국 초의 항우와 연관하여 매우 고단하고 처량한 것이었다. 왕건이 견훤과 연관하여 그랬던 것처럼.

유사한 점은 또 있다. 왕건도 유방도 왕조를 세운 사람으로서 진정으로 원하는 것은 국력신장이 아니라 진정한 평화였다. 유방이 중국 통일 직후 흉노와 체결한 평화협정은 매우 이례적인 것이었고, 그후 1천 년 동안 중국 외교정책의 가늠자 노릇을 하게 된다. 그러나 유방과 왕건 사이에는 중대한 신분 차이가 있다. 유방은 하층민 출신으로 파락호 생활까지 했다. 왕건은 부상(富商), 성주(城主) 집안의 귀한 자제이다.

발해적
그의 감회가 이어진다.

나는 평범한 집안 출신으로 잘못 추대되어 더위와 추위를 무릅쓰고 심신을 매우 고달퍼하며 19년 만에 나라를 통일했으니, 올해 내 몸은 이미 늙었다.

여기서 그는 아예 '대업을 이루지 못한' 유비와 자신을 비교하고 있는 것이 아닐까? 그러나 그는 끝내 경제인이다. 그가 걱정하는 것은 정변이나 외침이 아니라 고여 썩는 방탕과 문란이다. 여기서 왕건은 전혀 고구려적이 아니고 오히려 발해적이다.

행여나 후사들이 방탕하여 '훈요'를 지어 전한다. 조석으로 읽어 귀감으로 삼으라.

그 십조를 각각 따져보자.

1) 국가의 대업은 여러 부처의 호위를 받아야 하는 까닭에 선(禪)·교(敎) 사원을 개창한 것이다. 후세에 간신들이 정권을 잡고 승려들의 간청에 따라 각기 사원을 경영·쟁탈하지 못하게 하라.

이것은 물론 호족세력이 사원 건축을 통해 자기들의 정치·경제적 기반을 확대해가는 것을 막기 위한 것이다. 고려 후기 불교의 타락·혼란상을 생각한다면 태조의 이 훈시는 매우 정확한 예언처럼 들리기도 한다. 하지만 '여러 부처의 호위'라는 말이 좀 꺼림칙하다.
어쨌거나, 다음에서 드러나는 태조 왕건의 대안적 시야는 너무 좁다.

2) 신설한 사원은 도선이 산수의 순역(順逆)을 점쳐놓은 데에 세웠다. 도선은 이렇게 말했다. '정해 놓은 이외의 땅에 마구 절을 세우면 지력(地力)이 손상되고 왕업(王業)이 깊지 못하게 된다.' 후세의 국왕·공후·후비·조신들이 각기 원당을 세울까봐 큰 걱정이다. 신라 말에 바로 그리하여 신라가 망했던 바인데,

알레안드로 술 솔라, 〈명예로운
추장〉.

어찌 경계하지 않겠는가.

경제의 미신화

아니 그 정도가 아니다. 신라 말과 똑같은 상황이 반복되고 유지될
가능성을 타결하는 방도가 없는 정도가 아니다. 이 훈시는 그 미신적
성격으로 인해 고려 후기의 불교 대혼란 및 부패를 오히려 야기시킨
면까지 갖는다. '멀쩡한' 장사꾼 왕건이 왜 그랬을까? 경제는 이윤을
추구하기 위해 (자연) 과학을 수족처럼 부리고 또 부리기 위해 발전
시키지만 세계관 자체는 매우 현상유지적이고 그만큼 몰역사적이고
비(사회)과학적인 까닭이다.

그래서, '여러 부처의 호위'. 보살·역술에 기대는 재벌이 보여주

는 경제의 미신화 현상이 여기서 멀지 않겠다. 3조는 왕위계승에 관한 것이다.

맏아들로 하는 것이 상례이다. 그러나 맏아들이 불초할 때는 둘째 아들에게, 둘째 아들이 그럴 때는 그 형제 중에 기대가 높은 자에게 대통을 잇게 하라.

이 내용은 고려 왕조를 통틀어 대체로 지켜졌다. 그러나 당연하게도, 훈시를 따른 결과는 아니겠다. 장자 상속권이 확립된 터에 이런 유의 보충이란 잘해야 무의미하고 십중팔구는 긁어부스럼인 것. 특히 정치에서 신망이란 얼마나 자의적인 용어인가.
4조는 좀 특이하다.

우리는 예부터 당의 풍속을 숭상, 예악문물(禮樂文物) 모두 당의 것을 좇고 있으나 풍토와 인성이 다르므로 반드시 같이 할 필요는 없다. 더욱이 거란은 금수의 나라이므로 풍속과 말이 다르니 의관제도를 본받지 마라.

이 조항은 태조의 주체성을 보여주는 것으로 평가된다. 그러나 사실은 발해·경제의 정치적 은둔의 성격을 더 강하게 보여준다. 왜 거란인가. 물론 거란은 고려에 커다란 정치적 위협으로 존재했고 실제로 이후 수차례 고려를 침공하게 된다.

열등감
그러나 중국을 따를 필요가 없다면서 왜 하필 거란을 거론하고, 특히 문화적으로 거란의 복색을 본받지 말라고 하는가? 거란풍이 그토록 고려를 풍미했다? 아니다. 여기서 드러나는 것은 고구려 문제와 연관되어 그가 거란에 대해 느끼는 감정복합, 즉 콤플렉스이다. 그리고 그 콤플렉스가 바로 거란과의 불화를 일으키는 요인으로 작용하는 것인지 모른다.

고려가 정말 고구려의 후예였다면 중국으로부터 자주하려는 만큼 거란과의 평화를 추구했어야 한다. 더군다나 평화주의자이며 방금 전에 자신을 유방과 비교한 왕건 아닌가. 왕건은 발해를 흡수하고 고구려를 이었다고 주장했지만 발해의 하부구조는 거란이 물려받았다. 고려로 귀화한 발해인은 돈 많은 상인들이 대부분이었다. 태조 왕건이 격에, 또 앞뒤에 맞지 않게 표현하는 '금수의 나라' 거란 혐오는 사실 거란의 고구려성에 대한 열등감을 드러낸 면이 더 크다.

주체성이라 했지만, 중국에 대해 가장 자주적인 입장을 취했던 고구려라면, 같은 동이족류(東夷族類)인 거란을 '금수의 나라'로 칭했겠는가. 그건 제 얼굴에 침을 뱉는 행위였을 것이다.

거란족을 통일한 야율아보기는 태조 5년에 낙타와 말 등을 보내며 수교를 요청했다. 태조는 거절했다. 놀라운 일은 아니다. 고려는 발해 유민 우대정책을 표방했으므로 발해를 멸망시킨 장본인인 거란과 수교를 할 수는 없었다. 그러나 20년 후에 벌어진 일은 좀 비정상적이다. 거란 태종이 화친의 뜻으로 사신 30명과 낙타 50필을 보내는데, 고려는 낙타 50필을 개경 만부교 아래에서 굶겨죽이고 사신들을 섬으로 귀양보냈던 것이다. 나라 간의 거대한 외교문제에 왜 그토록 '사소하게 잔혹'했을까? 그것은 태조 왕건의 '자주' 북진정책과 어떤 연관이 있는 것일까?

그 한참 후 거란 소손녕 침입 때 거란과 고려 사이에 벌어진 화전(和戰)·담판의 내용이 여전히 고구려 계승자를 둘러싼 후예 논쟁이었다는 것을 감안하면 이 비정상적인 조치가 조금은 이해될 것이다.

망국적인 자주?

북방정책도 그렇다. 물론 태조는 청천강에서 영흥만에 이르는 선까지 영토를 넓혔다.

그러나 태조의 '자주' 북진정책을 그대로 이어받았다는 위 담판의 내용이 땅의 점유를 거란에게 인정받는 대신 고려가 송의 연호를 쓰지 않고 거란의 연호를 쓴다는 것이었다는 점은 매우 충격적이다. 5조는 다시 풍수지리이다.

지장보살도(地藏菩薩圖). 지장보살은 석가모니 열반 후부터 미륵불이 도래할 때까지 중생을 제도하는 임무를 띤 보살.

나는 우리나라 산천의 신비한 힘 덕분에 통일의 대업을 이룩했다. 서경은, 수덕(水德)은 순조롭고 우리나라 지맥의 근본이니 길이 대업을 누릴 만한 곳이다. 자(子)·오(午)·묘(卯)·유(酉)년마다 왕이 그곳에 1백 일을 머무르며 태평을 이루게 하라.

고려 정국을 툭하면 어수선하게 했던 서경천도론의 근거가 바로 이 조항이다. 서경은 평양. 이것도 고구려에 대한 콤플렉스의 한 표현? 어쨌거나 평양의 경관이 아무리 빼어난 것이라고 한들, 이쯤 되면 망국적 풍수지리가 아닐 수 없다.

6조는 그 풍수지리의 미혹에 빠진 불교.

나의 소원은 연등과 팔관에 있다. 연등은 부처를 제사하고 팔관은 하늘과 5악(岳), 명산·대천·용신(龍神) 등을 봉사하는 것이다. 후세의 간신이 신위(神位)와 의식절차를 변경하는 일이 없도록 하라. 나도 마음속에 행여 그 행사일이 왕실의 제일과 서로 겹치지 않기를 바라고 있으니 군신이 동락하며 제사를 경건히 지내라.

고려에서 풍수지리설 자체는 분명 자주적인 면이 있었을 것이다. 그러나 그것이 정치 및 불교와 연관되면 매우 망국적인 결과가 초래될 것임을, 우리는 태조의 훈요에서 벌써 이렇게 충격적으로 보고 있는 셈이다.

이쯤 되면 자주라도 그 자주는 형식적일 뿐만 아니라 매우 망국적인 자주일 것이 분명하다.

미신의 현실정치화

7조가 가장 멀쩡한데, 너무 멀쩡해서 진부한 중에도 그 비유·인용의 분위기가 다분히 경제활동적이라는 데 유의하자.

임금이 신민의 마음을 얻는 일은 매우 어렵다. 간언(諫言)을 받아들이고 참소를 멀리해야 한다. 참소는 꿀처럼 달지만 믿지 마라. 그러면 그칠 것이다. 백성을 부리되 때를 가려 하고 용역과 세금을 가벼이 하고 농사의 어려움을 알라. 그러면 자연스럽게 민심을 얻고 나라는 부강하며 백성이 편안하다. '향긋한 미끼에는 반드시 고기가 매달리고, 후한 포상에는 좋은 장수가 생기며 활을 벌리는 곳을 새가 피하고, 인애를 베푸는 곳에 양민이 있다'는 옛말이 있지 아니한가. 상벌이 공평하면 음양이 고를 것이다.

그러나 8조는 다시 급전직하. 미신의 현실정치화이다.

차현(차령) 이남, 공주강(금강) 밖의 산형이 모두 남에서 북으로 역류하는 지세라 민심도 그러할지니 그 지역 군민이 조정에 참여하여 왕후(王侯) 국척(國戚)과 혼인을 맺고 정권을 잡을 때 혹시 나라를 어지럽히거나 통일의 원한을 품고 반역을 감행할지도 모른다.

결국 후백제 사람들을 쓰지 말라는 이야기이다. 이것은 통일신라 불교가 마련한 만파식적에 비해 얼마나 야비한 조치이자 근거인가. 〈훈요십조〉 내용의 급전직하는 고려 역사 전체에 걸친 정치·경제학의 단속성으로 곧장 연결되게 될 것이다.

9조는 녹봉과 임관, 그리고 국방 안보에 관한 훈계인데, 다시 멀쩡하고 진부하다.

도식화와 역사발전의 주역

10조에서 비로소 유교 정치철학의 일단을 보인다.

국가를 가진 자는 항상 무사한 때를 경계해야 한다. 널리 경사(經史)를 섭렵하고 예를 거울로 삼으며 현실을 경계하라. 주공(周公) 같은 큰 성인도 방심하지 말라는 〈무일(無逸)〉이라는 내용의 글 한 편을 지어 성왕(成王)에게 바쳤다. 이를 써붙이고 출입할 때마다 보고 살피라.

하지만 미약하다. 그리고 무엇보다 너무 늦었다. 각 조마다 말미에 중심장지(中心藏之), 네 글자가 붙어 있다. '마음에 간직하라'는 뜻이다.

이것은 태조 스스로 이 10조를 평소에 외우고 있었다는 뜻일까? 만일 그렇다면, 그는 그 복잡다단한 건국시기를 그런 단순한 요점정리 혹은 구호·도식화로써 통치했단 말인가. 만에 하나 그렇다면, 그건 경제인의 한심하고 끔찍한 정치였겠다.

고려는 통일신라 말 지배계급의 심한 수탈에 항거하여 일어난 하층계급 민란의 결과로 성립되었다. 이 시기의 민란은 그 규모가 전국적이고, '붉은 바지 도적'의 기록에서 보듯, 자신들의 동질성을 조직과 이념으로 표현하기 시작한다.

물론 하층계급이 정권을 소유할 때는 아직 아니다. 그러나 그 민란들은 진성여왕의 경우에서 보듯 왕위 교체를 강제했고, 급기야 왕조 교체의 동력(動力)으로 작용하게 된다. 그리고 고려 성립으로 우리나라는 고대사회에서 봉건제 사회로 이행하게 된다.

그렇다. 정권의 주역은 옛 귀족 혹은 신흥귀족이지만, 역사 발전의 주역은 이 시기부터 특히 민중이다.

태조가 추진했던 정책 중 가장 진보적인 것은 '취민유도(取民有度)', 즉 백성에 대한 과도한 수취를 금하는 정책이다. 그는 공신과 호족들의 횡포를 금하는 조서를 내렸고 전란중에 노비로 전락한 자들을 풀어주기도 했다.

이 취민유도 정책이야말로 민란이 강제한 결과이자 그가 민심을 제대로 읽은 결과이다.

호랑이 이야기

어쨌거나 〈훈요십조〉는 건국자의 유언으로서는 매우 희귀한 예를 보여주고 있다. 그만큼 역사가 현대로, 현실 속으로, 정치가 현실주의 속으로 진입했다는 뜻일까? 아니면 왕건이 경제인답게 끝까지 철저하게 허명보다는 실리를 택했던 것일까? 자, 이제 고려 국조신화를 살펴볼 때가 되었다. 6대에 걸친 태조 왕건 선조들의 출생 내력과 발자취는 이렇다.

6대조는 호경. 그는 스스로 성골(聖骨) 장군이라 칭하며 백두산을 타고 내려와 부소산 골짜기에 이르렀다. 그곳에서 그는 장가를 들고 살림을 차린다.

그는 활을 매우 잘 쏘았는데, 하루는 사냥을 나갔다가 날이 저물어 동행한 열 명이 함께 바위 굴에서 밤을 새우게 되었다. 그런데 그 굴 입구에 호랑이가 나타난다.

필시 앙심을 품은 것이다. 우리 몸을 주어 달랠 수밖에 없다. 그들은 관을 벗어 호랑이에게 던져주고 호랑이가 문 관의 임자를 호랑이에게 바치기로 했다. 호랑이가 문 것은 바로 호경의 관. 그러나 호경이 굴을 나와 호랑이에게 가는데 굴이 무너져 그 안의 사람들이 모두 죽어버리고 말았다.

호랑이는 그 와중에 사라져버렸다. 호경이 죽은 사람들을 묻으며 산신에게 제사를 드리는데, 산신이 나타난다. 여자이다.

나는 과부이니 우리, 부부가 되어 신정(神政)을 펴는 것이 어떻겠습니까. 둘은 부부가 되어 산 속으로 숨어버렸다. 그 고을 사람들은 호경을 대왕이라 부르며 산신과 함께 떠받들었다. 그러던 호경이 예전의 아내를 찾아온다. 그렇게 태어난 것이 강충이다.

5대조 강충은 후손 중에 삼한을 통일할 인물이 나오리라는 풍수의 말을 믿고 송악에 소나무를 심었다.

고려 국조신화는 호랑이와 관련이 있다.

오줌과 여우

4대조는 보육. 그는 지리산에서 도를 닦다가 삼한이 온통 바다가 되는 꿈을 꾸었다. 그 꿈 이야기를 들은 그의 형이 자기 딸 덕주를 아내로 주었고 그 사이에 두 딸이 출생했다.

큰딸이 또 꿈을 꾸는데, 산에 올라가 오줌을 누니 천하가 잠기는 내용이다. 작은딸이 그 꿈을 샀다. 작은딸은 당나라 귀인 숙종과 살을 섞어 작제건을 낳았다. 그가 2대조이다.

작제건은 활을 잘 쏘았다. 그가 16세 때 아버지를 찾아 중국행 배에 올랐는데, 바다 한가운데에서 배가 멈추어버렸다. 무슨 연유인가. 점쟁이가 점을 치니 조선 사람을 내리게 해야 한다는 점괘가 나왔다.

그렇게 작제건이 홀로 바다에 남아 있는데 웬 노인이 나타나 자신이 서해 용왕이라면서 부처로 변신한 여우가 괴롭히고 있으니 물리쳐달라고 부탁한다.

작제건은 활을 쏘아 그 여우를 물리치고 그 보답으로 여러 보물과 함께 용왕의 딸을 아내로 맞이하게 된다. 두 사람의 집터를 잡아주는 것은 용궁에서 얻어온 돼지. 작제건과 용왕의 딸은 아들 넷을 낳으며 행복하게 살았다.

그러나 작제건이 사전경고를 무시하고 자기 아내의 진짜 모습, 즉 용궁길 드나드는 아내의 모습을 엿보는 바람에 용왕의 딸은 용으로 변해 영영 떠나고 말았다. 왕건의 아버지인 용건은 바로 이들이 낳은 네 아이 중 장남이다. 그는 꿈에서 배필이 되기로 약속한 미인을 정말 길을 가다 만나서 결혼, 마침내 왕건을 낳는다.

자, 위의 국조신화에는 우리에게 낯익은 이야기와 이야기들이 많이 섞여 있다.

노년과 불륜

앙심을 품은 호랑이는 젊은 시절 김대성의 그것이고, 산신이 등장하면서 단군신화의 참지 못한 호랑이를 떠올려, 단군과 웅녀처럼 호경과 호랑이가 결혼한다. 다만 여기서 산신이 과부인 것은 고려 왕조의 족보 문란을 반영하거나 예견케 한다 할 것이다.

산신이 된 호경이 예전 아내를 찾은 것은 죽은 진지왕이 생전에 반했던 과부를 찾은 것의 변종이다. 활 잘 쏘는 호경은 고구려 주몽 설화, 그리고 돼지의 집터 잡음은 고구려 천도 설화를 인용한 것.

오줌이 삼한을 덮고 동생이 꿈을 산 것은 김유신 · 김춘추 · 문무왕 가문에 얽힌 이야기의 답습이다. 작제건 이야기는 거타지 설화를 그대로 베낀 것이고, 영영 떠난 용왕의 딸은 우렁각시 혹은 나무꾼과 선녀 이야기의 원용이다.

고려 국조신화에 그 전대의 여러 이야기가 은유적으로 섞여드는 것은 하등 이상할 것이 없겠다. 하지만 전대에 비해 왜 이리 상상력이 빈약한가. 과거가 축약되어 있으되 응축이 아니고 무차별한 생략이자 평준화, 아니 저열화이다.

고구려의 후예라 했지만 '활과 돼지'가 상징하는 고구려는 전혀 기상과 거리가 먼 껍데기일 뿐이고 단군도 호랑이도 인간 탄생의 사회적인 신비를 드러내기는커녕 노년과 불륜으로 모두 이빨이 빠지고 누추해졌다.

여기서 제일 비중이 큰 것은 신라이다. 그렇다. 고려 국조신화는 태조 왕건의 신라 속으로의 은둔 지향을 반영한다. 그러나 그것은 신라의 진정한 진보적인 핵심에 대한 지향이 아니다. 김대성과 김유신 이야기는 상당부분 사담(私談)의 수준으로 전락했다. 옛 부인을 찾는 호경은 죽음의 신비보다는 신비의 치매화에 가깝다.

무엇보다 거타지 설화는 바로 멸망의 신화이지 않았던가. 그렇다. 이 국조신화는 정치적 비전과 예술적 상상력이 없는 경제인으로서 왕조 창업자가 된 태조 왕건을 역시 정확히 반영한다. 〈훈요십조〉의 이면(裏面)인 것이다.

생산과 투쟁

물론 이것을 긍정적으로 해석할 수도 있다. 이 지지부진함은 신하의 시대가 끝나고 역사의 시대가 시작된다는, 아니 현대로 진입한다는 신호이기도 할 것이다. 국조설화가 아버지대에 끝나고 정작 왕건은 등장하지 않는다는 점이 그렇다. 왕건을 온전히 역사 속으로 포괄시키는 것이다.

하지만 작제건은 '作帝建', 즉 건씨 돌림 집안의, 황제를 만드는 '건'이다. 그런 그가 멸망의 신화 자체를 모태로 성장한다는 것은, 멸망을 딛고 새 나라를 여는 것보다 멸망한 나라를 물려받았다는 것을 더 강하게 암시하지 않는가. 그리고 다시 그렇다.

고려가 상징하는 봉건제 사회로의 이행, 수준 높은 문화, 이런 것들을 달성한 동력은 이전 사회와 달리, 아니 우리나라 역사상 최초로 사회 지배계층이 아니라 하층계급들의 생산과 투쟁이었다. 그러므로 그 봉건제로의 이행은 고려 왕정의 성립과 함께 단시일 내에 이루어진 것이 아니다.

그것은 민중들의 생산과 투쟁에 의해 그 이전부터 진행되어왔고 고려 시기 내내 진행되었다. 새 왕조의 탄생은 그것을 반영한 첫 정권적 징후였을 뿐이다.

고려사 전체가 봉건제 사회의 완성과 붕괴 조짐을 보여준다. 우리는 그 점을 내내 염두에 두자.

진위(眞僞)

〈훈요십조〉는 그 진위(眞僞) 여부가 커다란 논란이 되고 있다. 최제안은 최승로의 손자로 벼슬이 높았는데, 《고려사》〈최제안 전〉에 이런 기록이 있다.

〈신서〉와 〈훈요〉는 병란에 분실되어 있다가 최제안이 최항의 집에서 얻어 바침으로써 세상에 전하게 되었다.

여기서 병란이란 1009년 권신 강조의 난 아니면 그 이듬해 거란의 침입을 뜻할 것이다. 후자의 경우 거란군은 곧 철수했지만 개경 궁궐과 주요 건물이 불타고 《사기》 등 문헌이 모두 소실되었다. 〈훈요십조〉도 마찬가지였을 터.

최항은 최치원의 사촌아우인 최언위의 손자로 성종(981~997년) —

오토 딕스, 〈전쟁 I - 6, 부상자〉.

목종(997~1009년) — 현종(1009~1031년) 3대에 걸쳐 벼슬을 한 근신
이다. 그런데 이 당시 최항은 이미 죽은 상태였다. 최제안은 왜 죽은
최항의 집에 갔을까? 아니, 무엇보다 그 지엄한 문서인 〈훈요십조〉를
왜 최항 개인이 소유하고 있었을까? 이런 의문이 이 문헌의 위조 혐
의를 부추기는 대목일 터이다. 일본인이 제기한 이런 의문에 우리나
라 역사학자들은 이런 역사적 사실을 증거로, 이렇게 답하고 있다.

즉, 권신 강조가 난을 일으켜 목종을 폐하고 현종을 세웠는데 목종
은 새 왕을 만나보지도 못하고 궁에서 쫓겨나는 신세가 되었다. 최항
은 이때 목종을 시종하였다. 목종이 최항에게 말한다.

"이 변란이 모두 내가 부덕한 소치이니 누구를 원망하겠는가. 이제
시골로 내려가 여생을 마치려 하니 그대는 아무쪼록 새 임금에게 말
을 전하고 또 그를 잘 보필하라……."

이때 목종이 최항에게 건네준 것이 궁중에서 지니고 나온 태조의

〈훈요십조〉라는 것이다.

목종은 도중에 강조가 보낸 자객에 의해 살해되었다. 최항은 그 문서를 새 왕에게 바치지 않고 개인 소장했다.

1013년 평온을 되찾은 조정에서는 태조부터 목종까지 7대에 이르는 국사실록을 편찬케 했고 최항과 김심언 등에게 그 일을 맡겼지만, 최항은 1024년에 죽고 편찬은 1034년경에 완성되었다.

최제안은 최항이 죽은 후 편찬 책임을 맡고 최항의 집에 들렀다가 우연히 이 문서를 발견했을 것이다.

어지럽다, 그 찰나

그런데 최항은 왜 그 문서를 개인 소장했을까? 최항이 열렬한 불교 신자였기 때문이라는 설이 현재의 대세이다.

불교 사원 증설 금지를 적시한 조항이 〈훈요십조〉에 두 개나 들어 있는 것이 꺼림칙했을 거라는 이야기이다. 신라 출신인 최항이 태조의 서경 중시를 못마땅하게 생각했을 거라는 설도 있다.

이 설은 상당한 신빙성이 있다. 최항은 '고려 최고의 현군' 문종(1046~1083년)에게 상소, 그 말썽 많은 팔관회를 기어이 부활시킨 장본인이다. 하지만 두 가지 설 모두 그 자체로 진위 여부의 증거가 되기에는 부적합하다.

무엇보다 〈훈요십조〉에 담긴 지침은 극비사항이 아니었다. 사원 증설 금지는 신라 말부터 호족세력을 견제하기 위해 왕족이 추진한 보편적인 정책이었고 서경천도론은 개국 초부터 정정을 불안하게 만들었던 요인이었던 까닭이다.

그렇다면 〈훈요십조〉는 정말 후세에 위조된 것인가? 조선 사가들이 고려를 낮추기 위해 그랬던 것? 아니다. 그것에 담겨 있는 내용들이 의식적으로 뿐만 아니라 무의식적인 차원에서까지 태조 왕건의 정치사상과 그 한계를 적나라하게 보여주고 있다는 점, 그것이야말로 이 문서가 진짜라는 가장 강력한 증거이다.

문장력이 형편없는 것조차 그렇다. 몇 년 전 옥상에서 뛰어내려 자살한 재벌 회장이 남긴 유서의 엉터리 맞춤법을 연상시키지 않는가.

아, 어지럽다, 그 세월의 찰나와 완강한 경제와 색즉시공 공즉시색의 어울림이.

중앙집권에의 길 3장

중심지향과 무정부주의, 균여와
최승로 그후

고려가 통일신라의 잔재를 극복하고 고려적인 통일성
을 틀짓는 과정은 매우 복잡하다. 예의 그, 불교와 유
교, 왕족과 귀족, 그리고 호족 간의 세력 다툼에, 위로
는 불교의, 영혼과 육체의 공방이 하강곡선으로, 유교
의 정치와 그 문화 간 공방이 암중모색의 상승곡선으
로 겹쳐지고 아래로는 경제적 토대의 역할도 완연 두
드러진다.

왕권지향의 호족성/박술희와 왕규/난(亂), 망망대해 속/광종의 개혁/반발과 유혈 진압/지나침과 불교, 그리고
왕권강화/승려와 유학자/전망 행위/유학자와 승려/민생과 왕과 신하, 그리고 정치학/5명의 왕/반영과 지향, 그
리고 개혁/우울증?

왕권 지향의 호족성

새로운 정치를 추구한 것은 궁예가 먼저이다. 철원으로 수도를 옮기고 국호를 마진으로 고친 후 그가 추구한 새로운 정치의 핵심내용은 골품제도를 대신할 새로운 사회 신분제도를 마련하는 것이었다. 그러나 그는 정치적 기반이 약했다. 그리고 스스로 전제군주의 틀을 벗어나지 못했다.

그가 주창했던 사회개혁은 지방에서 호족세력과 신라 6두품 계열 지식인들의 합작에 의해 비로소 가능하게 될 것이었다. 태조 왕건 자신이 호족 출신이다. 그가 세운 고려 왕조는 끊임없이 왕정 강화를 시도하면서도 그 시도의 성격 자체가 끝내 호족적이다.

유교정치는 근본적으로 중심 지향적이다. 불교문화는 근본적으로 무정부주의적이다. 여기에 호족성·왕권 지향의 차원이 겹쳐질 뿐 아니라, 왕권 지향의 호족성 차원도 겹쳐진다.

이러한 복잡한 이분법이랄까, '총체적 이분법' 혹은 '공의 공 / 색의 색'의 이분법이라고 할 만한 것이 고려 사회의 여러 영역을 포괄하면서 고려 봉건제 사회의 특수성을 규정짓는 것이다. 서양에서 보이는 지방분권 지향 우위로서의 정치·사회적 봉건제는 고려에, 그리고 동양 전반에 존재하지 않는다.

자, 어쨌거나 그 복잡한 호족성 속으로 들어가보자. 태조 왕건을 이은 것은 장화왕후 소생의 맏아들 무. 그가 혜종이다.

그의 재위기간은 943~945년으로 매우 짧다. 그는 젊어서부터 도량이 넓고 지략이 뛰어나며 용맹했다. 그리고 태조가 후백제를 칠 때 큰 공을 세웠다. 이런 혜종이었지만 그는 짧은 재위기간 동안 외척·호족세력의 끊임없는, 아니 망망대해 속과도 같은 도전과 위협에 시달렸다.

박술희와 왕규

아니 그 자신 또한 호족의 도움을 받아 즉위했다. 그를 도운 것은 대광 박술희. 태조의 〈훈요십조〉를 받들었던 바로 그자로서 그도 강력한 호족이었다. 그는 육식을 너무 좋아하여 두꺼비·개미까지 먹었다는 전설적인 무사 출신으로 18세에 궁예의 호위역에 올랐지만 태조를 섬겨 여러 차례 무공을 세우고 대광에 올랐다.

왕규 또한 대광이다. 그리고 그는 박술희보다 더 강력한 호족이었다. 두 딸이 태조의 15, 16번째 왕비였으니 그 위세를 짐작하고도 남음이 있다. 박술희는 〈훈요십조〉를 받들었지만 왕규는 태조의 임종을 지킨 세 신하 중 한 명이고 태조의 유명(遺命)을 내외에 알리는 중책을 맡았다.

태조의 호족정책의 근간을 마련한 것은 박술희·왕규 두 사람이라고 해도 과언이 아니다. 둘 다 호족이고 대광이며 또 태조에게 충성을 바쳤지만 박술희는 중앙집권적인, 즉 고려 왕조의 신하인 면이 강했고 왕규는 호족의 우두머리인 면이 강했다.

숱한 왕비·후궁, 그 몸에서 난 왕자들이 서로 뒤엉켜 각축했고 그 배경을 이루는 외척·귀족·호족들의 암투와 이전투구가 일상적인 현상이 되었지만 왕위계승 문제에 대해 태조는 매우 어정쩡한 입장을 취한다.

그는 장남 무 왕자의 처가가 너무 세력이 미약해서 태자 책봉이 어려울 것을 염려하였다. 그는 곰곰 생각을 하다가, 태자복인 자황포(柘黃袍)를 오래된 상자에 담아 무 왕자의 모후 장화왕후에게 주었다. 그녀는 그것을 박술희에게 보였다. 박술희는 태조의 뜻을 알고 무를 태자로 삼을 것을 청하여 그대로 되었다. 그러나 그 대가는 컸다. 태조가 죽고 혜종이 즉위하자마자 박술희와 왕규는 앙숙지간이 된다.

박술희가 밀렸다. 광주(廣州)의 강력한 지방세력을 기반으로 한 왕규를 무력으로 당해낼 수는 없었다. 왕규는 혜종을 살해하고 자기 딸 소생을 왕위에 앉히려는 계획을 부지런히, 거의 노골적으로 추진했고 박술희는 속수무책이었다.

난(亂), 망망대해 속

혜종은 두 번씩이나 왕규의 자객을 맞게 된다. 한 번은 혜종이 직접 자객을 주먹으로 죽였다. 다른 한 번은 왕규가 직접 심복을 거느리고 쳐들어왔지만, 혜종이 최지몽의 건의에 따라 침소를 옮긴 뒤라 겨우 무사했다.

혜종이 형식적으로나마 왕위를 유지할 수 있었던 것은 박술희의 연합전략 덕분이다. 혜종의 이복동생 요도 서경 호족 왕식렴과 결탁하여 왕위찬탈을 도모하고 있었는데, 박술희는 그들을 치기보다는 오히려 더 가까이하라고 건의했던 것이다.

프랜시스 베이컨, 〈교황〉.

어쨌거나 왕규의 난 이후에도 혜종은 왕규의 세력을 문책하거나 응징하지 못하였다. 박술희도 신변보호에 급급한 처지였다. 아니, 고려 왕조 자체가 신변보호에 급급했다 할 것이다. 혜종은 그후 정치에 뜻을 잃고 시름시름 앓다가 사망했는데 피살설도 있다.

왕규 세력은 혜종이 사망한 후 개경을 습격한 왕자 요와 왕식렴의 군대에 의해 비로소 밀려나게 된다. 왕규는 귀양을 가다가 자객에 의해 살해되었고 왕규의 무리 3백 명이 주살되었다. 왕자 요가 왕위에 오르니 정종(945~949년)이다.

정종은 박술희마저 붙잡아 살해하고 그 책임을 왕규에게 전가시켰다. 박술희가 비록 왕식렴과 함께 자신을 왕으로 추대했지만 여전히 두려운 존재였던 것이다. 그러나 바로 그렇게, 정종도 행복한 왕은 아니었다. 개경 호족들은 왕규말고도 많았다. 그는 다시 호족에 의탁한다.

왕식렴의 근거지인 서경으로 아예 수도를 옮기자……. 최초의 서경 천도 계획은 그렇게 추진되었다. 왕은 왕식렴에게 서경 대궐 공사를 부탁했다. 그러나 서경 대궐 공사는 개경 귀족들은 물론, 노역에 동원된 농민의 불만까지 야기시켰다.

호족과 결탁한 왕권이 이 두 가지 불만을 모두 감당할 수는 없는 일이다. 대궐 공사를 감독하던 왕식렴이 갑자기 사망하고 그 이듬해 정종마저 세상을 뜬다. 나이 27세. 그는 4년밖에 왕좌에 머무르지 못했다. 서경 천도는 당연히 흐지부지되었다. 아니, 골칫거리만 남기게 되었다.

광종의 개혁

광종(949~975년)은 정종의 친동생이니 그도 태조의 아들이다. 정종의 두 아들이 어려서 그가 왕위를 맡았다. 그는 신망 있는 왕족이었다. 그는 매우 오랜 기간 동안 재위했다. 그가 혜종(박술희), 정종(왕식렴)과 달리 호족세력에 의지하지 않고 독자적으로 왕권을 강화시킬 수 있었던 근거이다.

그의 시기는 대략 3기로 나눠지는데, 첫 시기 정책의 특징은 평화 지향. 그는 왕권을 강화하는 어떤 정책도 추진하지 않았고 고려는 평온과 안정을 되찾았다. 다만 그는 주현(州縣)에서 공물을 바치게 하여 왕실의 수입을 증대시켰다.

두 번째 시기는 그가 정공법을 구사하는 시기이다. 그는 제도와 법으로 왕권을 강화시키기 시작한다. 956년에 광종이 세운 노비안검법은 링컨의 노예해방처럼 지방호족들의 인적 자원을 대폭 허물어뜨렸

다. 후삼국의 혼란기에 불법적으로 호족의 노비가 된 자들을 풀어 양
민으로 하고 그들에게 세금을 내게 했으니 공신과 호족의 경제적·
군사적 기반이 약화되고 국가의 재정기반이 강화되었던 것이다. 광
종은 또 후주(後周) 사람 쌍기의 건의를 받아들여 과거제도를 실시했
다.

과거제도 또한 공신과 호족에게 치명타를 안겼다. 대물림하던 벼
슬자리에서 그들의 자제들이 밀려나고 신진 인재들이 그 자리를 차
지, 왕권정치를 위한 관료집단을 이루게 되는 것이다. 과거제도는 또
한 당연히, '전국적인' 교육효과도 있었다.

과거시험에서 요구하는 학문과 경륜과 인격은 모두 국가=왕권정
치를 위한 것이었다.

반발과 유혈 진압

물론 공신과 호족들의 반발은 컸다. 그러나 광종은 그 반발에 적절
히 대처하면서 독자적으로 군사력을 육성, 왕권을 문무(文武) 양쪽으
로 강화시켜갔다. 그리고 돌연 피의 숙청을 감행한다. 이것이 세 번
째 시기이다.

그는 호족과 공신세력은 물론 골육과 친인척까지도 왕권강화에 방
해가 될 경우 경계했고 심지어 살육도 마다하지 않았다. 이 와중에
혜종과 정종의 아들마저 비명에 가고 만다. 이에 대한 반발은 극심했
다.

지나침과 불교, 그리고 왕권강화

이 '지나침'이 문제였을까? 광종은 불교세력에 의지하게 된다. 그
는 적극적인 불교정책을 펴서, 963년 귀법사를 창건하고 각종 법회
와 재회(齋會)를 개설한다.

그는 귀법사 승려 균여, 탄문 등을 통해 일반 민중을 포섭하려는 의도였다. 968년에는 혜거를 국사로 삼고 탄문을 왕사로 삼아 국사·왕사제도의 단초를 만들었다. 당시 대다수의 민중이 호족세력에 불만을 품고 있었고 또 대다수가 불교를 믿고 있었으므로 광종의 불교 진흥정책은 불가피한 일이었다.

그러나 이것은 고려사 전체로 볼 때는 사태를 더욱 악화시키는 계기로 작용한다. 유교정치와 불교문화의 혼동을 더욱 심화시키는 것이다. 불교의 정치력은 이미 소진된 상태였고, 고려 사회는 불교가

청동범종(梵鐘). 고려 12~13세기.

정치에 개입할수록 불교와 정치 양자의 타락이 필연적으로 되는, 그런 단계로 이미 접어든 터였다.

광종이 힘차게 추진한 왕권강화 정책은 당분간 대세로 작용하게 될 것이다. 그가 죽은 직후 대대적인 반(反) 광종 운동이 벌어지지만 그뒤를 이은 경종(975~981년)은 즉위 이듬해 전시과라는 토지제도를 실시, 호족의 경제적 기반을 허물어버렸다. 나라의 땅을 모두 거두어들인 후 벼슬 등급에 따라, 또 일반 백성에게도 고유하게 나누어주었던 것이다. 호족의 세력이 크게 약화되고 국가의 권위가 크게 올라갔음은 말할 것도 없다.

광종은 그외에도 여러 치적을 남겼다. 중국과 활발하게 외교, 고려의 국제적 위상을 높였고 고려 영토를 서북·동북 양 방면으로 넓혔다. 거란과 여진에 대한 방비책을 강구했음은 물론이다. 광종 때부터 진정한 고려사가 시작된다고 해도 과언은 아니다.

광종이 추구했던 왕권 중심 정치는 경종의 뒤를 이은 성종 때 완성된다. 성종은 중앙관제를 정비하고 본격적인 지방 통치체제를 구축했다.

승려와 유학자

그러나 성종의 중앙집권화는 동시에 그 정반대이기도 했다.

무슨 이야기인가? 여기서 우리는 고려 사회의 역사·미래적 복잡성을 좀더 구체적으로 감잡기 위해서, 두 인물의 생애로 눈을 돌려보자. 승려 균여와 유학자 최승로이다.

균여는 어머니가 누런 봉 한 쌍이 품 속에 드는 꿈을 꾼 지 6년 후 60세에, 그리고 임신 7개월 만에 낳았다. 너무 늦었다는 뜻일까, 아니면 그 반대? 그는 강보에 싸여 있을 때부터 〈화엄경〉을 한 번 들으면 잊지 않았다. 이 놀라운 암기력은 후에 치명적인 장애로 작용한다.

15세 때 출가, 수도생활을 했고 첫 스승에게 실망, 절을 옮겼다. 신라 말 해인사에는 견훤과 고려 태조를 지지하는 두 화엄사종이 있어 두 법문을 각각 남악과 북악이라 불렀다. 균여는 북악의 법통을 계승하여 남악까지 종합하였다.

그러나 남북 양종(兩宗)은 대립과 내부 모순이 극심하자 명산과 절을 찾아다니며 독자적인 종풍을 선양한다. 이때 그가 기존의 불교적 틀로는 정치적 쟁점을 포괄·화해시킬 수 있는 시기가 이미 지났음을 깨달았다면 좋았으리라. 그랬다면 정치와 불교의 바람직한 '갈등' 관계를 모색했거나 당시 불교보다 더 현대적인 정치의 쟁점을 포괄할 한 단계 더 현대화되고 심화된 불교의 모색에 나서게 되었으리라. 그러나 그는 아쉽게도 깨닫지 못한 것 같다. 그가 주력한 것은 불교의 대중화였다.

왜냐하면 내용 자체에 문제가 있는데 무슨 대중화? 도대체 무엇을 대중·형식화한단 말인가! 그러므로 이 대중화의 '내용'은 한 단계 낮은 질로의 구호·도식화에 그쳤다.

보현보살이 제시한 10가지 원(願)을 스스로 행하고자 다짐하는 내용을 간추려서, '향가를 빌려 중생을 교화'하기 위해 균여가 지었다는 〈보현십원가〉는 불교의 〈훈요십조〉라 할 만하다.

아니, 균여는 한술 더 떠서 각 수(首) 제9구마다 감탄사까지 붙여놓고 있다! 이 〈보현십원가〉는 병자가 암송하면 병이 나았고 사람들 입으로 전파되어 담벼락에 쓰였다는 전설을 갖고 있다. 그리고 균여를 통해 '대중화'된 불교 항목들은 승시(僧試) 때 모범답안으로 간주되었다.

전망 행위

대중화란 '번잡한 것을 삭제하고 요점을 취하는' 것이 결코 아니다. 대중화란 중생의 마음속 부처를 찾아나서는 길이고, 진흙 속에서 연꽃이 피는 진리에 다가서려는 노력이며, 진흙탕 현실 속으로 깊이 파고들수록 더 깊은 진리에 도달한다는 현실주의의 외형이다. 균여가 살던 당시 '전망 없던' 불교의 '대중화'라면, 아마도 더욱 그랬어야 하리라.

왜냐하면 전망 행위야말로 현실 속에서 살아 움직이는 역사의 미래 모습을 과학적으로 예감하는 행위인 까닭이다. 균여는 화엄교리의 거장이었지만 전망을 모색하는 자는 아니었다.

964년 광종이 그를 위해 송악산 아래 귀법사를 창건했을 때, 그가 귀법사 주지로서 왕명에 따라 향화(香火)를 받들며 '민중을 교화하고 불법을 널리 폈을 때' 전망은 닫혔다. 광종의 전망도, 불교의 전망도, 그리고 왕권 중심 정치의 전망도.

그렇다, 고려의 전망이 끝난 것이다.

유학자와 승려

최승로는 신라 6두품 최은함의 아들이다. 관음보살이 그의 젖을 먹였다는 이야기를 우리는 3권 앞머리에서 했다.

그는 어릴 때부터 총명했고 고려 태조는 그가 12세의 나이로 논어를 줄줄 읽는 것이 기특하여 염분 등을 하사하고 각별한 배려를 했다고 한다. 그는 국내에서 공부했지만 곧 당나라 유학생들을 제치고 최고의 학식 수준에 도달했다.

그러나 그는 혈기와 정력이 가장 왕성하던 20대 초에서 40대 말까지 이렇다 할 활동 기록을 남기지 않았다. 이 시기가 광종 때이므로, 아마 쌍기에 밀려 자신의 재능을 발휘하지 못했을 것이다. 이 점이 그의 '학식의 균형'을 치명적으로 허물어뜨린다.

어쨌거나 982년(성종 1년) 최초로 행정 요직을 맡게 되었을 때 그의 나이는 55세. 죽기 7년 전이었다. 그러나 이 7년 동안 그가 치러 낸 일은 고려 유교정치의 기강을 거의 혼자 힘으로 세워놓았다는 평가를 받고 있다.

사실일지도 모른다. 그가 취임한 첫해 6월, 성종에게 올린 〈시무 28조〉는 국방문제, 불교 폐단, 사회문제, 왕실 관계, 중국 관계, 토착 신앙 관계 등을 두루 아우르며 그 당시 고려 정세를 한눈에 꿰뚫어 볼 수 있게 할 뿐 아니라 정책·정치학으로서 유학의 위용을 유감없이 과시하고 있다. 그뿐인가. 곁들여 성종에게 올린 '5조 치적평'은 그 어조의 준열함이 가히 '왕을 꾸짖는 신하'의 기개를 엿보게 한다.

그러나 그 내용이 전체적으로 드러내는 것은 '절충주의자 최승로' 이다. 우선 그의 불교 비판은 교리 자체에 대한 비판, 더군다나 정치 학적 비판은 아니었다. 불교의식, 그리고 불교와 연관된 사회적 폐단 에 국한되었을 뿐이다. 전래의 불교의식을 그대로 행하고 있다. 불 경·불상에 금은을 쓰는 등 사치가 지나쳐 망했던 신라 말을 반복해 서는 안 된다…… 운운.

그의 건의를 계속 들어보자.

민생과 왕과 신하, 그리고 정치학

민생문제에 대한 건의는 대체로 위민적(爲民的)이다. 집권층·사 찰·지방호족 세력이 민중을 가혹하게 유린하고 있는 사실을 그는 정확히 적시했고, 지방관 파견(호족의 민중 수탈 예방), 승려의 역관 유숙(민폐) 금지, 연등·팔관회(민중 징발 및 노역)의 규모 축소 등을 현재 전하는 22조 중 11조에 걸쳐 건의하고 있다. 특히 21조는 다음 과 같은 위민 정치철학까지 담고 있다.

민력(民力)을 쉬게 하여
환심을 얻으면 그 복은 반
드시 기도하는 바의 복보
다 나을 것입니다.

민생의 안정이 지배계급에
더 많은 이익을 줄 것이라는
논리이다. 왕실 관계에 대해서
는 왕실 시위군졸을 줄이라면
서 제왕의 태도에 대해 논했는
데, 매우 혁명적이다.

왕께서는 날로 더욱 삼
가여 교만하지 말고 신하
를 접함에 있어 공손함을

소조여래좌상. 고려시대 불상.

생각하며, 혹 죄인이 있더라도 죄의 경중을 법대로 논한다면 태
평성대를 이룰 수 있을 것입니다.

그는 왕이 신하나 법에 대해 전제적인 위치에 설 수 없음을 강조
하고 있는 것이다. 그 밖에 국방 관계에서는 북쪽 경계를 확정하고
방어책을 마련할 것, 중국과의 사무역(私貿易)을 금지할 것, 중국 문
물을 받아들이는 데 맹목적인 도입을 삼가고 우리의 현실에 알맞게
받아들일 것을 〈시무 28조〉는 강조하고 있다.

그러나 전체적으로 보아 유교적 왕권강화에 대한 그의 입장은 사
실 두루뭉수리이다. 더군다나 〈5대조 평가〉를 보면 그의 입장은 매우
편협하고 감정적이며 우왕좌왕할 뿐 전체를 두루 아우르는 평가틀이

없다. 이 평가틀 부재가 정치적 세계관 부재의 결과이거나 반영임은
물론이다.

5명의 왕

그에 의하면 태조는 이상적인 군주이다.

그 이유는 1)거란과의 대외관계에서 보여준 지략, 2)발해 지배층을
받아들인 포섭력, 3)인재 등용술, 4)신라 항복을 사양했을 때 보여준
예양심(禮讓心), 5)후백제 평정 과정에서 보여준 넓은 도량, 그 밖에
안일해지지 않은 것, 아랫사람을 공경으로 대한 것, 근검절약했던
것, 권선징악 등등.

여기서 1)과 2)는 완전한 오판이다. 그러나 더욱 심각한 것은 유교
정치적 관점에서의 평가가 전혀 아니라는 점이다. 최승로의 치적 평
가가 최악의 지경에 달하는 것은 광종 편이다. 사실 광종을 비난하기
위해 5조 평가를 한 게 아닐까 하는 의문이 들 정도로 '5조 치적 평'
은 광종 비판에 집중되어 있다.

즉위 후 8년 동안의 안정화 정책기를 그는 중국의 천하태평 3대
(三代)에 비견될 정도라고 극찬한 다음 그 이후에 쌍기와 같은 '쓸모
없는' 사람을 등용한 것, 호족세력을 탄압한 것을 격렬하게 비판한
다. 이것은 이제까지의 최승로로 보아, 전혀 느닷없는 평가이다.

아니, 그 정도가 아니다. 그는 내용과 형식을 완전히 혼동하고, 거
의 평가의 이성을 잃고 있는 것이다. 쌍기는 과거제도와 연관이 있고
호족은 불교 · 무정부주의 지향과 연관이 있다. 쌍기에 대한 질투가
이토록 객관성을 흐리는가? 왕권강화책을 돕는 측근세력을 제외하고
는 군신 사이에 대화의 길이 막히고 서로 적대적인 관계에 처하게
됨으로써 커다란 정치적 혼란이 일어났다고 그는 비판하지만, 그건
불가피할 뿐 아니라 필연적인 일이 아니었던가.

광종으로 보자면 '유교적' 왕권강화에 좀더 힘을 써야 되었던 것 아닌가. 최승로로 보자면 왕권강화야말로 유교정치의 확립을 통해서만 가능하다는 것을 정치·철학적으로 논구했어야 할 대목이 아닌가.

광종이 후에 균여와 가까워진 것을 비판해야 하겠건만 최승로는 오히려 여기서 균여와 비슷한 입장을 취하고 있다. 그런데 더 심각한 문제는 그의 평가에 역사성이 없다는 점이다. 광종 초반의 안정지향기가 중반의 무엇을 위한 준비기였던가, 중반의 그 무엇이 후반의 결과를 낳았는가에 대한, 즉 이어지는 원인과 결과에 대한 인식이 최승로에게는 없다. 그가 불교적 세계관을 벗어나지 못한 채로, 그 세계관·역사관으로 유교정치·경제학을 논하고 있다는 반증이다.

반영과 지향, 그리고 개혁

최승로의 〈시무 28조〉가 성종에게 결정적인 영향을 끼쳤다는 게 통설이지만 문제가 그렇게 간단하지는 않다.

여기서 최승로는 단지 매개, 그것도 잘 분간이 되지 않는 매개로 작용한다. 성종은 최승로의 건의 중 유독 유교적인 정책만을 골라 시행한다. 그게 왕권강화 정책에 필수적인 까닭이다. 최승로의 〈시무 28조〉는 현실 사태의 단순반영이다.

그러나 성종의 개혁은 현실주의적인 미래 지향이다. 그렇게 성종은, 최승로를 매개로 광종의 치세를 목적지까지 이어간 것이다. 그리고 이젠 평화적으로도 그것이 가능했다. 성종이 완성한 새로운 정치의 역사적 의의는 매우 크다.

성종 2년, 지방에 12목을 설치하여 지방관을 파견했고, 3년 후에는 지방관이 처자를 데리고 부임하도록 제도적인 조처가 취해졌으며, 그 이듬해에는 경학박사와 의학박사 각 1명을 보내어 지방교육을 맡

기고 지방의 인재들을 중앙에 천거토록 했다. 지방제도의 정비작업
은 꾸준히 진행된다.

이것이 중앙 왕정의 지방세력 통제를 강화시키는 효과를 발휘했음은
물론이다. 성종은 중앙 정치체제도 개혁했는데 3성 6부를 골간으로
하는 중국의 행정체계를 대대적으로 수용했다. 이것은 단순한 모방
의 차원이 아니다.

선진제도를 본격적으로 수용해야 할 만큼 고려의 정치적·사회적
여건이 발전했다는 긍정적인 의미를 갖는 것이다. 성종은 태봉과 신
라의 제도도 참작했다. 그리고 후에 중추원과 삼사를 설치하면서 고
려 실정에 맞게 도병마사와 식목도감도 마련했다.

성종은 억불숭유(抑佛崇儒) 정책을 과감하게 추진, 연등회와 팔관
회를 폐지시켰다. 그리고 유교 정치이념의 실현에 도움이 될 인재를
등용하려 애썼다.

　　문예를 경쟁하는 장소를 열고 경서를 연구하는 업을 넓혔지
　만 오히려 포부를 가진 뛰어난 선비를 만나지 못하였다. 어진 이
　를 가로막고 재능을 방해하는 사람이 있는지도 모르잖은가. 무릇
　문재(文才)와 무략(武略)이 있는 자는 대궐에 나와 자천(自薦)하여
　도 좋다.

성종이 내린 교시 중 일부이다. 성종이 이쯤 되면 최승로는 훌륭한
학자이자 독실한 신자일지는 몰라도 최소한 제갈공명은 아니지 않은
가.

우울증?
성종은 그 밖에도 종묘를 세우고 사직을 정비하는 등 숱한 치적을

게오르게 그로스, 〈그림
자 속〉.

남겼다. 그의 치세에 이르러 고려 왕조는 비로소 기틀이 잡힌다.

그러나 그럼에도 불구하고 아직 어둡다. 그리고 앞으로도 고려사 전체가 어두울 것이라는 불길한 예감이 든다. 그게 뭐지? 뭐가 불안의 그림자를 드리우지? 우선은 거란족. 성종 12년 거란족이 고려에 침입한다. 그러나 정말 어두운 이유는 무엇인가? 그뒤로 연이어 저질러질 '침략'에 대한 예감 때문에, 아니면 우리 내부의, 고려라는 나라의 어떤 우울증 때문에? 하지만, 이제 장을 바꾸자.

다만 최승로의 유교와 균여의 불교, 그리고 성종의 고려는 거란이 침입했을 때, 어떤 표정을 짓고 있었을까? 공(空)을 성(性)으로 색(色)을 상(相)으로 대중화시키면서 성상융회(性相融會, 성상을 자세히 이해함)로 추상화시키고 전통적인 화엄법계(法界)를 횡진(橫盡, 원칙적인 일부·하나로 미루어 전체를 짐작함), 수진(竪盡, 하나하나의 의미를 살펴서 전체를 파악함)으로 2분시킨 후 다시 융회로써 절충한 균여, 끝내 화엄사상을 토착신앙의 이적(異蹟)쯤으로 전락시킨 균여의 표정은 어땠을까? 최승로는? 우울했을까? 상상하라. 문헌 기록이 남아 있을 리 없으니.

어두운 현실의 그림자 4장

거란-요나라, 여진-금나라, 서희와
강조, 그리고 강감찬

거란은, 발해보다 더욱, 고구려의 후예인지 모른다. 실
제로 거란에 대한 서희, 강조, 그리고 강감찬의 대응
방식은 매우 이중적이다. 고구려에 대해 갖고 있는 고
려 왕정의 복합감정까지 감안한다면 고려-거란 관계
의 실상은 호국영웅 강감찬의 이미지가 암시하는 것
과 매우 다른 양상을 띠게 될 것이다. 거란에 대한 세
사람의 대응 태도를 종합적으로 파악해보자.

이익의 고려

……(상략) 고려 태조 왕건이 발해 유민들에게 베풀었던 우대
는 북진정책의 명분을 얻으려는 게 그 참뜻이지 진심으로 발해
를 위하였던 까닭은 아니었다. 대씨 집안의 흥망이 우리와 무슨
관계가 있기에 이토록 거란을 심하게 적대시하는가.

조선 왕조 후기에 명분 중심의 중화·사대주의를 벗고 실리 중심
의 민생주의 학문을 세울 것을 주창한 실학파의 거두 이익의 고려·
발해관이다. 이제까지 우리의 논의와 다소 차이가 있다. 하지만 '이
토록 심하게 거란을 적대시' 운운이 뭔가 우리의 흥미를 끈다. 이익
은 또 다른 문헌에서 이렇게 쓰고 있다.

……(상략) 발해국은 삼국 말의 정치적 혼란을 틈타 고구려의

옛 영토를 차지한 침략자에 불과하다. 왕건의 뜻은 이뤄지지 못했고 그후 우리나라는 겨우 한반도 내의 비좁은 영토밖에 차지하지 못하여 천하의 약소국으로 되고 인간성마저 둥지 속의 새, 우물 안의 개구리처럼 소견 없고 비좁게 되었다.

중국 중심의 세계관과 문화의식을 맹렬히 비판한 이익의 '약소국론'은 우리의 심정적인 동조를 자아내기에 족하다. 고려조의 '북진정책'의 허구에 대한 인식도 묵시적으로는 깊어진 듯하다. 그런데 그런 순간 느닷없는 '발해 말살'은 도대체 어떤 연유에서인가? 문제는 고구려이다. 한반도 민족의 자주의식과 자부심은 곧장 고구려에 대한 추억으로 이어진다. 고려에 대한 이익의 문제 제기는, 발해가 고구려의 후예가 되기에는 어림없는 것임에도 그렇게 호도함으로써 스스로의 약소성을 은폐하려 했다는 것이다. 과연 그런가?

유득공의 발해

유득공은 같은 실학파이지만 발해에 대한 생각이 이익과 정반대였다.

그는 고려가 신라를 남조로, 발해를 북조로 하는 사관을 갖추지 못했던 것을 고려 국력 부진의 결정적인 원인으로 보았다. 발해사를 재빨리 국사의 일부로 편입시켜 요(거란)·금(여진)에게 발해 옛 영토에 대한 영유권을 주장했어야 한다는 것이다.

물론 그랬던들 거란과 여진이 비옥한 동남북 만주땅 일부를 순순히 돌려주었을 리는 없다. 그러나 문제는 사관(史觀)이다. 유득공의 발해사관은 이익보다 한 단계 더 역사적이면서 자주적이었다고 하겠다. 그렇지만 여기에서도 문제는 고구려이다. 그 점에서는 유득공도 이익과 별 차이가 없다.

아니, 발해에 관한 모든 논의가 그렇다. 발해의 시조 대조영과 그의 아버지 걸걸중상은 사실 동일인물이며, 그러므로 대조영은 말갈인이다. '대'라는 성씨는 그가 거란에서 받은 관칭(官稱) '대사리(大舍利)'에서 따온 것이다. 아니다. 말갈은 '마하'인데 그 뜻이 대(大)이므로 그렇게 된 것이다.

아니다. 걸걸중상의 '걸걸'은 여진의 초음(初音). 발해를 건국한 것은 여진 사람 거추이다……

견해들은 끝없이 이어진다. 근거 없는 기발에서 학식만 깊은 우매까지, 견해의 영역에 더 이상 여지(餘地)가 없을 정도이다.

그뿐인가. 대조영은 고구려 별종(別種)으로서 고구려와 동일족이 아니고 속말말갈인인데 고구려에 귀화한 사람이라는 저명한 학자의 기발한 가설도 있다. 발해를 소수의 고구려인이 다수의 말갈인을 다스리는 구조로 파악한 것은 일본학자 시로도리. 1933년에 발표한 논문에서이다.

그가 인용한 것은 《속일본기》인데, 10권에는 발해국 제2대 무왕이 '고구려의 옛 땅을 되찾고'라는 내용의 국서를 보냈다는 기록이 있

발해, 상경 용천부의 궁궐터.

고, 22권에는 제3대 문왕이 자신을 '고려 국왕 대흠무'라 칭하고 일본이 '삼가 고구려 왕에게 묻노니'라고 응수한 기록이 들어 있다.

하지만 우리는 이쯤에서 견해들의 나열을 끝내자. 그 모든 견해들에 공통되는 문제는 역시 고구려인 까닭이다.

이견(異見)과 고구려 — 이름과 형식

고구려라는 나라가 역사 속에 단지 '그리움'의 대상으로만 존재하는 한 우리가 중국 중심의 역사(관)에서 벗어나는 일도 일본 중심의 역사(관)에서 벗어나는 일도 가능하지 않다.

우리는 이제 정거장으로서 한반도라는 개념 위에 '대륙으로 열린, 그리고 바다로 닫힌' 고구려라는 개념을 중첩시켜야 한다. 고구려와 주변 부족들의 관계는 어떠했을까? 동쪽으로 중국에 맞서고 남쪽으로 신라·백제를 거의 호령했던 고구려와 그 주변 부족들과의 관계는 어떠했을까? 각자의 유목민적인 무력성 때문에 서로 으르렁댔지만, '동쪽에 맞서고 남쪽을 호령하는' 점에 있어서는 고구려와 호형호제지간의 공동체를 이루고 있었을 것이다.

아니 용어 자체를 겹쳐야 한다. 대륙으로 열리고 바다로 닫힌 상태로 서에 맞서고 남을 호령하던 공동체라는 시각에서 보자면 고구려 또한 이 지역의 맹주(의 이름)였고, 그러므로 정거장 — 한반도의 시각에서는 고구려가 멸망했지만, 앞의 시각에서 보자면 맹주(의 이름)가 바뀐 것에 불과한 것인지 모른다.

이 두 시각이 정확히 구분되고 역동적으로 결합되어야만 우리는 고구려사도, 발해사도, 또 우리 민족의 역사도 주체적으로 인식할 수 있게 된다. 물론 자부심과 소인배의 아집은 구별되어야 한다. 그리고 물론, 모험이다.

'선비족' 을지문덕에 대한 가설을 극대화시키면 고구려는 단지 이름, 즉 정치체의 한 형식에 불과할지 모른다. 그러나 그것은 얼마나 위대한 이름이고 형식인가. 이름과 형식의 실상을 명심해둔다면 그리움의 대상으로서 함정이었던 고구려가 한민족 역사의 거대한 기폭(起暴)으로 작용하게 되는 것이다.

말갈·거란·여진족들은 고구려를 매개로 하여 한 민족의 시야를 '대륙 쪽으로 열리게' 해주는 실체 혹은 내용들이다. 발해를 말갈족이 혹은 여진, 혹은 거란족이 건국·통치했느냐, 그러므로 발해는 고구려의 후예이냐 아니냐…… 그런 것들은 크게 보아 이름과 실체, 형식과 내용을 혼동한 왈가왈부에 지나지 않는다.

열린 주체성

고구려족과 말갈·여진·거란족은 역사를 거슬러올라가면 한 핏줄 한 형제였고 당대적으로는 '이웃사촌' 간이었다. 때로 으르렁댔지만 '격서치남(擊西治南) 정신'은 매우 끈질기게 또 튼튼하게, 그리고 무의식·일상적으로 공유했다. 그러므로 중국 학자들의 다음과 같은 1980년대 '발해론'은 발해에 대한, 그리고 고구려에 대한 우리의 '열린 주체성'을 위해 오히려 환영해야 할 연구성과일 것이다.

발해국은 속말말갈이 주체가 되어 여타 말갈족 및 읍루·부여·예맥·옥저의 옛 거주민들과 고구려 유민을 흡수해가는 오래되고 복잡한 과정을 거쳐 형성되었다.

이런 연구성과들은 물론 발해를 고구려와 관련짓지 않으려는 사회주의판(版) 중화주의를 그 바탕에 깔고 있다. 그러나 중화주의에 맞선다는 미명으로 우리가 고구려만을 '싸움 잘하던 독불장군'쯤으로 드높여준다면 그것은 용렬한 소영웅주의와 뭐가 다른가.

그 광활한 만주 벌판을 우리 것으로 생각하려면 우리는 그곳에 살았던 숱한 유목민 부족들을 우리 민족의 역사 속으로 끌어들여야 한다. 그렇다. 우리가 그 만주 벌판을 역사 속에서나마 복원하려면 중국식 '국가' 개념 자체에서 고구려를 해방시켜야 할지도 모른다.

고려와 거란의 다툼은 앞의 두 시각의 다툼이었다. 우리가 왕건의 거란·대북정책을 의심하고 비판한 것은 그가 고구려의 후예임을 자처했으면서도 실상은 '열린 주체성'의 시각을 포기했기 때문이다. 고려·거란 다툼의 성격과 전모는 왕건·고려의 시각을 탈피해야만 파악될 수 있다.

그것은 무엇보다 '고구려의 후예' 자리를 둘러싸고 벌인 논쟁이자 전쟁이었던 것이다. 이제 거란이 고려를 3차에 걸쳐 침입하게 될 것이다. 우리는 고려＝고구려의 시각만 고집하지 말고 거란＝고구려의 시각도 중첩시켜보자. 그러면 놀랍게도 고려사가 고려·거란의 남북조사(南北朝史)로 확대되고, 거란 침입이 북한의 6·25 남침전쟁을 연상시킬지 모른다. 아니 더욱 놀랍게도, 그 당시 고려인 자신들의 생각이 지금 우리보다 더욱 그랬다.

다시, 세 나라

거란의 국명은 요나라이다. 야율아보기가 이끈 요나라 군대는 발해를 멸망시키고 그 여세를 몰아 중국 침략을 감행, 연운 16주를 영토 일부로 편입시켰을 정도로 막강했다. 그러나 유목민 단계의 생산·정치구조로써 문화전통이 도도한 중국을 다스릴 수는 없는 일. 요나라는 곧 자진 철수하게 된다.

고려 광종(949~975년)은 거란의 위협을 매우 민감하게 의식하고 있었다. 서북쪽 청천강 유역과 동북쪽 영흥·고원 등에 성을 쌓거나 군사시설을 갖춘다. 그리고 30만에 달하는 군사를 모아 광군사를 설치한다. 그의 거란 대비는 거국적이었다.

사신을 귀양보내고 낙타를 굶겨죽인 고려 태조의 '만부교 만행'에 격노한 거란의 태종은 고려 침입을 시도하지만 실패하고 급사한다. 그후 거란은 수구파와 진보파의 심각한 대립으로 극심한 정국 혼란기를 치르게 된다. 나라가 안정을 되찾은 것은 성종 때이다.

그는 추밀원을 남북 두 개로 나누어 한족 출신과 부족제 주민을 각각 따로 통치하는 2중 지배체제를 확립했다. 그는 매우 진취적이고 자신만만한 왕이었다. 즉위 첫해에 여진 토벌작전을 개시하는데 이는 고려 정벌을 위한 것이었다.

여진은 어떤 나라인가. 송화강·목단강·흑룡강 유역 및 동만주 해안지방에 살던 부족이 중국사 매 단계에 따라 숙신·읍루·물길· 말갈로 불리다가 송나라 때 비로소 그 명칭을 갖게 된다. 이때 여진은 정확히 발해에서 벗어난 말갈족, 즉 흑수말갈이다.

이들은 고려와 거란 사이에 살았고 고려의 태조 왕건은 거란을 견제하기 위해 여진을 우대했다. 그리고 그 이후 왕들은 그 정책을 대체로 지켜왔다. 무역을 허락하고 귀화인에게는 가옥과 토지를 주어 살게 했다. 추장에게는 향직(鄕職)을 내리기도 했다.

이제까지 여진은 고려를 상국으로 삼겨오고 있는 터였다.

1차 침입 — 외교의 승리?

993년 그런 여진으로부터 '거란이 고려를 침입할 것이다'라는 귀띔이 두 번 오더니 과연 그해 10월 소손녕이 거란 군사 80만 명을 이끌고 내침해왔다.

박양유·서희·최량 등이 군대를 이끌고 이에 맞섰으나 봉산군(태천과 귀성 중간)을 빼앗기는 등 전세가 불리했다. 이때 고려 성종, 그 '현군'은 어떻게 대처했을까? 이몽전을 청화사(請和使)로 보낸 것은

1580년경 코메디아 델 마르테 장면화.

좋았다. 그런데 그 목적이 정말 어처구니없게도, '내침의 진의'를 알아보려는 것이었다! 소손녕은 거듭 항복을 요구할 뿐 '명분'을 대지 않았다고 고려 사가들은 쓰고 있다. 그러나 더 어처구니없는 일이 있다.

이때 고려 조정에서는 대동강 이북의 땅을 거란에 떼어주자는 주장이 유력했다고 한다. 서희·이지백 등이 반대하여 그 할지론(割地論)은 수그러들었지만, 이게 정말 무슨 '안방에서의 변괴'인가.

그렇다. 고구려의 후예 논쟁에서 고려는 사실 거란에게 심정적으로 밀리고 있었다. 그것을 인정해야만 우리는 위의 어처구니없음을 최소한 감당할 수 있게 된다. 그리고 이 전쟁을 계속 따라가볼 인내

력도 그때 비로소 갖게 된다.

고려의 항복 회답이 없자 소손녕은 초조한 마음에 어영부영 청천강 남쪽 안융진을 공격하다가 실패, 삽시간에 전의를 잃는다. 그렇게 두 나라 사이에 화전(和戰) 분위기가 무르익게 되었다. 이 화전 논의가 그 유명한 서희의 담판이다.

항전파(抗戰派)였던 서희가 세 치 혀로 거란군을 물리쳤다는데 과연 사실인가? 소손녕의 주장은 이랬다. 1)고려는 거란이 점유한 고구려의 옛 땅을 침범했다. 2)이웃나라인 거란을 버리고 바다 건너 송나라와 교류하고 있는 것은 잘못이다. 1)은 예의 후예 논쟁이고 2)는 사실상 조공을 바치라는 요구이다. 거기에 서희의 응답은 이랬다.

1)고려는 고구려의 계승이다. 2)고려가 거란과 교류하고자 해도 여진이 가로막혀 있어 불가능하다. 이 지역을 회복하여 성보를 쌓고 도로를 확보해야 한다……

1)은 다시 후예 논쟁이다. 그런데 2)는 사실 너무도 굴욕적이고, '여진' 운운은 상국답지 못한 끌어들이기이다. 다음이 담판의 '성과물'이다.

거란은 고려가 '조공로'로 청천강 북쪽 압록강 동쪽 280리를 점유하는 것을 승인한다. 그 대신 송의 연호 대신 거란의 연호를 사용한다.

명분보다 실리를 좇은 경제인 태조 왕건의 후예들이라 그런가? 너무도 비굴하다.

막간(幕間)과 불륜

고려 성종에 이어 즉위한 목종(997~1009년)은 경종의 아들이다. 당숙인 성종이 두 살바기 어린애였던 그를 궁궐에서 키워 왕위를 물려준 것이다.

즉위 때 나이는 19세. 즉위 초부터 문무 양반 제도 및 군인 전시과를 제정하고 중반기에는 과거시행법을 제정하는 등 왕정체제 확립을 꾀했지만 당숙이 물려준 정치체제를 유지하는 데는 실패했다.

사단은 고려시대의 한 특징인 왕정 불륜이다. 모후와 김치양이 사통(私通)했고 그는 그 두 사람의 영향에서 벗어나지 못했다. 그리고 그것이 그의 사망의 직접적인 원인이 된다. 김치양도 호족인가? 호족은 아니지만 외척으로, 경종의 비(妃) 천추태후, 즉 자신의 친척과 불륜을 일삼았고 호족들을 끌어들였다.

정말 고려의 운명인가. 성종은 그를 곤장으로 다스리고 유배시켰었다. 그러나 성종이 죽고 목종이 즉위하자 김치양은 그 모후인 천추태후를 통해 다시 실권을 장악하고 패서(浿西) 호족들을 조정에 끌어들인다.

그의 호족정치 지향은 노골적이고 일관적이다. 그는 목종에게 네 차례나 서경 행차를 강요했고 그때마다 온갖 요사한 의식을 치르고 도교·불교 및 토속신앙을 마구잡이로 끌어들이며 유교 배척에 혈안이 되었다.

아, 불교. 이때 불교란 이미 미혹과 불륜의 매개였다.

1003년 김치양과 천추태후 사이에 아들이 태어난다. 당연히 쉬쉬해야 될 일이지만 두 사람은 오히려 그 아이를 왕위에 올리려고 가장 유력한 왕위계승권자인 순을 제거하려고 획책한다. 순은 태조 왕건의 손자. 두 사람은 순을 출가시켜 절에 은둔시킨 후 살해하려 했지만 목종의 방해로 뜻을 이루지 못했다.

김치양과 천추태후는 이번에는 목종의 암살까지 기도한다. 목종은 와병중이었지만 서북면도 순검사 강조를 불러 난을 진압케 했다. 그러나 거기서 끝나지 않는다. 강조는 호족인가? 아니다. 무신(武臣)이다. 그의 '운명'은 고려의 미래와 연관된 운명이다.

불륜과 1차 무신난(武臣亂)?

강조는 개경에 입성하기 직전 거짓 정보를 듣고 자신이 천추태후의 함정에 빠진 것이라고 판단, 서둘러 본영으로 돌아갔다. 그런데 이는 천추태후가 바라던 바였다. 태후는 군사가 오는 것을 꺼려 길목을 막고 행인들의 개경 출입을 금했다. 강조의 아버지가 종을 승려로 변장시켜 강조에게 비밀서신을 보낸다.

군사를 거느리고 개경에 입성, 국난을 평정토록 하라……. 서신은 죽장에 숨겨져 강조에게 전달되었고 그제야 강조는 출병을 명했다. 그러나 그는 편지 내용으로 보아 왕이 세상을 떴겠거니 했다. 목종이 살아 있는 것을 안 강조는 다시 군사 이동을 멈춘다.

목종이 살아 있는 한 천추태후·김치양 일파를 벌하지는 못할 것이다. 그렇다면 국난 수습이 무슨 소용인가. 그러나 장수들이 들고일어난다. 이제 와서 멈출 수는 없다. 목종을 폐하고, 새로운 왕을 세우자. 그래야만 불륜으로 썩어 문드러진 이 나라 종사가 바로잡힐 것이다…….

강조는 장수들의 말을 따랐다. 궁궐로 들이닥친 그는 달아난 김치양 부자와 일파 7명을 추적 살해했고 천추태후의 측근 30명을 귀양 보냈으며, 또한 목종을 폐위시키고 순을 궁궐로 모셔와 왕위를 잇게 했다. 그가 현종(1009~1031년)이다.

목종과 천추태후는 함께 충주로 가다가 강조가 보낸 자객에 의해 불귀의 객이 되고 만다.

지오르지오 데 키리코, 〈어떤 거리의 우울과 신비〉.

실권을 장악한 강조가 취한 조치는 한마디로 국왕 측근직의 단일화였다. 이 조치는, 설령 군사권을 배경으로 자신에게 권력을 집중시킬 목적에서 취한 조치였다고는 하더라도 국가기강을 새로이 세우는데 매우 중요한 의미를 갖는 것이었다.

극도의 문약(文弱)과 부패한 불교의 합작으로 만연해진, 아니 그 합작의 극치인 불륜과 그것을 척결하려는 무신의 유혈참극이라……. 그 악순환이 후에 무신 쿠데타 및 무신정권으로 치명적으로 확대·심화된 것이다. 또 하나. 현종으로 즉위한 순도 김치양의 아들 못지 않게 불륜의 소산이다.

경종은 두 왕후를 두었다. 목종의 생모인 헌애왕후(후에 천추태후)와 헌정왕후. 이 두 왕후가 모두 태조의 아들이자 경종의 숙부인 욱

(旭)의 딸, 즉 경종과 사촌남매 간이었다. 그런데 욱(郁)은 경종이 죽은 후 경종 비(妃)이자 자신의 질녀인 헌정왕후와 사간(私姦), 아들을 낳게 되는데, 이 아들이 바로 순인 것이다.

경종의 첫 왕후의 불륜과 둘째 왕후의 불륜 간의 투쟁이었던가, 아니면 왕족 간 불륜과 왕·신하 간 불륜의 투쟁이었던가. 그 사이 무신의 유혈진압이었던가.

진압? 색과 공의 어긋남 사이, 무엇을 진압? 아, 그렇게 무신정권은 그토록 목표도 없이 스스로 피에 굶주리게 되는가?

2차 침입 — 다시 무신난

거란의 성종은 목종이 어떤 연유로 폐위되었는지 수차례 질의해왔다. 1인자인 강조는 그 질의를 묵살했다.

그는 거란을 결코 상국으로 인정하지 않았다. 무신 강조는 매우 '자주적'이었다는 점에서도 무신정권의 무신들을 예감케 한다. 거란 성종의 대응은 빨랐다. 그는 현종이 즉위한 그해 11월에 40만 대군을 직접 이끌고 고려로 쳐들어왔다.

정변에 대한 문죄(問罪)가 그 명분이었다. 고려를 신하국으로 보았던 거란이니 그럴 만도 하겠다. 고려는 약속과 달리, 송나라에 대한 예의를 끊지 않은 상태였다. 그리고 물론 1차 화친 때 넘겨준 강동 6주가 거란 성종은 새삼 아깝기도 했을 터. 그는 강동 6주의 전략적 중요성을 절감하고 있었다. '조공로'라 하여 양보했지만, 조공은 형식적이고 정작 전략적 교두보를 눈앞의 적에게 내준 셈이라 다시 빼앗고 싶었을 것이다.

11월 중순 압록강을 건너온 거란 대군은 의주가도 홍화진을 포위 공격했지만 양규와 이수화의 방어로 뜻을 이루지 못하고 우회, 통주에서 강조와 대회전을 치르게 되었다. 피차 외나무 다리에서 원수를 만난 격이었다. 강조는 처음에 선방했다. 아니 속속 승리를 거두었다.

세 군데 진을 치고는 거란으로 하여금 중앙을 공격케 유도하고 양쪽에서 협공하는 그의 전술은 매우 유효했고 신무기인 검차(劍車)가 또 매우 위협적이었다. 그러나 그의 고구려적 생애는 너무 빨리 끝난다. 자만이 최고의 적이었다. 거란군이 쳐들어온다는 보고를 듣고도 경계조차 하지 않다가 그는 대패했다.

그의 최후는 당당한 군인·애국정신으로 빛난다. 신하가 되어달라는 거란 성종의 권유에 그는 '나는 고려 사람인데 어찌 너희의 신하가 되겠는가?'라고 반문하며 거절했다고 한다. 하지만 그것뿐인가. 고려의 배경 속에서 뭔가 허하다.

후에 무신정권도 그럴 것인가. 물론 더 심각하게……

거란군은 강조를 사로잡아 죽였지만 전황이 뜻대로 되지는 않았고, 서경도 빼앗지 못한 채 남하만을 서둘렀다. 고려는 하공진과 고영기에게 화전을 요청하는 국서를 들려 적진으로 보냈다. 그러나 왕의 일행이 광주(廣州)에 이르렀을 때 거란군이 개경에 들이닥쳐 궁궐과 민가를 불태워버린다.

거란은 고려 국왕의 거란 입조(入朝, 외국에 가서 신하의 예를 취하는 것)를 약속받고 하공진을 인질로 삼아 행군 방향을 거란으로 돌렸다. 하지만 군대 행렬이 구주 남쪽 산악지대에 이르렀을 때 연일 큰 비가 내린다. 겹친 피로에 물난리까지 만난 거란군을 고려의 여러 장수들이 추적했고 거란은 많은 병사와 장비를 잃었다. 어쨌거나 그렇게 거란의 2차 침입은 끝이 났다. 이것도 허한가? 물론이다. 그래서 그랬던지, 곧 3차 침입이 개시된다.

3차 침입 — 문신의 애국

2차 침입 때 화친의 조건은 고려 국왕의 입조였다. 1012년 고려는 그 입조를 공식적으로 거부했다.

거란은 그 즉시 강동 6주의 '반환'을 요구한다. 이번에는 고려도 정면공격 쪽을 선택, 1013년 거란과 국교를 끊고 1014년 중국 송나라에 사신을 보내 수교를 요청했다. 거란의 대응은 이번에도 빨랐다.

한편으로 이송무를 보내 강동 6주 반환을 요구하면서 다른 한편으로는 홍화진과 영주성을 무력공격한 것이다. 양쪽의 시도가 모두 실패로 돌아가자 거란은 대대적인 모병령(募兵令)을 반포한 후 1017년 정예병 5만 5천 명을 앞세워 고려를 침략하지만 이번에도 커다란 손실만 입고 철군한다.

약이 바싹 오른 거란은 그 이듬해 12월 대규모 군대를 이끌고 사생결단의 각오로 고려를 침략한다. 이것이 3차 침략이다. 이때 거란의 총지휘관은 소배압. 고려는 20만의 군대로 거란에 맞섰다. 이때 최고 사령관이 강감찬, 부사령관이 강민첨이다.

강감찬? 그 유명한 강감찬? 그가 여태 어디 있다가 이제야 나오는가? 그도 을지문덕인가? 아니, 정반대인가? 둘 다 아니다. 고려가 고

귀주대첩, 민족기록화.

구려와 다른 것처럼 그의 등장·퇴장방식은 을지문덕과 다르다.

본관은 금주. 경주에서 금주로 이주하여 호족으로 성장한 여청의 5대손. 개국공신 궁진이 그의 아버지이다. 그는 983년(성종 2년) 과거때 갑과장원으로 급제하여 순탄한 벼슬길을 밟았다. 무엇보다 그가 무신이 아니라 문신임을 명심할 것. 강조 정변 직후 거란의 2차 침입당시 거란의 성종이 서경을 침공했을 때 그는 강조와 달리 전략상 후퇴를 주장하며 사직을 나주로 피난시켰었다.

그러나 소배압이 10만 대군을 이끌고 고려를 침입했을 때 그는 내직(內職) 외에 외관직으로 서경 유수도 겸하고 있었다. 서경 유수직은 단순한 지방 행정관직이 아니라 군사지휘권도 갖는, 바로 거란의 재침에 대비한 요직이다.

소배압의 고려 침공 후 그는 총사령관으로 대 거란 전투를 지휘, 도처에서 거란군을 격파했다. 그중 가장 유명한 것이 귀주대첩이다. 이 대첩은 을지문덕의 살수대첩과 함께, 세계 전쟁사에 빛나는 사례로 기록된다.

큰 새끼줄로 쇠가죽을 꿰어 막아둔 냇물을 잠복한 1만 2천 명의 정예기병이 일시에 방류하는 대홍수 전술에 소배압군은 전멸을 모면했을 뿐, 침입군 10만 중에 생존자는 수천에 불과했다.

그후

강감찬은 전란이 수습된 후 식읍 3백 호, 다시 식읍 5백 호에 봉해졌고 공신의 호를 받고는 1020년 벼슬에서 물러났다가 10년 후 다시 관직에 나아가 문하시중에 올랐다. 그 이듬해 덕종이 즉위하면서 그는 식읍 1천 호에 봉해졌다.

귀주대첩은 분명 거란의 국운에 치명타를 입힌 대전이었다. 그러나 강감찬도, 고려 조정도 그 점을 깨닫지는 못했다. 진취적이 아니었던 까닭이다.

거란의 3차 침입은 크게 보아 승자도 패자도 없는 전쟁으로 막을 내렸고, 1019년 두 나라 사이 국교가 정상화되었을 때 고려는 송과의 관계를 끊고 다시 거란의 연호를 쓰게 된다. 그후 백 년 동안 고려와 거란 관계는 평화로웠다.

그 기간 동안 거란은 강동 6주를 돌려줄 것과 국왕이 친히 입조할 것을 단 한 번도 요구하지 않았다. 당연하다. 귀주대첩 패전 이후 거란은 줄곧 하강세였다. 그렇다. 평화로운 백 년은 거란이 부족으로 뿔뿔이 흩어질 때까지, 즉 거란이라는 나라가 멸망할 때까지의 기간이다.

고려인들이 그토록 평화를 갈구했던 것인가, 아니면 자신을 억눌렀고 아직도 형식적으로는 억누르고 있는 나라의 노쇠화조차 못 느낄 만큼 무기력했던 걸까? 명장 강감찬에게서조차 엿보이는, 적극적 대외 무력정복에 대한 거의 치매적인 무관심은 우리를 경악시키기에 족하다.

더군다나 거란의 해체는 여진이 강대국으로 부상하는 결과가 아니던가. 이 대북(對北) 무관심에 스스로의 반발이 무력적이되 진취적이지 못하고 오히려 자학적인 무신정권을 탄생시키는 것일 게다.

그렇다면, 몽고에 대해서도 그랬던가?

그후의 그후

'명장' 강감찬에 대한 설화가 매우 문민적이라는 것은 그러므로 의미심장하다.

강감찬 설화에는 정사에 나타나는 명장으로서의 모습은 전혀 보이지 않는다. 그 모습 없음이 유일한 공통점이고 세계관이고 총체성이다. 아, '명장' 강감찬이 이렇다면 다른 경우는 말해 무엇하겠는가.

문약(文弱) 정도가 아니라 문의 허울화. 이렇게 껍데기로만 남았던가.

그런 한탄을 배경으로 강감찬 설화를 나열한다.

어느 날 밤, 한 사신이 길을 가다가 큰 별이 떨어지는 것을 보았다. 별이 떨어진 집을 찾았더니 마침 그 집 부인이 아기를 낳았다. 사신은 그 아이를 데려와 길렀다. 그가 강감찬이다. 후에 당나라 사신이 와서 그가 문곡성(文曲星)의 화신임을 확인했다.

아니다. 강감찬은 아버지가 훌륭한 태몽을 꾸고는 본부인을 보러 가는 도중에 여우 여인을 만났고 그녀와 관계를 맺게 되어 태어났다. 강감찬은 원래 얼굴이 미남이었지만 그런 얼굴로는 큰일을 할 수 없다며 스스로 마마신을 불러 얼굴을 얽게 했다. 아버지는 그렇게 못생긴 강감찬을 집에 떼어놓고 친구 딸의 혼인식에 갔는데, 강감찬은 몰래 그 혼인식에 놀러갔다가 짐승 — 귀신이 사람으로 둔갑해서 신랑 노릇을 하고 있는 것을 알고 그 짐승 — 귀신을 쫓아버렸다.

강감찬이 20세 소년 원님으로 부임했을 때이다. 관속들이 그를 너무 어리다며 얕보는 것이었다. 강감찬은 관속들을 불러 모아놓고 뜰에 세워둔 수숫대를 소매에 다 집어넣어 보라고 했다.

그게 어떻게 가능합니까…… 관속들이 불평했다. 그러자 강감찬이 소리쳤다. 겨우 일 년 자란 수숫대도 소매에 집어넣지 못하면서 20년이나 자란 원님을 아전이 소매 속에 집어넣으려 하는 게냐! 기가 꺾인 관속들은 그후 강감찬의 말을 잘 따랐다.

어느 여름날 업무를 보는데 개구리 소리가 너무 시끄러웠다. 그는 부적을 써서 관속에게 주어 못에 던지게 하였다. 개구리는 다시 울지 않았다. 하성 판윤으로 부임했을 때이다. 수백 년 된 호랑이가 중으로 변신하여 길 가는 사람들을 수없이 해친단다. 그는 편지로 호랑이를 불러 크게 호통을 쳤다. 사람을 해치지 않는 것은 물론 새끼도 일년에 한 마리만 낳을 것, 몇몇이 산에서만 모여 살 것…….

어떤가, 강감찬의 그 무엇을 거세(去勢)하려는, 모종의 필사적인 노력이 묻어 있는 것 같지 않은가? 그 노력이 비아(非我)의 아(我)에 대한 강제와 전혀 무관한, 순전히 자의에 의한, 아니 거세 자체에 의한 거세 같지 않은가?

고구려의 미래

그리고 그것을 배경으로 여진의 그후를 아주 멀리까지 기술해보자. 고려 숙종(1095~1105년) 때 만주 하얼빈에서 일어난 완안부 추장 영가가 여진족을 통합하고 북간도 지방을 장악한다.

그 세력은 두만강까지 진출하고, 영가의 뒤를 이은 그의 조카 우야소 때 더 남하하여 장성 부근에서 고려군과 충돌하게 된다. 고려 조정은 정벌에 나섰지만 실패하고 윤관을 보내어 겨우 화맹을 맺는 게 고작이었다. 2차 정벌 때는 다르다.

윤관을 도원수로 한 17만 명의 고려군을 동원, 함흥평야 일대의 여진족을 토벌하고 북청까지 진출, 9성을 쌓게 된다. 왜 성이었을까? 그건 나중에 윤관 항목에서 다시 따지기로 하자. 그 성마저 방어가 어렵고 또 여진족의 애원도 있고 하여 일 년 만에 성은 여진족의 수중으로 다시 넘어갔다.

1115년 여진의 여러 부족이 통일되면서 국호를 금이라 하더니 2년 후 고려에 형제 관계를 요구하고, 다시 1125년 거란을 멸망시키고 북송마저 멸한 후 고려에게 사대의 예를 강요한다.

이때 고려 조정을 쥐고 흔들던 이자겸은 금과 화평하게 지내는 정책을 폈다. 그 점도 이자겸 항목에서 다시 따져보자. 어쨌거나 금나라 자체는 1234년 몽고에게 멸망했다. 그러나 그렇게 된 후 무려 382년 후 건주여진의 추장 누르하치가 심양에 후금(後金)을 세우고,

그리고 어떻게 되는가? 1636년 국호를 청(淸)으로 하면서 중국 대륙을 통일시켜버렸다. 그렇다. 중국 청조가 그렇게 탄생하여 통일 중국을 20세기 초까지 다스린다.

아, 여진이야말로 정말 고구려의 미래였을지 모른다. 아니, 여진이야말로 정말 그랬던 것 아닌가?

도시와 농촌 5장

팔관·연등회와 〈청산별곡〉 사이
경제와 문화, 최충과 의천

고려 때에 대외무역은 비약적으로 또 상업주의적으로
발전한다. 화폐가 유통되고 유통이 체계화된다. 그러나
문화는? 완숙에 달하지만, 아연 세속적이다. 고려 시
대는 여러 모로 지금의 우리나라, 혹은 현실 사회주의
가 멸망한 후 자본주의를 연상시킨다. 그런 고려의 대
표적인 고승 의천의 고민은 무엇이었을까? 고려 최고
의 유학자 최충의 고민은? 이 두 사람의 고민과 사상
이, 만날 수는 없었을까?

혼선과 서곡

거란의 침입은 아마도 고려를 적당한 수준으로 자극했을 것이다. 왕권과 귀족세력의 관계도 애국 지향적으로 자극했고 문반과 무반의 관계도 바람직한 방향으로 자극했을 것이다. 하지만 그 '적당한 수준'이라는 규정이 문제이다.

그 자극은 고려의 정치 · 경제적인 문제를 근본적으로 해결하는 수준의 것이 아니고 오히려 온존시키며 연장하는 성격의 것이었다. 그리고 그 와중에 혼선이 있었고, 그 혼선은 고려 역사 전체로 볼 때 더 거대한 비극의 서곡이 되었다.

그렇게 '사소하지만 대표적인' 예는 거란의 3차 침입 직전에 발발한 무신 김훈 · 최질의 난이다.

1, 2차 거란 침입은 고려 무신들의 힘을 증대시켰지만 고려는 여전히 왕과 문신들의 나라였다. 거란의 3차 침입에 대비한 '군사 전략'을 세우는 데도 무신들의 의견은 대체로 배제되었다. 그것만 해도 모

순이었을 터.

그러나 더 큰 문제는 경제적인 면에서 발생했다. 김훈과 최질은 1010년 거란 침입 때 큰 공을 세운 무신이다. 이들은 그 공으로 상장군에까지 올랐지만 군대증강에 따라 부족하게 된 관리들의 녹봉을 영업전으로 충당한다는 고려 왕조·문신들의 결정에 큰 불만을 갖게 되었다. 영업전이란 경군(京軍)에게 급여 대신 지급한 논밭. 무신은 허명(虛名) 대신 경제적 기반을 빼앗기게 된 것이었다.

김훈과 최질은 1014년 병사들을 충동, 병사들을 일으켜 왕을 협박하고 문신들을 귀양보내고 정권을 장악했다. 이 정변은 오래가지 않았다. 화주방어사 이자림은 왕에게 계책을 낸다.

현종은 그 계책에 따라 이자림을 서경 유수판관으로 임명하여 그를 서경에 미리 보내고 친히 장락궁에서 잔치를 베풀었다. 무신들이 술에 만취하자 이자림은 군대를 이끌고 급습, 김훈·최질 등 무신 19명을 주살해버렸다.

이 '무신 난'은 분명 어설펐다. 그것을 반성의 기회로 삼아, 더군다나 거란의 3차 침입을 겪으며, 고려 사회는 황금기를 맞게 된다. 하지만 그것은 크게 보아 문신 위주의 황금기였다. 더 심하게 표현하자면 그 황금기는 어설픈 무신 난을 더 거대한 비극(무신 쿠데타)으로 심화·확대, 폭발시키는 '문화적' 통로였다.

그때 ― 국내

어쨌거나, 우여곡절을 겪으며 왕권정치가 안정되면서 귀족문화가 동반·발전한다. 현종(1009~1031년)은 어렵사리 태어나(불륜) 어렵사리 즉위했고(정변) 또 어렵사리 치세를 유지했다(거란 2, 3차 침입). 그러나 왕권정치는 더욱 강화되었다.

그의 치세 때 5도양계(五道兩界) 체제, 경(京)·목(牧)·도호(道

護)·군(郡)·현(縣)·진(鎭)의 군현제 기본골격이 세워졌다. 무엇보다 중요한 것은 왕권정치·귀족문화 동반 발전의 틀거리가 이때 마련되었다는 점이다. 문반이 무반을 적절하게 눌렀고 문반귀족들은 화려한 문화를 꽃피웠다.

호화롭고 사치스러운 팔관회와 연등회가 부활되면서 불교문화가 호화·사치의 절정에 달했다. 국난극복을 염원하고자 대장경을 만드는데, 이는 거꾸로 불교 예술 및 학문의 발전을 적절하게 자극했다.

불교와 유교, 왕권과 귀족 혹은 호족세력이 서로를 갉아먹지 않고 각자 자유롭게 발전해간다. 정치·경제·문화의 수준이 무정부주의적으로 농익어간다. 이 현상이 최고조에 이르는 것이 바로 문종(1046~1083년) 때이다. 우리는 이 시기를 고려 최고의 황금기라고 부른다.

신라 문화를 계승하는 동시에 송의 문화를 수용하는 독특하고 창조적인 고려 문화가 이 시기에 형성되었다. 민생·민권을 위한 법도 제정되었다. 재면법(災免法)은 농사에 재해를 입었을 경우, 재해의 정도에 따라 조(租)·포(布)·역(役) 등을 면해주는 법이다.

삼원신수법(三員訊囚法)은 죄수를 신문할 때 반드시 형관(刑官) 3명 이상을 입회하게 하는 제도이다. 그러나 백성들의 실제 생활은 고달팠다. 문종이 즉위한 해 진주 목사 최복규가 도망간 백성 1만 1천여 호를 달래어 다시 생업에 종사하게 했다는 기록이 남아 있다.

그 5년 후에는 개경에 대기근이 들어 무려 3만 명을 구제했으나 여전히 많은 사람들이 굶주림으로 떠돌았다. 문종 28년에도 노역이 과하고 불공평하다며 군영을 탈주하는 군인들이 도처에 많았다.

그렇다. 상부구조의 정치·문화는 무르익다 못 해 곪아터질 지경이었고 유교의 위민(爲民) 철학 및 제도는 허울뿐 백성에게 그 혜택이 미치지 못했다. 도시에는 상류층과 도시 하층민의 빈부격차가 극

중국 송나라의 백자양
각모란문대접.

심했고 농촌 또한 지방행정관 및 귀족·호족들과 농민·천민 간의
빈부격차가 심했다. 그리고 아주 낮은 수준으로나마 지방 도시들이
출현, 도시와 농촌 간의 차이가 두드러지기 시작한다.

중국 송나라

왕건이 고려 왕조를 세우고 그것이 존속하는 동안 중국에서는 당
이 멸망하고 송과 원 두 제국의 왕조가 영욕의 길을 밟았다. 이중 원
제국에 대해서는 후에 상세히 이야기될 것이다. 당이 무너지고 53년
동안 중국의 패자가 다섯 번이나 바뀌는(5대) 동안 중국의 귀족사회
는 무너졌다.

새로 대두한 것은 신흥지주층. 이들이 사대부로서 송대 사회를 이
끌어가게 된다. 송은 황제·중앙집권체제를 구축하는 한편 문치주의
(文治主義)를 강화했다. 과거제도를 강화했고 진사 출신의 관료들을
우대했다.

중국의 대국 송이 전대와 달리 대외 무력정복 정책을 추구하지 않

왔던 것은 물론 다행일 것이다. 고려가 호전적인 거란과 송의 틈바구니에 처했다면 고려 왕조의 생명은 몽고 침략 전에 끝났을 수도 있다.

그러나 경제와 문화를 크게 발전시킨 송의 문치주의는 '약소국' 고려의 멸망보다 더 끔찍한 운명을 이식시켰다. 중국의 약화된 국방력은 거란·여진의 창부리를 중국 쪽으로 유혹, 고려에 숨 돌릴 틈을 주었지만, 궁극적으로는 고려의 국방능력 자체를 문약의 문치주의로 마비시켰던 것이다. 그렇게 마비된 고려의 국방능력은 무신정권에 이르러서도 무력 자체를 매우 자학적인 것으로 변질시켜버린다.

파울 클레, 〈젊은 여인의 모험〉.

어쨌거나 지금 송과 고려의 관계는 역대 어느 때보다 우호적이며 군신(君臣)적이기보다 형제적이다. 송의 문물이, 문학과 예술이, 홍수처럼 고려로 밀려든다. 이제 곧 성리학이 고려로 건너올 것이다.

봉건제 — 서양과 동양

서양에서 봉건제가 성립된 것은 9세기경. 부상하는 게르만의 종사(從士, 무사 시종) 제도와 잔존하는 로마의 은대지(恩貸地, 군주가 가신에게 하사하는 토지) 제도가 결합한 결과이다. 귀족과 기사들이 소유하는 장원이 그 경제적 단위이다. 농민들은 대체로 자유롭지 못한 농노로서, 장원 주인(영주)과 토지에 묶여 있었다. 이 장원을 기반으로 귀족·기사들이 군웅할거하면서 왕권을 유명무실한 것으로 만들고 지방분권 시대를 영위해나간다.

그렇게 서양의 중세·봉건제란 나라나 민족의 경계가 생기기 이전에 다소 막연한 상태의 경제·종교 통일체이다. 동양의 봉건제는 중국, 한국, 일본의 경우가 각각 다르다.

중국 송나라의 경우 막연한 귀족·지방분권의 종교·경제 통일체인 것은 사실이지만, 그 기반이 왕권집중 정치체라는 점이 엄연히 다르다. 고려는 어떤가? 경제적으로는 봉건제이되, 정치적으로는 국토와 국력이 약소하므로 왕권집중 지향과 호족·지방분권 세력이 끊임없는 쟁투를 벌이고, 그것이 국가의 통일성 자체를 뒤흔든다.

그 원인이자 '악화된' 결과로서, 불교가 정신세계를 통일하는 것도 아니고 유교가 뚜렷한 정치학으로 자리잡지도 못한다. 그렇다. 고려는 봉건제의 수혜자가 아니라 피해자인 것이다. 최대 수혜자는 일본이다. 일본은 서양과 유사한 봉건제를 구축한다.

다만, 서양과 달리 종교의 간섭이 없다. 이 봉건제는 매우 오랫동안 지속된다. '천황'이라는 말이 상징하는 초(超) 정치가 종교를 대치하고, 일본인들을 거의 미신적인 일치단결심으로 한데 묶는다.

그리고? 그것으로 정치·철학적인 불구상태를 호도하고는 군사·경제적인 대국이자 침략국으로 곧장 부상하게 되는 것이다.

민족·국가개념은 중국과 한국이 서양보다 빨랐다. 그리고 일본은 국가개념은 극에 달하지만 민족개념은 아직도 희미하다. 아직도 봉건제의 연장인 면이 있는 까닭이다. 이쯤 전제를 깔고, 고려 속으로 다시 들어가보자.

경제 속으로 — 상업

전성기 개경의 인구는 10~15만 명. 관아·불사·민가가 매우 촘촘히 붙어 살았다. 시가 중심에는 상설점포(長行廊)와 노점시장(墟市)이 매일 개설되어 수도의 번화를 과시했다.

광화문에서 부급관에 이르기까지 양쪽에 줄 지어선 점포에 영통(永通)·광덕(廣德)·흥선(興善)·통상(通商)·존신(存信)·효의(孝義)·행손(行遜) 등의 간판이 붙어 고객의 구미를 당겼다. 그러나 주로 곡물·포목 등을 물물교환했으며, 금은 등 귀금속이 가치를 평가하는 매개 노릇을 했다.

법정 화폐가 있기는 있었다. 성종 때 중앙집권 통치체제 강화 정책의 일환으로 의창·상평창을 통해 주조한 쇠전. 그러나 이것은 대도시 유통권 일부에서만 통용되다가 점차 물물교환에 압도되었다. 중국 화폐는 무역 결제수단으로만 통용되었다. 개경에도 곳곳이 낭떠러지이고 황무지이고 그랬다.

개경 이외에 지방 3경(京)으로 서경(평양)·동경(경주)·남경(한성) 등 특수도시가 있어 그 지역 행정중심지 노릇을 했으며, 안북(안산)·안서(해주)·안동·안변의 4개 도호부와 광주·충주·청주·진주·상주·전주·나주·황주의 8목(牧)은 다수 군현을 통치 혹은 관할하느라 다수의 군졸과 관리를 두었다.

주현(州縣)은 농촌공동체인 면이 더 많았다. 이곳에는 예속 · 자유 농민, 그리고 농민계층에서 떨어져 나온 수공업자와 상인 등이 살았는데 중앙정부 관리가 아니라 사관(士官) 혹은 호장(戶長) 등이 다스렸다.

지방도시는 기본적으로 농민과 상공인을 통해 고려 봉건제 재화의 재생산을 꾀하는 정치적 기구이다. 중앙관료는 개경에서, 지방관료는 3경 혹은 주부(州府) 도시에서 곡식을 비롯한 현물 형태의 녹봉 등 모든 수요를 충당하였다.

그러나 그것은 당연히 밑으로부터 일반 백성의 수요공급을 위한 교환시장의 구실도 담당하였다. 소위 향시(鄕市)는 성읍시와 교통 요지를 택해 일주일에 한 번 열렸다. 지방도시에 사는 수공업자와 하루에 왕복할 수 있는 거리에 사는 농민들이 이 장에서 만나 일용품을 물물교환한다.

향시가 열리는 시간은 정오부터 오후 2, 3시까지. 이 주시(州市)가 점점 발달하여 전업적인 상인을 내고, 그들이 상인공동체를 형성하여 시장과 시장을 돌아다녔다. 그들은 중국 등지의 특산물 교역까지 하면서 거대한 상업자본으로 성장하게 된다.

경제 속으로 — 농업

인구가 증가하고 민생이 곤궁해지자 고려의 지배층은 토지 확대를 요망하게 된다. 그러나 고려는 고구려가 아니었다. 고려 지배층은 모험적인 정복사업을 통해 영토를 넓히는 대신 기존 영토의 입체적인 확대, 즉 개간을 적극 권장하였다.

그것을 위한 노동력은 충분했다. 광종 · 현종 때 개간에 대한 특전을 규정하며 개간을 적극 권장한 결과 산간이 마치 '사다리'처럼 보일 정도로 개간사업이 활발했다는 기록이 남아 있다. 개간사업은 노동력뿐 아니라 농기구와 수리(水利) 면에서도 혁신을 요했다.

성종 때에도 각 주군이 '병기를 녹여 농기구로' 만들었고, 그때 고려 농기구는 송나라와 대동소이한 수준이었다고 한다. 수리에서는 개간 외에도, 벼 재배가 보급된 것 때문에, 매년 겪는 한재와 수재를 막는 것이 주요 관심사였다. 장정과 병졸을 동원하여 둑을 새로 쌓거나 증축했다. 저수지는 하천의 상류를 흙과 돌로 둑을 쌓거나 소택지를 파고 둑을 쌓는 방식도 있었다.

문종 때는 각 도에 농사를 장려하는 관리가 파견되었다. 고려 전성기의 중농정책은 매우 강력하여, 쌀과 옷감을 화폐 대신 쓰는 것을 방관 혹은 장려할 정도였다. 고려의 미곡(米穀) 증산정책은 괄목할 만한 성과를 거두었다.

벼가 주 작물로 자리잡은 것은 통일신라 때부터이다. 고려 농민은 벼 이외에 보리 · 밀 · 조 · 기장 · 수수 · 피 · 귀리 · 콩 · 팥 · 녹두 등 종래의 것도 재배했다. 밭곡식은 고려 초부터 2년 3작의 윤작법(輪作法)이 도입되었다.

채소류는 오이 · 가지 · 무 · 순무 · 파 · 박 등이 많이 재배되었다. 이것들은 날로 먹거나 조리했고 김치 등 가공식품의 재료로도 쓰였다. 임업의 경우, 성종 때 경작지로 적당치 않은 곳에 뽕나무 · 밤나무 · 옻나무 · 닥나무 등을 심도록 하라는 영(令)이 각 주현에 내려졌다. 이 나무들은 잠업 · 칠기 · 제지 원료이다. 이 임업정책은 해당 분야의 융성을 예고하는 것이었다. 의류의 원료는 명주실과 삼, 그리고 모시. 특히 모시 제품은 외국에까지 명성이 높았다.

벽란도(碧瀾渡)

경기도 개풍군 서면 예성강 하류 벽란도. 황해도 고달산에서 발원

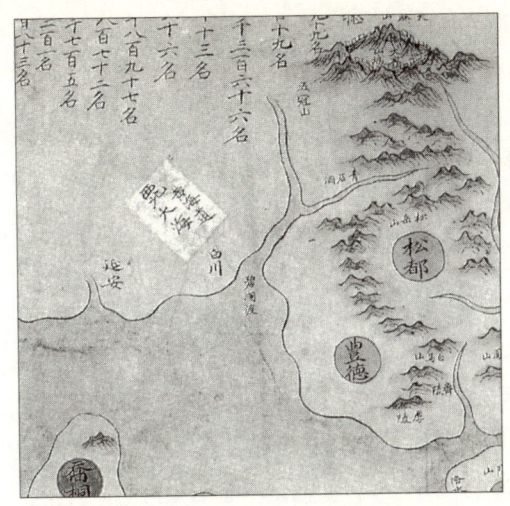

벽란도, 〈해동지도〉 상의 이 지역 주변
도.

한 예성강이 남으로 흐르다가 경기도와 면하면서 황해로 들어가는
이 일대는 강 흐름이 비교적 빠르고 조수가 밀려든다. 산지(山地)를
등에 업고 곧바로 바다에 직면한 까닭이다. 하지만 물살이 깊은 편이
라 예부터 배가 꽤 드나들고 교통요지 역할도 조금씩은 하였다. 고구
려와 백제의 영토였다가 삼국통일 후 잠시 당나라가 점령했는데 통
일신라가 당나라를 물리치면서 다시 우리나라 영토가 되었다.

고려 왕조가 가까운 개경을 도읍으로 삼고 도로망을 정비하면서
이 벽란도의 중요성이 일약 상승한다. 고려 제일의 항구이자 유일한
국제무역항으로 발돋움하게 되는 것이다.

이곳을 통해 중국 송나라 및 일본뿐 아니라 남양지방과 서역 아라
비아 상인들까지 대대적으로 고려에 들어오게 된다. 그들이 들고 오
는 것 중 종이와 책은 고려 문화 발전에 건강한 밑거름, 즉 하부구조
로 작용했다.

그러나 각 나라의 온갖 진귀하고 기이한 향료와 보물들, 그리고 이

국풍은 고려 문화 상부구조에 커다란 충격으로 작용, 문화의 주체성을 망각케 할 정도까지 되었다. 사실, 고려의 '문약' 자체가 송으로부터 수입된 것이라 해도 과언은 아니다.

고려의 대외무역은 장보고의 선구적인 업적을 바탕으로 하고 지배계급인 '왕'씨 집안이 원래 해상무역으로 재산을 모으고 가문을 일으킨 사례라는 데 그 연원이 있다. 그러나 고려 무역을 그토록 발전시킨 동력은 무엇보다 생산력과 상품 유통의 증대이겠다.

마침 계절풍을 이용한 항해술이 개발되었고, 특히 송나라가 대 고려 무역에 적극적이고 또 우호적이었다. 송상(宋商)의 왕래가 빈번해지면서 고려는 외국 상인의 숙박 겸 상품거래 특허 장소로서 영빈관·회선관 등을 짓게 되어 무역은 더욱 번창하게 되었다.

두 사람 ― 석가와 공자

이제 두 사람을 만나보자. 하나는 목종의 아들로서 승려이고, 하나는 목종의 신하이며 유학자이다. 의천과 최충. 의천은 해동의 석가로, 최충은 해동의 공자로 불린다. 재미있는 일치인 셈이다. 과연 문종 치세가 황금기인 줄을 알겠다.

그러나 좀더 역동적으로, 또 전체적으로 들여다보면 불교가 무한한 가능성을 품은 채 침몰해가고 유교가 숱한 약점을 지닌 채 부상해가던 시기에 이러한 '석가' '공자' 명명은 혹시 어떤 안간힘의 소산이 아닐까? 석가도 공자도 자신의 생각을 종교라고 지칭하지 않았다. 그리고 굳이 분류하자면 석가는 철학자에, 공자는 정치·경제가에 가깝다. 이 두 사람의 사상이 종교화한 것은 현실 속으로 전파되고 대중화되면서 생겨난 일종의 '필요악'이다. 두 사람에게는 이 일이 매우 난감할 수밖에 없겠다.

존재절멸을 지고지순한 행복으로 주장했던 석가는 중생의 '마음의 지옥 속에' 영생하고 있다. 그리고 '삶도 잘 모르겠거늘 어찌 죽음을 논한단 말인가'라고 되물었던 공자는 종묘숭배 신앙 속에 거의 죽음을 지배하고 있는 판이다. 각설하고, 불교는 유교보다 먼저 종교화의 길을 겪었다.

석가의 사상은 그 과정을 통해 크게 보아 더 나아진 것이 없다. 다만 그 사상의 틀 자체가 무한한 예술적 상상력이므로 찬란한 이승의 문화를 이룩했다. 인간이 자연의 미지에 공포로든 찬탄으로든 숭배로든 더 낯익었을 당시 불교는 그 속성으로 나라의 발전에 매우 긍정적인 역할을 수행했다.

그것은 물론 종교적인 기여였지만 동시에 매우 현실적인, 그리고 예술적인 기여였다. 그러나 인간이 미지에 단순히 낯익어지기보다는 미지를 규명하려고 할 때 종교 이외로서 불교의 역할은 일거에 미약해진다.

유교는 정복자들에게 밥과 귀를 구걸하는 신세를 면치 못하다가 그때 상상력보다 과학이 더 긴박하게 요구되는 시대에 비로소 불교를 대치하며 들어선다. 이것은 크게 보아 정치와 종교의 분리와 같은 맥락이다.

고려에서는 그 과정이 순탄하지 않았고 또 완벽하지도 않았다. 혁명으로 세운 왕조가 아닌 까닭이고, 태조 왕건으로 대표되는 통치사상의 허점 때문이기도 하다. 물론 이 두 가지는 동전의 양면이다. 자, 이제 고려의 석가와 공자를 만나보자.

사치와 부패의 극한 — 경지라는 지옥

의천의 등장 배경은 팔관회이다. 팔관회란 정확히 말해서 평신도들을 위해 마련한 하루 밤 하루 낮 동안 살생 · 도둑질 · 음행 등 여덟 가지를 금하는 의식이다. 그러나 애당초 신라 때부터도 민족의 고

유신앙과 결합, 순수한 불교의식으로 행해지지는 않았다.

신라는 동맹과 무천의식을 혼합한 원시전사가무단(原始戰士歌舞團)을 불교의식에 합류시켰고, 궁예는 현세구복 미륵신앙의 불교행사로 팔관회를 속화시켰다. 태조 왕건은 팔관회에 풍수지리 사상을 첨가하고 조상 제사 성격을 표면화했다. 개최일은 개경이 11월 15일, 서경이 10월 15일. 팔관회 공휴는 전후 3일이었다. 전야제로 왕이 호국사찰 법왕사에 행차하고, 궁중에서 신하들의 만수무 기원과 하례, 그리고 지방관리의 축하선물 봉정 등이 있은 다음, 가무백희(歌舞百戲)가 행해졌다.

태조 1년에 벌어진 행사를 구경해보자. 둥그런 정원 한 곳에 윤등(輪燈)을 설치하고 향등(香燈)을 곁에 벌여놓아 밤새도록 광명과 향기가 가득케 한다. 연화대 형태의 누각은 높이 50척. 멀리서 보면 아른아른하다. 갖은 유희와 춤이 그 앞에서 벌어진다. 모든 관원이 도포 차림으로 홀(笏)을 들고 예를 행하는데, 서울은 그걸 구경하러 나온 사람으로 들끓는다.

고려 팔관회는 특히 가무백희를 꾸준히 발전시켰다. 명기(名妓)들이 참석하기 시작했고 팔관회는 점차 종합가무대회의 성격을 띠어갔다. 혹시 〈쌍화점〉도 공연했을까? 뭐, 놀랄 일도 아니겠다. 갈수록 심각해져간 팔관회의 재정적·도덕적 폐단에 대한 상소는 많았다. 문종 전에 팔관회 문제를 거론한 것은 최승로. 그는 과도한 노력 동원 및 낭비, 그리고 우상숭배(!)를 이유로 시정을 요구했다.

성종은 더 적극적으로 응답했다. 그해 11월 팔관회가 '잡되고 도리에 맞지 않으며 번거롭다'며 폐지를 명했던 것이다. 그리고 문종 때까지 이 명은 엄수되었다.

그러나 문종에 이르러서는 팔관회 재개를 허락했을 뿐 아니라, 팔관회를 담당하는 관청(팔관보)까지 설치했다. 그후 팔관회는 '풍속이

마사 그레이엄 안무, 〈세상에
보내는 편지〉 중.

날로 사치하고 기물(器物)이 화려하며 상하 차별이 없다'는 이유로
금지됐지만 그때 잠깐이었다. 그후의 금지 기록을 보면 거꾸로, 팔관
회가 계속 이어졌다는 것을 알 수 있다. 팔관회는 몽고 침입 당시 고
려 왕조가 피신한 강화도에서도 행해졌다.

하지만 팔관회는 크게 보아, 불교의 흥망과 운명을 같이했다. 현종
(1009~1031년) 이후 대체로 더욱 부패·문란해졌으되, 쇠퇴라는 대
세 속에 있었다. 그렇다. 문제는 훨씬 심각했다.

불교는 이미 부패의 대명사이면서 쇠퇴해가고 있었다. 그런 정황
속에서 '문종의 아들' 의천은 무슨 고민을 했을까?

마지막 희망

하강세를 타고 있는 자의 희망은 항상 마지막 희망이다. 마지막의
연속인 것이다. 그것을 모르는 자에게서는 배울 게 없다. 이를테면
'이 정권은 올해 안에 망한다'는 주장을 매년 그것도 십수 년 동안
되뇌며 그 껍데기만 남은 것의 거짓 무게에 스스로에 낡아갈 뿐인
자에게서는 배울 것이 없다.

그러나 스스로 그것을 의식하는 자, 그래서 절망 속으로, 절망의 끝도 없는 계단 속으로 자신을 들이미는 자에게서는 무한히 깊은 공허의 무게를 배울 수 있다. 그리고 그것으로 승자의 경박을 극복할 수 있는 것이다.

최충보다 젊지만 최응보다 낡은 흐름에 속해 있던 의천은 그런 마지막 희망의 소유자였을까? 이야기. 그렇다, 이야기. 우선 그의 탄생 설화를 정리해보자.

그는 태어나자마자 밤낮으로 울어대기만 하다가 어디선지 목어(木魚)소리만 들리면 울음을 뚝 그쳤다고 한다. 왕은 경덕국사의 말을 따라 그 목어소리가 나는 곳을 찾아가 보게 하였다. 길은 중국 땅까지 이어졌다. 목어소리가 나는 곳은 항주 경호 소재의 낡은 절. 목어를 두드리며 염불을 외우던 스님은 자초지종을 듣고는 따라나섰다. 아기는 그 스님을 보더니 울음을 딱 그쳤다. 스님이 아기의 손을 쓰다듬으니 아기가 손을 활짝 폈는데 손바닥에 '불무령(佛無靈)'이라고 써 있다. 스님이 기겁을 하며 자지러진다. 스님을 여기서 뵐 줄은 몰랐습니다…… 스님은 합장을 하며 반가움의 눈물을 흘렸다. 그 스님이 이야기한 의천 전생의 자초지종은 또 이렇다.

그가 존경하던 스님이 한 분 계셨다. 청빈하고 덕이 높았다. 그런데 그 스승이 어찌된 일인지 일 년 만에 앉은뱅이가 되고 다시 일 년 만에 장님이 되더니 3년째에는 벼락을 맞아 죽고 말았다. 너무도 기가 막혀서 그는 그 스님의 손바닥에 '불무령', 즉 '부처가 효험이 없구나'라고 썼다는 것이다.

현실 속으로

자, 곧바로 의천의 생애가 이어진다. 그는 11세 때 출가를 자원했고 일찌감치 대승과 소승 경전을 읽었으며, 유교 전적과 역사서, 그리고 제자백가 사상마저 섭렵했다. 스승인 경덕국사가 죽자 그는 12세 때 그 강의를 대신 맡았고 13세 때 왕으로부터 승통의 직책을 수여받았다.

그러나 그는 공부를 더하고 싶었고 송나라 유학을 가고 싶었다. 부왕의 허락이 떨어지지 않아 편지 교류로 만족하던 그는 목종이 죽자 곧바로 송나라 유학길에 오른다. 송의 철종은 그에게 화엄의 대가 유성법사를 천거, 그는 유성법사와 깊은 사상적 대화를 나눌 수 있었다.

그는 불교서적을 많이 갖고 나갔다. 송나라는 무종의 불교 탄압과 9대에 걸친 전란으로 불교 관계 서적들이 많이 없어진 터였다. 많은 서적을 보유한 그에게로 자연히 당대의 학승들이 모여들었고, 그는 그들과 폭넓은 담론을 나누었다. '해동의 석가'라는 별명은 당시 송나라 고승들이 그에게 붙인 별칭이다.

그가 가장 관심을 기울인 것은 현수의 천태교판(判). 모후의 간곡한 청을 뿌리치지 못하고 귀국을 결심했을 때 그는 천태산으로 가서 발원문을 지어 바쳤다. 고려에 천태종을 세우겠다는 서원이었다. 그는 그 서원을 지켰다.

그의 생애는 왕성한 학구열과 지치지 않는 일 욕심으로 우리를 경악케 한다. 불교서적 3천 권을 갖고 귀국했으며 그후로도 요나라 · 송나라 · 일본 등에서 따로 4천여 권을 수집했다. 흥왕사 주지로서 천태교학을 정리하고 제자를 양성하고, 송나라 고승들과 편지를 나누며 끊임없이 토론했다.

그는 국가경영에도 밝았다. 그는 조카의 왕위를 빼앗고 민심과 쫓겨날 위험 때문에 전전긍긍하던 숙종(1095~1105년)에게 좋은 정치를 베푸는 게 최선책이라면서 화폐주조를 건의했고, 그 건의는 받아들여졌다.

그는 화엄경을 봉안할 장경각 건립비 2천 냥도 직접 염출했고 경서 간행과 목록 작성에도 열을 올렸다. 흥왕사에서 간행한 고려속장경은 그가 작성한 총 1,010부 4,740권의 목록에 의해 간행되었다. 그 자신도 많은 저술을 남겼음은 물론이다.

어쨌거나 그는 나라의 강력한 지원을 받으며 일에 파묻혀 살다가 일에 파묻혀 죽었다. 그의 천태종은 선·교의 대립을 교학 중심으로 통합하고자 하는 정말 초인적인 학구적 노력의 소산이다.

둘의 합 혹은 실패?

이야기와 현실의 합 혹은 합의 실패는 무슨 뜻인가? 시간을 거슬러올라가며 읽거나 순서대로 읽자면, 어쨌든 역(逆)시간적으로 읽자면, 그게 다 무슨 소용이냐는 뜻, 역시 '불무령'? 청빈의 정도(正道)와 일 욕심의 부조화? 아니면 고려판 욥기로서 불교의 순수 종교화 선언? 아니면 불교 자체의 결핍?

그렇게, 그런 열린 질문과 답들의 겹으로써 이승과 저승을 잇는 불교의 능력(의 결핍)에 마지막 희망을 걸어보는 것 아니었을까? 그리고 지금, 1996년 12월 30일. 우리는 더 큰 미지(未知) 앞에 있다. 정치·경제학과 과학의 시대는 갔다. 이념의 시대가 해체되었다.

형해화한 역사 이데올로기가 이젠 미래조차 형해화할 힘밖에 남지 않았다. 그 사실 자체가 우리의 발전한 인식능력이 포착한, 발전한 꼭 그만큼 더 거대한 미지이다. 아니 저열한 가시화 욕망을 스스로 극복할 능력이 없었던 것이 정치·과학의 '보다 우월한 중심 지향' 능력 소진의 원인이라면 우리는 아예 미지를 더 필요로 하는 것인지 모른다.

그렇다면, 다시 유교·정치·경제학이 가고 불교의 시대가 오는가? 의사(擬似) 중세 현상은 도처에 널려 있다. 민족과 국가의 해체,

경제로 인한 통일성, 그리고 그 정신적 구심을 자처하고 나오는 컴퓨터 가상현실 이데올로기.

그렇다면 다시 불교인가? 아니다. 복고란 없다. 그렇다면 그 둘을 합칠 것인가? 너무 늦었다. 그 모든 것이 공(空)으로 들어서고 그 모든 공으로써 우리는 현실 속에서 미래를 포착해내야 한다. 가치의 열린 중심을 지향하면서, 21세기 예술가의 무한 겹 역전의 태도로.

최충은? 우리는 다음 단락을 아무 설명 없이 고려시대 가요 〈청산별곡〉 하나로 채우면서, 의천의 퇴장음악이자 최충의 등장음악으로 사용해보자.

다시, 어디로?

살어리 살어리랏다 청산에 살어리랏다
머루랑 다래랑 먹고 청산에 살어리랏다
얄리얄리 얄라셩 얄라리 얄라(후렴)

우러라 우러라 새여 자고 일어 우러라 새여
너와 같이 시름겨운 나도 자고 일어 우니로라
가던 새 가던 새 본다 물 아래 가던 새 본다
이끼 묻은 장길랑 가지고 물 아래 가던 새 본다
이렇게 저렇게 하여 낮이 되니.(하략)

해동공자

최충. 그는 고려의 문신으로 70세에 이르기까지 관직을 두루 거치며 입신현달했다. 그는 맡은 모든 방면에 업적을 남겼으며 국방에도 남다른 관심을 보였다. 그러나 그의 최대 업적은 정작 74세부터 시작된다.

관직을 사퇴한 후 그는 74세의 고령으로 사학(私學)을 세웠다. 그를 해동공자라고 부르는 것은 그의 교육열 때문이다. 하긴 정세가 그런 교육제도를 요구하기도 했다. 거란 침입의 전화가 아물고 세상은 태평해졌다. 그러나 나라의 인재를 길러낼 국학이 유명무실했다. 문반 현직자들을 우대하는 사회였고 또 왕실·외척이 다시 기승을 부리므로 그것에 맞서려면 실력을 키워 과거에 급제하는 수밖에 없었는데 그런 시대적 열망에 부응하는 학교제도가 없었던 것이다.

그가 사학을 열자 인재들이 구름떼처럼 몰려왔고 그는 총 9채 건물의 정식 사설학교를 송악산 아래 지었다. 그의 교육제도는 시대의 흐름을 정확하게 꿰뚫어본 것이었다. 국학 교육제도는 신선한 자극이 필요할 정도로 상투화되었던 것이다. 그의 교육방법은 내용과 방법 면에서 모두 참신했고, 단순한 시험준비가 아니라 인격도야를 지향했으며, 창조적인 상상력으로 가득 찼다. 그의 사학을 모방하여 개경에서만도 11개소의 사학이 앞을 다투어 세워졌다. 그리고 오랫동안 사학이 관학을 압도했다.

그가 배출한 학자 중 대표적인 인물은 정지상과 김부식. 그러나 이 둘은 후에 서로 철천지 원수가 되고 정지상은 제거된다. 정지상은 풍수지리에 심취했고 김부식의 유교는 너무 닫혀 있었다.

상승세에 오른 자의 희망은 그러나 최초의 희망이 아니고, 스스로 쌓여가는 희망이다. 그러나 아하, 무엇이 백년지계이던가. 최충 또한 과거·현재의 문약(文弱)에 대한 반성이 없고 미래에 대한 전망이 없다. 여기서 벌써 너무 늦었다. 그의 나이 74세, 고려장을 치를 나이 아니던가.

윤관과 이자겸 6장

〈도이장가〉에서 〈정과정곡〉까지 1

도이장가(悼二將歌)는 고려 개국 공신, 특히 장군을 그리워하는 왕의 노래다. 정과정곡(鄭瓜亭曲)은 귀양 간 신하가 왕을 그리는 노래다. 그 사이에 이자겸의 난, 묘청과 김부식의 쟁패가, 그전과 그후에 윤관의 여진정벌과 무신정권이 놓여 있다. 아니, 고려의 모든 역사가 그 사이에 놓여 있는지 모른다. 도이장가(悼二將歌)에서 정과정곡(鄭瓜亭曲)까지. 이 틀은 그 사건들을 연속적으로 또 심층적으로 이해하는 데 도움이 된다.

그리움의 내력/6년 후 13년 전/직간(直諫)과 서정/고려왕실/왕권과 신권(臣權)/여진 왕/패인(敗因)/심리·탐색전/윤관 찬가?/아홉 개의 성/금, 요, 그 사이 고려/청년과 노년/썩은 고기/종말과 남은 것

그리움의 내력

신숭겸과 김락. 우리는 이 두 장군의 장렬한 전사 장면을 목격한 바 있다. 왕건이 견훤과 싸우다 대패, 잡혀 죽을 위기에 몰렸을 때 이 두 장군은 목숨을 던져 그를 살렸던 것이다.

경제인 태조 왕건에 걸맞지 않은, 그러나 건국과정에 없을 리 없는 이 두 전쟁영웅은, 전사했기에 고려 초기 권력투쟁의 진흙탕 속에 휘말려들지 않고 아름다운 이름으로 남을 수 있었다. 하지만 고려라는 나라의 성격 탓에 대대적으로 추모를 받지는 못했다.

다만 팔관회에 그 흔적을 남겼는데, 그것과 연관하여 이런 이야기가 전한다.

태조 왕건은 팔관회 행사 때 두 공신이 없는 것이 애석했다. 그는 궁리 끝에 풀로 두 공신의 허수아비를 만든 다음 옷을 입혀 자리에 앉혔다. 그랬더니 그 허수아비가 마치 살아 있는 것처럼 함께 일어나 술을 받아 마시고 함께 춤을 추기도 하였다.

'가상현실'도 벌써부터 고려의 운명인가? 그리고 죽은 개국공신이 죽음을 너머 망국의 술과 춤인가? 어쨌든 간에 그 행사는 그후로 별로 주목을 받지 못했다. 팔관회가 우여곡절을 겪기도 했고 '무신'에 대한 천대가 작용하기도 했겠다.

그 행사가 다시 주목을 끄는 것은 1120년 예종(1105~1122년) 때, 서경 팔관회에서이다.

허수아비 둘이 관복을 갖춰 입고 말에 앉아 들을 뛰어다녔다. 왕이 이상하여 그 연유를 물었더니, 신하들이 앞의 내력을 이야기해준다. 왕은 너무도 감격하여 즉석에서 시 한 편을 지었는데, 그것이 바로 '도이장가', '두 장군을 추모하는 노래'이다.

6년 후 13년 전

> 님을 온전케 하신
> 마음 하늘 끝까지 미치고
> 넋은 갔으되
> 몸 세워 하는 말씀
> 내 직분 다하려 활 잡는 마음 새로워지라
> 그렇습니다, 두 공신이시여
> 오래오래 곧은 자취 나타내신져

자, 왜 이때에 신숭겸과 김락 '장군'인가? 이 작품이 지어진 것은 윤관이 여진을 정벌한 지 13년 후, 그리고 이자겸의 난이 발생하기 6년 전의 일이다. 그리고 예종 자신이 죽기 2년 전이다. 그의 치세를 간략하게 들여다보자.

그는 학문을 좋아했으나 부왕의 뜻을 이루기 위해 즉위 초부터 여진정벌 준비에 힘썼다. 윤관 · 오연총 등이 여진을 쳐서 대파한 것은 즉위 3년째 되던 해. 그 이듬해에 윤관은 함흥평야 일대에 9성을 설치했다. 그러나 이 9성은 일 년 만에 철폐되고, 그후 예종은 문화 · 내치에 거의 고집스럽게 치중한다.

1115년 아구타가 여진을 통일하여 금나라를 세우고 황제를 칭하자 거란 · 요나라가 금나라 정벌을 위한 고려 원병을 요청했지만 그는 듣지 않고 계속 문화 · 내치에 힘썼다. 1116년 청연각과 보문각을 짓고 학사(學士)를 두어 경전을 토론케 하는 등 유학을 크게 일으켰다.

그리고 송나라에서 대성악을 들여왔는데 그것이 바로 우리나라 궁중음악인 아악(雅樂)이다. 그 이듬해 고려와 거란, 여진 관계에 정반대의 일이 벌어진다. '형인' 대여진 금국황제가 '아우인' 고려 국왕에게 화친하기를 청하는 것이다.

역대 여진과의 관계로 보아 얼마나 오만하고 무례한 요구였던가. 그는 응하지 않았지만 그렇다고 대비하지도 않았다. 문치에 힘썼던 것이다. 국학에 장학재단을 설립하고 학생수를 늘리니 문풍이 크게 진작된다.

그런 그도 다가올 국난을 예견키는 했던 것일까? '도이장가'는 그 질문에 대한 답이 긍정 쪽임을 암시한다. 그러나 〈도이장가〉를 둘러싼 이야기의 매개는 가상현실이다. 이때 내적으로, 이자겸은 이미 최대의 문벌세력을 대표하면서 권력의 핵심에 들어가 있었지만 노골적으로 마각을 드러내지는 않았다.

예종은 귀족관료 전체의 대표자로서 한 문벌의 독주를 막았고 이자겸은 한안인과 암투중이었다. 아, 예종은 비몽사몽간이었을까? 하지만 우리는 윤관으로 돌아가기 전에 또 하나의 틀을 마련하자. 이번

헨리 마티스, 〈춤 I〉.

에는 신하의 노래이다.

직간(直諫)과 서정

憶君無日不雨 - 沾疑
政似春山蜀子規
爲是爲非人莫問
只應殘月曉星知

내 님을 그리사와 우나니
봄 산 접동새와 비슷하다
사람들이 옳고 그름을 이야기한들
지는 달과 새벽별은 알아주리라

이것은 여말 학자 이제현의 한문 해석을 다시 번역한 것이다. 이제현의 한시는 명문이지만 원래 가사가 훨씬 더 애절하고 님(임금) 지향성이 분명한 대목이 덧붙어 있다.

넋이라도 님은 한데 녀져라 아으
벼기시더니 뉘러시니잇가
과도 허물도 천만 없오이다
말힛 마라신뎌
살웃브뎌 아으
님이 나를 벌써 잊으셨는가
아소 님하 도람 드르샤 괴오쇼셔

넋이라도 님과 함께 가고 싶어라
임의 뜻 어긴 자 누구입니까
　......
(부르신다던 말씀) 헛된 것이었나요
죽고만 싶습니다
　......
(그리) 맙소서 님이여, 돌려 들으시고 사랑해주소서

이 노래는 신라 신하 원충의 〈원가〉를 연상시키지만 약속을 안 지킨 임금에 대한 원망보다는 한없고 순정한 그리움을 그 기조로 한다는 점에서 구별되고, 조선시대 정철의 〈사미인곡(思美人曲)〉과 연결된다. 유교 정치학의 그 남성적인 직간(直諫) 전통과 동전의 양면을 이루는 여성적 서정성일 터.

저자는 고려 때 관리 정서. 호가 과정이라 '정과정곡'이라는 이름이 붙었다. 여기서 그가 무신이 아니라 문신이라는 점에 일단 유의하자. 그는 의종(1146~1170년) 때 왕의 아우를 추대하려는 음모에 가담했다는 혐의를 쓰고 귀양갔다.

하도 가당찮은 일이라. 왕이 이러저러한 연고로 그랬겠거니, 곧 다시 부르시겠거니, 했지만 오래도록 연락이 없었다. 그 오랜 신뢰와 순종의 기다림이, 우리로서는 그토록 미욱해 보이는 그것이 정철을 탄생시킨다. 위의 노래는 현대의 그 어떤 복종의 서정시보다도 지고지순하다.

제작 연도와 그 배경에 대해 약간 다른 시각도 있는데, 사실적인 차이는 크게 중요하지 않지만 맥락이 아연 급박해진다. 정서는 의종이 부를 날만을 고대하고 있었는데 무신의 난이 발발하여 의종이 폐위되고 그는 다시 '더 먼' 거제도로 귀양을 가게 되었다는 것이다.

그러면 이 노래는 왕이 폐위됐지만 자신의 절개는 곧고 변치 않을 것임을 강조하는 것이라고 할 수 있다. 왕이 신하를, 그리고 신하가 왕을 그린다. 그 틀 속에 포착되는 것은 더 거대한, 그리고 정반대의 끔찍한 역사이다. 이제 원래 자리로 돌아가자.

고려 왕실

순종(1083년) · 선종(1083~1094년) · 헌종(1094~1095년) 치세는 간단하다. 순종은 문종의 맏아들로 모처럼 왕위의 부자상속이 순조로웠지만, 고려의 팔자에 안 맞는 일인지 즉위 3개월 만에 사망한다. 병사였다.

그뒤를 이은 선종은 순종의 동생인데 10년 넘게 통치했지만 그의 치적은 대체로 의천과 겹쳐진다. 놀이에 절도가 없고 사탑을 세우느라 노역이 과도했기 때문에 백성들은 원망이 많았다. 헌종은 그의 아들이다.

그런데 그 또한 어리고 병약하여 태후가 청정(聽政)하다가, 곧 삼촌에게 왕위를 빼앗겼다. 이 부자상속의 거듭된 실패는, 다시 고구려인가, 아니면 고구려의 복수인가? 하지만 그의 짧은 재위기간 동안 고려의 특징적인 사건이 발발한다.

즉위년 정월 초, 해 옆에 혜성이 나타났다. 근신(近臣) 중에 난을 일으킬 것이다……. 해석은 그랬고 그해 7월 과연 난이 일어났다. 난을 일으킨 것은 이자의.

이 난은 곧 진압되었다. 그러나 문제는 다른 데 있었다. 선종은 총명한 아우가 다섯이나 되는데 어린 아들에게 왕위를 물려주어 이 난이 일어났다는 여론이 비등하더니, 과연 그해 10월 계림공 희가 어린 조카를 폐하고 숙종으로 즉위하게 된다.

이자의는 인주(仁州, 인천) 이씨(경원 이씨) 가문. 인주 이씨가 고려

아스거 요른, 〈남성적 저항〉.

왕실과 혼인관계를 맺은 것은 이허겸부터이다. 그의 손녀 둘이 모두 현종비로 들어갔다. 그의 손자 이자연에 이르면 인주 이씨와 고려 왕실의 관계는 매우 복잡하게, 거의 불륜으로 밀착된다.

덕종·정종·문종이 모두 이자연 고모의 손자인데 이자연의 세 딸이 모두 문종의 왕비로 들어선다. 그러는 동안 인주 이씨 가문은 최대 문벌·외척세력으로 자리를 굳혔다.

이자의는 자신의 누이와 선종 사이에 난 한산후 균으로 왕위를 이으려 했다. 그러나 '총명한 다섯' 중 하나인 계림공 희에게 선수를 빼앗겼다.

왕권과 신권(臣權)

숙종(1095~1105년)은 인주 이씨를 왕비로 맞아들이지 않았고 나름대로 왕권강화 정책을 폈다.

그는 즉위 이듬해에 6촌간의 혼인을 금했고, 그 이듬해 주화를 통용시켰다. 남경을 중시하고 그곳에 궁궐을 짓게 했다. 그리고 1102년에는 해동통보 1만 5천 관을 만들어 문무양반 및 군인에게 나누어주었으며, 서경에 기자 사당을 세워 제사지내게 한다. 이 모든 것이 왕권강화를 위한 정책이었고 그 정책은 성공적이었다.

그러나 그 동안에도 인주 이씨 가문의 세력은 전혀 위축되지 않았다. 숙종의 아들 예종은 이자겸의 딸들을 왕비로 맞아들인다. 인주 이씨 가문은 후비·귀빈을 거의 독점적으로 들여보냈고 왕자·왕녀가 거의 모두 그들의 외손이었다. 이자겸대에 이르러 인주 이씨 가문의 세력은 최절정기에 이르고 극에 달했다가, 비로소 몰락의 길을 걷게 된다.

인주 이씨 가문이 성장·몰락하는 과정은 고려 문벌사회가 전성기를 지나 모순을 축적해가는 시기와 맞물린다. 그리고 그것을 고려 왕실 간의 근친상간이라는 형태로 변태·반영한다.

문종 때 왕권확립과 조화를 이루며 전성기를 구가했던 고려 문벌·귀족사회는 그후 내부모순을 축적하기 시작한다. 문벌·귀족들은 과거에다 음서(蔭敍, 조상의 음덕을 기리기 위해 그 자손을 관리로 쓰는 제도)까지 병행, 관직을 독점하고 정치권력을 장악한다.

게다가 관직에 따른 과전뿐 아니라 공음전에 사전(賜田)의 혜택까지 누리면서 불법적으로 국가와 개인의 토지를 겸병했다. 이렇게 강대해진 문벌들이 왕권을 견제하면서 자기들끼리 대립하기 시작한다.

전통적인 문벌·귀족인 이자겸의 난과 지방 출신 신진관료 세력인 묘청의 난이 그 대표적인 사례이다. 하지만 아직 그것을 다룰 때가 아니다. 1103년에 동여진의 추장 영가가 고려를 침입한다. 아직 숙종의 치세이다. 그의 장(場)은 아니지만.

여진 왕

여진족 추장 영가는 고려 사람 금준의 손자라고 한다. 금준은 김치양이 땡중 노릇을 할 때 머무르던, 이제는 황폐해진 절에 찾아들어 김치양보다 못된 짓을 하던 자이다. 행실이 고약하기 짝이 없던 그가 절을 지킬 수 있었던 것은 약초에 능통, 사람들의 병을 고쳐주는 재주가 있었기 때문이다.

예나 지금이나 건강에 대한 욕심이 그리 컸든지, 아니면 그가 겁을 주어 없는 병을 지어내며 사기를 쳤든지, 사람들이 이를 악물면서도 병을 고쳐달라고 줄을 섰고 그는 막대한 재산을 챙겼다.

그러나 더 큰 뜻을 품었던 것일까, 아니면 아무래도 뒤가 켕겼을까? 그는 가장 큰 여진족 마을 아지고로 거처를 옮기고는 고승 행세를 하다가 느닷없이 마을의 추장 딸을 아내로 맞아들인다. 아들이 없는 추장이었다.

그는 추장이 되자 부족을 이끌고 넓은 만주지방 쪽으로 본거지를 옮겼다. 거기서 두 아들 고을태사와 할라태사가 태어난다. 영가는 큰 아들 고을태사의 아들이다. 그가 여진족을 통일하는 영웅으로 성장하게 된다.

한데 뭉친 여진은 그 힘이 매우 강력했다. 그러나 그는 나라를 세우는 일을 서두르지 않고, 터전을 다지는 데 주력한다. 그는 나라를 세우지 못하고 세상을 떠났지만 그의 아들 오아속은 매우 강력한 나라의 미래를 물려받았다. 영가는 고려에 대해 화전(和戰) 양면작전을 썼다. 그러나 오아속은 전면적으로 고려를 침략해 들어왔다. 그들은 아직 고려를 압도할 만한 힘을 갖지는 못했지만, 여진을 야만인 부락 정도로 보았던 고려 조정을 놀라게 하기에 충분했다.

1104년 동북쪽 국경을 여진이 침범했다는 소식이 대궐로 날아들었을 때 신하들은 대수롭지 않게 여겼다. 하긴 그랬겠다. 불과 몇 달 전만 해도 조공을 바쳤던 그들이었다.

패인(敗因)

처음엔 고려의 완패. 함경 부근까지 들어와 진을 친 여진군을 평정하러 떠난 고려 군대는 보병으로서, 여진의 주력부대인 기병의 상대가 될 수 없었다. 수만의 여진족 기병에게 압도되어 고려군의 반 이상이 사망하게 된다.

그러나 고려군 사령관 임간은 패전의 원인을 분석할 능력이 없는 자였다. 그는 정주성으로 피한 후 의기양양하다가 다시 오아속의 여진군에게 철퇴를 맞고 황급히 정주성을 빠져나간다. 이때 군사와 백성들이 또 숱하게 목숨을 잃었다.

정주성을 다시 찾은 것은 임간의 부하 장수 척준경. 그는 기습작전을 썼다. 우리는 앞으로 이 장수의 생애에 주목해야 한다.

어쨌거나 그도 패인을 분석하지는 못했다. 패인을 분석하고 대응책을 마련하는 것은 윤관. 문신이다. 그게 다행이었을까, 불행이었을까? 이 질문 또한 계속 유념해두자.

윤관은 세자에게 글을 가르쳤으며 요나라와 송나라에 가서 숙종의 즉위를 알린 중신이지만, 무예가 뛰어났고 병법에 관심이 깊었다. 송나라에 갔을 때 왕안석의 부국강병책인 신법(新法), 특히 강한 군대를 육성하는 방책인 보마법(保馬法)에 몰두했다.

윤관이 왕명을 받고 북벌길에 오른 것은 그가 이미 이런 외교적 · 군사적 공로를 인정받아 높은 벼슬을 누리던 때이다. 그러나 그도 초전에서 군사의 대부분을 잃고 적진에 함몰된다. 그리고 구차스러운 내용의 화약문서에 조인하고서야 풀려났다.

다만 그는 패인을 정확히 포착하였다. 조정으로 돌아온 그는 숙종에게 정확한 패인을 설득하고 전투력 증강을 건의, 별무반이라는 명칭의 특수부대를 창설하였다.

별무반은 기병과 보병, 그리고 승병으로 구성되었다. 말을 탈 줄 아는 청년은 전원 기병(神騎軍)으로, 20세 이상이면서 과거 공부를 하지 않는 장정을 보병(神步軍)으로, 젊은 중을 승병(降魔軍)으로 한 별무반은 일 년 후 막강한 17만 대군으로 성장한다.

심리 · 탐색전

숙종이 죽고 그 아들이 뒤를 이으니, 그가 바로 '도이장가'를 지은 예종이다.

그는 왜 '윤관 찬가'를 짓지 않았을까? 인주 이씨 가문 이자겸이 재빨리 둘째 딸을 왕비로 들어앉힘으로써 왕실과 인주 이씨 가문의 서먹했던 관계는 멀쩡해진다. 아직 이자겸이 독주할 상황은 아니었다. 여진 문제가 급했고 윤관은 무시 못 할 전쟁영웅이었다.

그가 세력을 확장하면서 이자겸은 여진 관계에 대해 점차 윤관과 다른 생각을 갖게 된다.

예종 즉위년에 당연히 고려는 여진 쪽 경계를 철통같이 하게 된다. 유능한 지휘관 왕하와 오연총이 병마사로 파견되었다. 그리고 심리·탐색전의 시기가 온다. 여진은 '조공'을 빙자하여 사신 10여 명을 파견, 고려를 정탐했다. 윤관을 비롯한 대신들의 말에 따라 왕은 여진의 사신들을 극진하게 대접했다.

여진은 그 '답례'로 기병 2천 명을 정주성 밖까지 보내 맹서의 글을 바쳤다. '결코 배반하지 않고 조공을 빠짐없이 바치겠나이다……' 내용은 그랬다. 조정은 적이 안심하고 여진 방면 병마사와 부사 2명을 불러들였다. 그러나 윤관은 그것을 믿지 않고 정벌 준비에 박차를 가했다.

그 이듬해 10월, 예종 즉위 이듬해인 1107년 10월 어느 날, 여진의 동향이 심상치 않다는 보고가 올라온다. 군사회의가 자주 열리고 수상한 군호를 주고받는다……. 윤관은 즉각 여진 정벌을 주장하였다. 대신들도 동의한다. 이때 이자겸이 끼여들 틈은 아직 없었다.

윤관은 17만 대군을 중군·우군·좌군, 그리고 수군의 네 갈래로 나누어 정주로 향하게 했다. 처음은 유인작전. 포로를 풀어준다고 속여 마중 나온 4백 명을 섬멸시키고 사로잡았다. 그리고 이튿날 새벽, 17만 대군이 육지와 바다 양면으로 일제히 공격을 개시했다.

윤관 찬가?

여진은 고려군의 기세에 밀려 겨우 반나절 만에 퇴각했다. 그리고 석성(함흥 고양리) 부근에서 다시 전열을 정돈했다. 고려군은 잠시 주춤했다. 여진의 저항이 완강했던 것이다. 이때 영웅이 다시 척준경. 작전도 다시 기습작전이다.

결사대에 허를 찔린 여진 군대들은 한꺼번에 허물어지기 시작했다. 이위동에 몰려 있던 여진 군대도 무너지기 시작했다. 이 전투에서 고려군은 촌락과 전략거점 135곳을 토벌하면서 여진군 5천 명을 사살했고 1만여 명을 사로잡았다.

윤관은 이곳에다 9성을 짓고 남쪽 백성들을 이주시켰다. 함주에 1,948가구, 영주에 성곽 950칸과 1,238가구, 웅주에 992칸과 1,436가구, 복주에 774칸과 680가구, 길주에 670칸과 680가구, 공험진에 532가구. 그리고 숭녕, 통태, 진양.

이 성을 지켰더라면 고려의 운명은 고구려적으로 될 수도 있었으리라. 어쨌든 윤관은 이 함경도·백두산 지역을 온전하고 영구한 고려의 영토로 삼으려 했다. 그는 강감찬보다 더 진취적인 문신 장군이었다.

왜 예종은 '윤관 찬가'를 짓지 않았을까? 그는 벌써 문신이 지겨웠던 걸까? 그는 미천한 출신 배경의, 무뢰배 경력의 '순수한' 무신 척준경으로 족했던 걸까? 그게 얼마나 끔찍한 결과로 치닫게 되는지를 그는 몰랐던 것일까? 어쨌거나 윤관의 생애에 반전이 온다. 오아속의 반격은 매우 빨랐다. 이듬해 초. 이때의 영웅은 단연코 척준경. 그는 포위당한 윤관의 부대를 있는 힘을 다해 구출했고, 여주성 공방전에서 기지와 용맹을 발휘하여 여진군을 물리쳤으며, 또다시 여진군 수만 명의 웅주성 포위작전을 궤멸시켰다.

이제 화평의 시대가 오고 '진취적인 문신'의 시대가 끝나게 된다.

여진 쪽 입장은 그랬다. 서쪽을 접하고 있는 거란·요나라가 아직 강했으므로 고려와의 전쟁에 국력을 탕진할 수는 없었다. 그러나 동시에 윤관의 9성 축조는 토착 여진족의 생계터전을 빼앗은 것이었다. 여진은 적극적인 강화 교섭에 나섰다. 9성을 돌려주면 계속 조공을 하겠다. 결코 배반하지 않겠다……. 예종은 6부를 소집하여 9성

을 돌려주는 문제를 논의하기에 이른
다.

아홉 개의 성

국론이 분열된다. 아니 곧 윤관이 밀
렸다. 그것도 아주 처참하게.

이자겸이 속한 '보수파 문신'의 입장
은 이랬다. 한 통로만 막으면 여진의
침입을 막을 수 있다는 판단은 근거가
없어졌다. 여진이 전방위로 공격해올
경우 어떻게 막는단 말인가. 개척한 땅
이 너무 넓고 거리가 멀다(!), 그러므로
안전을 기할 수가 없다.

무리한 군사 동원 때문에 백성들의
원망이 일어날 것이다⋯⋯. 마지막 항
은 그럴 듯하다. 그러나 이 논거들은
모두 윤관을, 무엇보다 그의 진취성을
겨냥한 것이었다.

금왕조, 목조관음보살입상. 1195년.

9성을 돌려줄 것이 결정되고, 여진정
벌이 실패로 규정된다. 그리고 윤관이 패장으로 격하되어 관직과 공
신 호조차 삭탈당한다. 9성을 내주고 귀경한 윤관은 왕을 배알하지
도 못했다. 명분 없는 전쟁으로 국력을 탕진했으니 벌을 주자는 주장
도 드높았다. 이것은 흡사 고려가 고구려의 부활을 병적으로 저지하
려는 광경으로서, 왕건의 유령이 임석해 있는 듯하다.

다행히 예종은 왕건과 달랐다. 그리고 아직 문벌·귀족이 왕을 쥐
고 흔들 때는 아니었다. 왕의 비호 덕분에 윤관은 겨우 처벌을 면했

다. 어쨌거나 예종이 '윤관 찬가'를 지을 입장은 아니었겠다. 참으로 어이없는 일이다. 윤관이 구축한 9성이 대저 어떤 성인가. 그와 그의 장병들이 피땀을 바쳐 세웠다는 것. 단지 그것만이 아니다. 그건 윤관이 극히 싫어할 국내적인 평가겠다.

여진은 그 9성을 기반으로 1115년 금나라를 건국하게 되는 것이다. 이 와중에 9성 개척의 영웅 척준경은 이자겸의 심복부하로 전락하고, 이자겸은 금나라를 숭상하는 금 사대주의자로 굳어진다.

금·요·송, 그 사이 고려

금을 건국한 것은 오아속의 아우 아골타. 아골타는 만주 일대는 물론 중국 대륙 북부지방까지 세력을 뻗쳤다.

이에 기겁을 한 것은 거란의 요나라이다. 요는 금의 침략을 받고 고려에 원병을 청했다. 문신들은 금나라 정벌을 주장했다. 그러나 무신들은 반대였다. 여기서 문신은 거란 사대에 가깝고 무신은 소극적이다. 윤관은? 없다! 그러는 동안 금은 파죽지세로 요를 정벌, 요 국토의 절반을 점령해버렸다. 고려는 그 틈에 요의 땅 포주성을 빼앗고 그 이름을 의주로 고친다. 그러나 그런 실리작전도 잠시, 이번에는 아골타가 국서를 보냈는데 매우 굴욕적인 내용이었다.

우리가 고려를 부모의 나라로 섬긴 적이 있으나 모두 지난 일이다. 이제는 달라졌다……. 이제부터 우리가 형의 나라, 고려가 동생의 나라이다.

왕과 대신들은 그 내용에 몹시 분개했지만, 이제 어쩐단 말인가. 회답을 안 하고 버티는 게 고작이었다. 그러는 동안 예종이 죽고 인종이 즉위한다. 그리고 인종 3년인 1125년, 요는 금과 송의 협공을 견디지 못하고 멸망했다.

이제 이자겸이 등장할 때가 되었다. 그런데, 아니다. 의외로 김부식이 먼저 등장한다.

요가 멸망하자마자 금은 어제의 연합군이었던 송을 급습했다. 이 급습에 송의 휘종과 태자가 사로잡히고 남쪽으로 '피난', 남송(南宋)을 세웠다. 이 송이 또 고려에게 원병을 청했다.

청년과 노년

이때 반대를 하고 나선 사람이 김부식이다. 김부식은 이때 이자겸과 생각이 같았다. 하지만 그건 다른 시각에서의 같음이었다. 청년 김부식은 진취적이진 않아도 현실적이긴 했던 것이다. 아니 그 이상이다. 이자겸과 김부식은 점차 대립하게 된다. 이자겸은 최고 권력을 쥐고 있었지만 김부식의 끈질긴 반대 때문에 '왕에 준하는' 예우를 누리지 못했다.

일반 신하와 다르게 대우하자는 대신들의 주장을 그가 유일하게 통박했고 집안 제사에 나라의 악기를 갖다 쓰게 하려는 시도를 그가 단독으로 저지했다. 이자겸의 생일에 '절' 자를 붙이자는 제안을 무화(無化)시킨 것도 그였다. 그렇다. 김부식 가문은 이자겸 가문과 어긋난다. 그러나 같은 틀 안에서 부상하고 있었다. 하지만 김부식은 이 장에서는 기껏해야 조연이다. 이 장의 말미를 장식하는 것은 단연 이자겸. 이제 그의 극성과 최후를 재현할 때이다.

썩은 고기

이자겸은 '풍채가 맑고 표정이 온화하며 어질고 착한 이들을 반겼다'라고 당대에 그를 만났던 송나라 사람 서긍은 썼다. 인종 일년 때였다.

물론 그랬을 수 있다. 권력의 내용이 더러운 것일수록 권력자의 외모와 취향이 그 정반대를 소망할 것 아니겠는가. 《고려사》〈이자겸〉전은 다르다. 그는 권세를 부리며 공공연히 뇌물을 받았고 집에는 '썩어가는 고기가 항상 수만 근이나 되었다'고 했다. 이건 물론 과장일 것이다. 누가 수만 근 고기의 썩은 냄새를 견디겠는가! 그러나 그의 권력욕은 악취가 더 심하다.

숙종이 죽고 이자겸의 외손이 어린 나이에 인종으로 즉위하자마자 그는 반대파 제거에 나서서 왕의 작은아버지 등 50여 명을 살해하거나 유배보냈다. 그리고 직계가족들의 관직을 승급시키는 방법으로 삽시간에 권력을 장악했다.

종래 귀족관료 내부의 균형이 깨지고 왕권이 위협받게 된다. 왕권과 신권의 조화가 크게 흔들렸다. 그는 경제적 토대가 튼튼했고 불교·사원세력과도 유대가 긴밀했다. 그러나 가장 강력한 수단은 역시 왕실과의 결혼.

둘째 딸을 예종비로 들여보냈던 이자겸은 셋째, 넷째 딸을 인종비로 들여보낸다. 인종은 이모와 결혼한 셈이다. 인종은 '외할아버지' 이자겸의 전횡을 견디지 못하고 마침내 그의 제거를 기도한다.

첫 번째 계획은 실패. 왕의 밀명을 받은 김찬과 안보린 등은 이자겸이 있다는 말을 듣고 대궐을 급습했지만, 잘못된 정보였다. 그들은 척준경의 아우 준신과 아들 순 등을 죽였을 뿐이다. 차라리 안 죽였으면 좋았을 것을.

그 소식을 들은 이자겸과 척준경은 곧 군사들을 몰고 들이닥쳐 대궐을 불태우고 김찬과 안보린 일파 전원을 무참하게 살육하고는 왕을 자기 집에 가두고 스스로 왕위에 오를 계획을 꾸몄다. 1126년의 일이다.

페데로스키, 무소르그스키 오페라 〈코반쉬나〉 무대의상.

종말과 남은 것

이 위기를 넘기는 방법은 이간책밖에 없었다. 이자겸·척준경의 문무연합에 정면으로 대적할 세력은 없었던 것이다. 둘을 이간질시키는 일을 맡은 것은 벼슬이 시원찮았던 최사전.

그는 다섯 번이나 문전박대를 당한 후에 겨우 척준경을 만났다. 그리고 척준경의 동생과 아들을 죽인 것이 실은 이자겸이 보낸 군사이며 이자겸은 척준경을 제거하기 위해 기회를 노리고 있다고 꾸며 말했다. 척준경은 너무도 미욱하게 최사전의 말을 곧이곧대로 믿고 이자겸의 군사를 모조리 죽이고 이자겸을 결박시켜 왕 앞에 무릎을 꿇렸다.

고려에서 문무연합은 허울만 번지르르할 뿐 내용이 없고 오래 존속되기가 불가능하다는 증거였을까? 이자겸과 인주 이씨 가문은 권력의 최정상에서 속절없이 추락하고 만다. 한 우매한 무신 부하 때문에.

그뿐이 아니다. 새로 권력자가 된 척준경은 오히려 왕보다 더 이자 겸에 대해 잔혹했다. 그는 이자겸을 귀양보냄은 물론 이자겸의 두 딸도 왕비 자리에서 쫓아냈다. 이자겸뿐 아니라 인주 이씨 가문 전부를 쫓아낸 것이다.

인종은 쫓겨난 두 왕비가 측은하여 큰 집과 토지를 하사, 편히 살도록 해주었다.

그래서 그랬을까? 그는 꿈에 하늘이 보낸 사자에게서 깨 다섯 되와 아욱 석 되를 선물로 받았다. '깨 다섯 되는 임씨 성 가진 사람을 왕비로 맞아 아들 다섯을 낳을 꿈이고, 아욱 석 되는 그중 세 왕자가 왕위에 오를 길몽이라 하옵니다……'

임씨 성이라면 임원애, 이자겸 세도 때 쫓겨났다가 최근에 다시 벼슬자리에 오른 사람? 하지만 임원애의 딸은 얼마 전에 혼인하지 않았던가? 왕의 얼굴에 불쾌함이 역력한데 내관이 답한다.

'혼렛날 신부가 배앓이로 정신을 잃어서 파혼이 되었습니다……'
인종은 하늘의 뜻으로 알고 그녀를 왕비로 맞아들였다.

해몽은 정확했다. 왕비는 아들을 다섯 낳았고 그중 세 명이 왕위에 올랐다. 하지만 이게 과연 길몽인가? 세 왕은 모두 '지옥 같은' 무신 정권을 겪었다. 그렇다. 반(半) 처녀와의 결혼이 벌써 한계를 암시하지만 이 꿈은 종말이 남긴 꿈이었다.

그것은 이자겸·척준경 연합이 뜻하는 '고려＝공허'가 잉태한 종말에서의 꿈이었다.

정지상과 묘청, 그리고 김부식 7장

〈도이장가〉에서 〈정과정곡〉까지 2

묘청과 김부식의 대립을 자주파/사대주의파로 보는
것은 매우 단순한 시각이다. 묘청과의 대립에 앞서 정
지상에 대한 김부식의 콤플렉스가 있다. 이 시기에 벌
어진 사건들은 모두 무신 구테타에 원인을 제공하거
나 그것을 향해 치닫는 면이 있다. 통로이거나 반영인
것이다. 묘청과 김부식의 대립의 내용을 좀더 심층적
으로 분석한 후 무신정권의 서막이라는 시각으로 앞
의 사건들까지 되짚어본다.

대동강/서경과 서정, 서울과 지방/두 제자/과불급/자주, 예술, 아나키/자해(自害)/서경의 유언비어/자정(自淨),
혹은 탕진(湯盡)/서경-반란군의 고구려? 아니 고려/고구려의 정반대/육체에 대한 유교의 증오/윤언이, 윤관의
아들/외로운 자

대동강

대동강은 맑고 푸르게, 그리고 엄정하게 흐른다. 그렇다. 깊고 서슬 푸르다.

서경(평양)의 경관에 넋을 빼앗긴 고려인들에게 대동강은 고려에는 없는 어떤 비장미(悲壯美)로써 가슴을 서늘하게, 또 철렁하게 했으리라. 하물며 고구려 건국신화의 배경이 바로 그 대동강임에랴.

대동강 한가운데 조천석이 있다. 해모수의 아들 동명왕이 기린마를 타고 부벽루 뒤편 기린굴로 들어가 땅 밑을 거쳐 그 조천석으로 나왔다. 조천석은 하늘로 오르는 반석. 그 위에 아직도 기린마의 발자국이 있다고 하였다.

정신이 번쩍 들면서 눈앞에 펼쳐지는 그 위대하고 거룩한 환영(幻影). 큰 죄를 지은 듯 다리가 후들거린다. 그러나 비극적으로 아름답고 숭고하다! 뭐라, 무슨 말을 해야겠는데, 시(詩)는 역사의 심장을 감히 헤집지 못하고 서경(敍景)에 머무른다.

長城一面溶溶水
大野東頭點點山

긴 성 한쪽 넘치는 물
큰 들 동쪽 끝 점점 산

그러나 그 서경도 단 두 글귀에서 끊기고, 할 말은 많은데 표현할 글귀가 더 이상 없다. 역사의 절경 앞에 무력한 역사의식과 말의 한계가 뼈저리다. 정지상(? ~1135년)은 5세 때 대동강에 노니는 해오라기를 보고 이렇게 썼다.

何人將白筆
乙字寫江波

누가 흰 붓을 잡아
강 위에 '乙' 자 썼나니

기발한 풍경묘사이지만 '대동강'의 비극적 아름다움과는 오히려 무관하다. 그는 후에, 어른이 되어서야 대동강의 절경에 기대어 이별의 정을 노래하고 있다. 동양 시사(詩史)에 남을 만한 걸작 서정시이다.

서경과 서정, 서울과 지방

雨歇長提草色多
送君南浦動悲歌
大同江水何時盡

別淚年年添綠波

비 그친 둑에 풀빛 새롭다
그대 남포로 떠나 슬픈 노래 인다
대동강 물 어느 때 다하리
이별의 눈물 해마다 푸른 물결 더하나니

서경이 서경인 채로 인간의 사연과 정을 아우른다. 그리고 그 아우름을 통해 장면의 폭(幅)이 감정의 깊이를 갖게 된다.

정지상은 평양 출신이다. 위 시 또한 역사의식이 없다. 그러나 대동강변에 오랫동안 살아본 사람만이 가질 수 있는 어떤 '미적인 친근성'을 은은한 향기로 풍기고 있다. 아니 거기서 좀더 나아가 보자.

문학에서 전통적인 서정을 계승해가는 것은 주로 지방 출신의 문인들이다. 수도 출신의 문인들은 당대·전위·국제적인 것에 직면함으로써 서정·자연을 파괴당하는 운명을 면하기가 좀처럼 힘들다. 물론 둘의 우열을 따지는 것은 부질없다. 그러나 김부식이 쓴 또 다른 대동강 시 한 편을 읽어보자.

그러면 우리는 정지상에 대한 김부식의 병적인, 그리고 살인에 이른 질투를 조금은 이해할 수 있게 된다.

雲邊列山由重重出(상략)
城下寒江漫漫流
柳暗誰家西古酒店
月明何處釣魚舟

아득히 산봉우리 열 지어 서고

성 아래 차운 강 넘쳐 넘쳐 흐
른다
버들 우거진 뉘 집이 술 파는
집
달 밝은 밤 고기잡이배 머무는
곳 어딘가

두 제자

과연 대학자이자 대문장가다운
글이요, 작품이라 할 만하다. 그러
나 김부식의 글에는 정지상에게 있
는 그 무엇, 즉 서경(敍景)의 서정

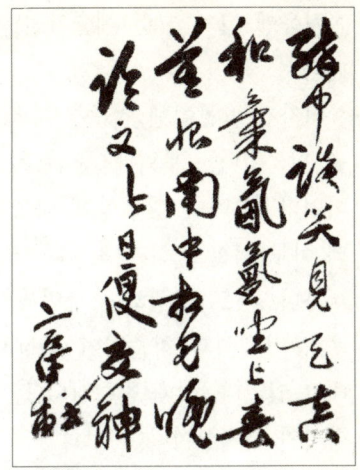

김부식 필적.

적 폭과 깊이가 부재하다. '문'과 '학'은 있으되 '예(藝)의 심(心)'이
없는 것이다.

그렇다 한들, 개경의 내로라 하는 문벌 집안의 촉망받는 자제로서
학문과 문장뿐 아니라 정치권력까지 장악하게 되는 김부식에게 그
결핍이 얼마나 뼈아픈 것이었길래 최충의 사학에서 동문수학한 지방
출신 하숙생 친구 정지상을 그는 그토록 증오하게 되었을까? 자신에
게 시 몇 구를 팔라는 김부식의 부탁을 정지상이 거절하는 것부터
두 제자의 문제는 아주 사소하게 시작된다.

그리고 여러 영역으로 팽팽하게 평행선을 그으며 악화·확산, 커
다란 비극을 초래한다. 아마도 정지상이 부추긴 면도 분명 있을 것이
다. 그는 분명, 김부식의 유학이 보여주는 타협적이고 무능한 관변·
학문주의를 서슴지 않고 질타·조롱했을 터. 정지상은 끝까지 낭만
적인 예술가로서 정치적 형식이 혁신적이고 파격적이되 계획이 없고
내용은 단순한 정의론자이거나, 심지어 복고·국수적인 면이 많았다.

처음엔 그의 그런 예술가적 기질이 정치적으로 긍정적인 힘을 발한다.

이자겸을 몰아낸 척준경은 조정의 실권을 장악하고 제멋대로 권력을 휘둘렀다. '무뢰배' 출신 척준경의 횡포는 이자겸보다 더 노골적이었다. 그러나 김부식이 대표하는 문벌귀족은 정치를 올바로 잡는 데 아무 역할도 하지 못했다.

아니, 서로 공생하는 측면까지 있었다. 인종은 이자겸을 연상시키는 문벌세력과 척준경이 상징하는 무신세력 양자 모두에 넌더리를 내고 있었다. 이때 척준경의 탄핵을 상소한 것이 바로 서경의 문인·학자인 정지상이다.

서경의 하급관리의 아들로 태어났지만 어렸을 적부터 신동 소리를 들었고 그 글재주로 인해 예종의 총애를 받았던 정지상. 그의 파격적인 상소는 척준경을 제거하고 왕권을 다시 확립하는 데 결정적인 계기로 작용한다.

과불급

그러나 동시에 그의 예술적 기질은 정치 영역에서 과불급, 즉 '너무 지나쳐서 못 미침만 못 함'의 상태로 치닫고 있다.

덧붙여, 동전의 양면으로서 작품 창작에 유리하게 작용했던 그 지방적 연원이 정치 영역에서는 장애로 돌변, 그의 전망을 지방색의 미혹으로 물들인다. 그는 풍수지리설에 물들면서, 서경 사람 묘청과 백수한 등의 서경천도론에 동조하기 시작했다.

왕이야 개경이 싫었다. 그리고 서경 사람 묘청은 승려였고, 백수한은 점쟁이였다.

이들은 모두 풍수지리나 서경천도론에 긍정적일 이유와 근거가 있었다. 그러나 정지상은 유학자 최충의 제자 아니던가. 예술적인 과함과 지방색의 미혹말고는 그가 풍수지리설에 빠져들 이유가 없다. 그리고 김부식은 그 과함의 순간을 놓치지 않았다. 아마, 그가 평생 기다려왔던, 그리고 이제야 맞은 절호의 기회였을 것이다. 개경의 귀족 세력들은 김부식을 앞세워 왕의 서경천도 계획을 끈질기게 만류했다. 이유는 세 가지. 과도한 노력 동원은 옳지 않다. 서경은 오랑캐의 침략에 쉽게 무너질 위험이 있다.

매우 고려적이고 고려 문벌귀족적인 이유이다. 게다가 개경은 '태조께서 왕업을 이룬 곳이다'라는 이유까지 덧붙이면 고려 왕조적이기도 하다. 어쨌거나 묘청 일파는 서경천도론으로 세력을 확대해갔고 김부식 일파와 첨예하게 대립했다.

묘청의 주장은 이렇다. 중국이나 금처럼 고려도 황제의 칭호를 써야 한다. 연호도 금의 것을 버리고 독자적인 고려 연호를 만들어야 한다. 물론 매우 자주적인 주장이었다.

그러나 묘청파는 힘을 쌓아가면서 자주의 길을 모색한 것이 아니라, '자주'라는 명분으로 왕의 비호를 어느 정도 받으며 고려 조정 내에서 세력을 넓혀갔다.

자주, 예술, 아나키

자주를 위한 고려의 국력은 묘청의 자주론으로 인해 더 커지지 않고 오히려 분열되었다.

물론 공동의 적을 강조하며 일치단결을 백성에게 강요하는 것은 지배권력의 속성이고, 진정한 자주를 위해 자국의 허수아비 정권에 저항하다 보면 불가피하게 분열의 길을 밟아야 할 때가 얼마든지 있다.

그러나 이때 중요한 것은 민중이요 백성이다. 그들의 지지인 것이다. 묘청 일파는 지방색과 풍수지리설을 바탕으로, 그리고 왕권에 기대어 자주를 명분으로 삼고 있다.

아, 정지상. 그의 예술적 '실책'이 아무래도 뼈아프다. 그는 왜 김부식과의 바람직한 갈등, 즉 정치를 지향하는 학문과 아나키가 본성인 예술 사이의 바람직한 갈등관계 속에서 유지하지 않고 스스로 아나키의 극한을, 예술의 과도한 색을 탐닉했을까? 그의 예술 또한, 아니 벌써, 〈쌍화점〉이 상징하는 운명을 벗지 못했다. 왜 그의 예술은 유교와 사대를 구분하고 유교와 사대주의를 극복하는 매개로 작용하지 않고, 오히려 그 정반대로 질주해갔던 것일까?

그와 함께 척준경 탄핵상소를 올렸던 윤언이는 고려의 진정한 자주파 윤관의 아들이다. 정지상에게 진정한 자주파가 될 길은 분명 있었다. 그런데 그는 그렇게 하지 않았다. 왜 그랬을까? 혹시 그도 김부식에 대해 질투를 품고 있었던 것은 아닐까?

그리고 풍수지리설이 하늘 땅의 도움을 받기는커녕, 천재지변으로 뒤통수를 얻어맞는 사건이 발생한다. 서경의 최고 명당자리에 지었다는 대화궁이 완성되었는데 그 근방 30여 곳에 벼락이 내리친 것이다. 이 사건은 당연히 개경파에 유리하게 작용하였다. 터무니없는 말과 술법으로 혹세무민하는 묘청 일파를 죽여야 한다는 상소가 잇따랐다.

자해(自害)

그러나 왕은 아직 단안을 내리지 못했다. 묘청 일파의 세력은 아직 논전(論戰)으로 버틸 만큼은 컸다. 이 평화스런 균형을 깬 것은 묘청. 그가 서경에서 난을 일으킨다.

정지상은 아직 개경에 있었다. 김부식은 반란군 토벌 원수로 임명되자마자 우선 정지상의 목을 쳤다. 사람들은 김부식이 정지상의 문장과 재주를 시기하여 죽였다고 수군댔다. 죽은 정지상이 산 김부식

알레안드로 오브레곤, 〈죽은 학생〉.

에게 복수하는 민담은 유독 많다.

그러나 이 수군댐은 단편적인 진리만을 담고 있다. 우선 김부식과 정지상 간의 질투는 서로 상호적이다. 우리는 두 사람이 질투보다는 경쟁하는 방식으로 서로의 삶을 꾸려갔기를, 정말 너무나도 뒤늦게 바랄 수밖에 없다.

여기서 더 중요한 것은 묘청과 정지상의 관계이다. 묘청은 왜 정지상을 버렸을까? 정지상은 왜 그걸 사전에 인지하지 못했을까? 아니, 혹시 인지했다면 왜 그는 개경을 빠져나가지 않았을까? 앞뒤 정황으로 보아 그럴 시간과 여유는 충분했다.

난은 왕에게 사전 고지되었고 칭제건원이 선포됐지만 별도의 왕이 옹립되지는 않았다. 그러나 그가 정말 왕에게 무언가를 기대했다면 난은 서경이 아닌 개경에서 일으켰어야 했던 것 아닐까? 혹시 묘청의 난은 지방주의 스스로의 자해와 고립이 아니었을까? 정지상의 피살은 사실, 파탄에 이른 예술의 자해는 아니었을까? 정치적으로 과한 종교와 정치적으로 과한 예술의 합이 지향하는 정치가 파탄에 이르렀을 때 그 정치는 예술을 그런 식으로 내팽개치고 그런 식으로 동반자살시키는 것은 아닐까?

어쨌거나 정치·학문·종교에 포섭되거나 그것을 기피하지 않고, 극복한다는 의미에서 독자적인 참 예술가 상(像)은 정지상의 '실패' 이후 매우 묘연한 것으로 되고 말았다. 이후 고려 사회 상층부에서는, 속요를 제외하고는 유학과 문학예술이 오랫동안 거의 구분되지 않는다. 포르노에 달하는 소요가 동떨어져 있을 뿐이다.

서경과 유언비어

그렇구나, 정지상은 정말 큰 별이었구나. 하지만 그런 정지상을 공백의 배경으로 두고 우리는 묘청에게로 시점을 옮기자.

그가 서경 사람인 것은 분명하지만, 속성과 본관은 알 수 없다. 아주 미천한 출신이었을 것이다. 그는 불교와 풍수지리 도참사상에 밝았고 도교적인 분위기도 풍겼다. 그가 서경천도론을 주장한 것은 1128년. 이때 민심은 흉흉했다.

2년 전에 일어났던 이자겸의 난은 일단 진압되었지만 궁전이 불탔고 정치기강은 엉망이었다. 왕권이 크게 실추된 상태인데 밖으로는 여진이 시시각각으로 압박해왔다. 이 같은 정황이 개경과 여진 사이 제2의 수도 서경에서 가장 민감한 유언비어들을 낳았을 것은 당연하다.

그리고 묘청이 이 같은 서경 상황을 십분 활용했을 것 또한 자명하다. 그러나 그는 '정치적으로 과한' 풍수지리가 혹은 예언가였다. '개경은 지덕이 다하였다. 서경에 왕기가 있다. 서경으로 도읍을 옮겨야 한다. 서경 임원역이야말로 대화세(大華勢, 크게 번성할 지형)이다.'

이것은 참으로 풍수지리의 혁명적인 변화이다. 그러나 혁명을 위한 변화는 아니다. 그 매개가 기존의 왕, 기존의 고려인 까닭이다. 서경은 왕의 피난처와 북벌의 교두보라는 이중의 성격을 갖는다. 아니, 묘청 사상은 그 두 가지를 동일시하고 있다. 그 모순이야말로 풍수지리 자체가 혁명적으로 될 수 없다는 반증이겠다. 그는 또한 정통적인 풍수지리가도 아니었다.

어쨌거나 인종은 그의 주장에 즉각 호응하고 일 년 만에 실제로 임원궁을 짓게 하고는 직접 행차했다. 묘청은 이듬해 기기묘묘하고 희한한 보살·불(佛)·천신(天神)·천왕·천녀 들을 위해 8성당을 지었다. 그리고 그 이듬해 얕은 속임수를 쓰다가 발각된다.

대동강이 상서로운 빛을 내는 것처럼 하기 위해 큰 떡에 기름을 넣어 담갔던 것이다. 그러나 여기서 더 중요한 것은 이 속임수가 발각됐음에도 불구하고 서경 천도 계획은 포기되지 않았다는 점이다.

자정(自淨) 혹은 탕진(湯盡)

묘청의 주장은 더욱 광포해졌다.

대화궐을 지으면 천하를 통일할 수 있고 금이 저절로 항복할 것이며, 그 밖에도 많은 나라가 와서 조공할 것이다.

예언의 단계이다. 이것은 효력을 발하여, 1132년 대화궐이 창건된다.

풍수지리대법이 도선에서 비롯되어 강청화를 거쳐 내게 직접 전수되었노라.

현혹과 광신의 단계이다. 정지상·김안 등이 그를 성인(聖人)으로 떠받든다. 성인? 하일, 히틀러?! 정지상? 맙소사!

묘청 현상은 고려식 파시즘 열풍이었던가, 자정되거나 탕진될 때까지 기다릴 수밖에 없는? 고려가 금을 침략할 능력이 없었다는 점, 다만 살풀이를 할 수밖에 없었다는 점을 우리는 다행으로 생각해야 할 판인가? 그렇게 아무리 기다려도 금은 항복하러 오지 않고, 오히려 벼락이 치고 갑작스런 폭풍우로 수많은 인마(人馬)가 희생되고, 급기야 대화궐에 벼락이 쳤다. 그제서야 현실주의자 김부식 일파는 반격을 개시했다.

묘청의 서경천도론은 미신적이었지만 자주적인 기백이 있었다. 아니다, 자주적인 기백은 있었지만 미신적이었다, 아니다…… 우리는 그런 식으로 평가를 절충해서는 안 된다. 묘청의 서경천도 세력에게 금국정벌 · 칭제건원이야말로 주문(呪文)이었던 것이다.

파울 클레, 〈죽음과 불꽃〉.

서경 ─ 반란군의 고구려? 아니 고려

서경에서 반란을 일으킨 묘청 일파는 서경에 있던 중앙관리는 물론, 일반 개경인들까지 모조리 잡아 가두었다. 그리고 자비령 이북의 길을 차단, 개경과의 요로를 막는 한편 서북면 고을의 군대를 모두 서경에 집결토록 했다. 그렇다. 그건 분명 개경(서울)에 대한 서경(지방)의 반란일 뿐이었다. 북으로 여진족에 대해서는 전혀 관심도 방비도 없는.

묘청의 난의, 고구려가 아니라 너무나도 고려적인 본색은 이렇게 처음부터 어이없이 드러났다. 어쨌거나 묘청은 서경에 나라를 선포, 국호를 대위(大爲), 연호를 천개(天開), 군대 명칭을 천견충의(天遣忠義)라고 하였다. 길이란 길은 다 막아놓고, 꽁꽁 숨어서 무슨 '크게 행함(大爲)'이고, '하늘 열림(天開)'이란 말인가. 우물 안 개구리의 배부른 엄포라 하지 않을 수 없다.

김부식 또한 마찬가지. 그는 대원수로 임명되자마자 예의 정지상과 백수한, 그리고 김안 등 개경에 있던 '묘청 일파'의 목을 삽시간에 내리쳤다. 그러고는 느긋하게 토벌군을 이끌고 서경으로 향했다.

묘청의 난은 서경 밖을 장악하지는 못했지만, 어지럽히기는 했다. 묘청의 거사에 호응한다는 명분으로 노략질을 일삼는 자도 있었고, 왕명을 사칭하는 경우까지 있었다. 김부식은 서경으로 가면서 그런 자들을 처리해야 했다.

성천에서는 반란군이라며 왕명을 사칭하고 관리를 잡아 묶고 민가 음식을 빼앗아가는 등 횡포가 심한 무리들이 있었는데 백성들이 들고일어나 그중 5~6명을 죽이고 20명을 잡아 가두었다.

연주에서는 호장 강안세와 주낭장 김인감이 자칭 병마부사 이자기와 자칭 장군 이영, 그리고 그의 부하 9백여 명을 붙잡았다.

고구려의 정반대

김부식의 작전은 신중하고 느렸다. 그리고 외곽을 조금씩 먹어들어가는 식이었다. 평산에 이르러 그는 장수들과 3일 동안이나 작전회의를 했다. 장수들은 즉각 정면공격을 주장했다. 그의 답변은 이랬다.

서경은 성이 험하고 양식이 풍부하다. 한 번에 빼앗지는 못할 것이다. 천천히 행군하며 군사를 쉬게 하라. 적이 패하기를 기다려야 한다.

김부식은 유교정치를 이념으로 하는 문신 지휘관답게 불필요한 희생을 줄이려는 듯하다. 실제로 그는 적을 타이르고 꾸짖는 선무공작에 주력했다.

그 많은 군대를 갖고 묘청 일파 정도도 빨리 진압 못 하느냐는 비난이 조정에 일었지만 그는 아랑곳하지 않았다. 샛길로 사자를 보내 묘청이 역적임을 알리고 가담치 못하게 하는 방법으로 그는 많은 성들을 정부군 쪽으로 끌어들였다. 서경은 점차 정말 독 안에 든 쥐 신세로 전락해갔다.

어쨌거나 그의 전략에 담긴 연상과 비유는 마치 '우리나라가 고구려인 줄 아느냐, 착각하지 말라'는 매우 엄정한 훈계처럼 들린다. 공격자의 지구전 전략은 고구려의 용어로 고구려의 정반대를 표현하는 것인 까닭이다. 김부식의 그러한 작전은 서경 내부에 분열이 생기는 순간 더 거대한 증오에 휘말린다.

그것은 그가 촉발시켰지만 그가 감당할 수 없는 증오였다.

익스템퍼레리 댄스 시어터, 〈갑자기 푸르름 속
에서……〉 중.

육체에 대한 유교의 증오

조광은 묘청 세력의 제2인자. 그는 관군이 목을 죄어 들어오고 김
부식이 7, 8차례 사람을 보내어 권유하자 항복을 결심한다.

그러나 죄가 너무 컸다. 그는 묘청의 군막으로 들어가 묘청과 유담
의 목을 벤 후 윤첨을 보내어 김부식에게 그 사실을 알렸다. 김부식
은 윤첨을 조정에 호송시키면서 후히 대접해줄 것을 청했다. 그러나
조정대신들이 윤첨을 옥에 가둔 것이다.

물론 《고려사》에는 간신 문공인 한 사람의 농간 때문이라 했다. 그
러나 어찌 그 한 사람 때문에 일 년이 넘는 '전쟁'을 더 치렀겠는가.
조광은 남은 군사들을 이끌고 사생결단으로 나왔다. 서경의 백성들
이 모두 이에 호응했다. 고려 조정의 행태를 서경 절멸작전으로 간주
했던 것이다.

김부식의 관군은 막강했지만 싸움은 쉽게 결판이 나지 않았다. 반

란군은 선요무에서 다경루까지 강을 따라 전체 1,730칸의 성을 쌓고 그 사이에 여섯 문을 만들었다. 관군은 서경성 바로 밑까지 진격, 중·좌·우·전·후의 5군으로 나누어 성을 완전 포위했지만 크게 고전했다.

반란군의 결사항전은 일 년을 넘겼다. 그리고 성 안에 굶어죽는 사람이 속출하면서 비로소 사기가 떨어졌다. 1136년 2월 정부군은 총공격을 감행했고 조광을 비롯한 반란군 지도자들은 스스로 목숨을 끊었다.

왜 그렇게 되었을까? 고구려의 환영과, 육체에 대한 유교 자체의 증오 아니었을까? 정지상을 참살한 것 또한 그런 맥락은 아니었을까? 그리고 그것이, 그 과도한 '문'의 질투가 '무'의 역공을 부른 것은 아닐까? 전체적으로 보더라도 그렇다. 묘청의 난이 진압된 후 고려의 권력구조에 커다란 변화가 온다. 개경의 문벌귀족 세력을 견제하던 서경 세력이 궤멸한다. 개경의 문벌귀족 세력들이 더욱 득세, 왕권마저 능멸하게 된다.

이는 왕권을 지향하는 유교정치학의 이율배반이라 아니 할 수 없다. 이러한 문벌정권의 모순과 병폐가 그 정반대인 무신정권을 부르는 것이다. 이때 육은 불교였을까? 아, 어째서 고려에, 불교에, 또 예술에 이런 일이 벌어졌단 말인가.

윤언이, 윤관의 아들

어쨌거나 김부식 가문은 묘청의 난 진압으로 고려 최대의 문벌로 자리잡았다. 그는 고려 조정의 제1인자로 부상했다. 그의 내면 심정은 어땠을까? 죽은 정지상이 김부식에게 복수하는 민담이야 사실일 리 없겠다. 그러나 그는 매우 착잡한 나날을 보냈다. 그것을 보여주는 것이 바로 김부식과 윤언이의 평생 동안 관계이다.

윤언이는 윤관의 아들로 윤관의 모든 장점과 기질을 이어받았다. 그리고 정지상과 김부식의 장점을 고루 갖추었다. 정지상과 함께 척준경 탄핵상소를 올렸으며, 특히《주역》에 정통하여 김부식을 궁지에 몰 정도로 학문이 깊었다.

아니, 그전에 윤관과 김부식의 관계가 있다. 윤관이 왕명으로 대각국사 의천의 비문을 지었는데, 그 글이 좋지 않다 하였다. 문신이 아무리 왕족이라 하나 승려의 비문을 썼으니 썩 내켰던 글은 아니었겠다.

왕은 다시 김부식에게 짓게 하였는데 김부식은 사양하지 않고 지어 올렸다. 윤언이가 김부식에 대해 품고 있는 감정은, 유학자로서 또 윤관의 아들로서 꽤 복잡했을 것이다. 그러나 윤언이는 묘청의 난 때 김부식 막료로 출정, 서경 함락에 큰 공을 세운다.

그런데 김부식이 그 윤언이를 포상하기는커녕 정지상과 내통했다며 탄핵, 양주 방어사로 좌천시켜버렸다. 이것은 이제까지 김부식의 질투 행각에 비추어 별로 이상할 게 없다. 아니, 죽이지 않은 게 다행일 정도이겠다.

정작 기이한 일은 4년 후에 일어난다. 1140년 사면령이 반포되면서 윤언이가 중앙정계로 복귀할 조짐이 보이자 김부식은 세 번이나 사직상소를 올려 왕의 허락을 받았다.

물론 그의 위세는 벌써 전과 같지 않았다. 김씨 가문의 기둥뿌리이던 형과 동생이 이미 죽었고 오른팔이던 정습명이 탄핵을 받아 퇴임했다.

외로운 자

그러나 그가 윤언이의 보복을 두려워할 정도는 아니었고, 설령 그게 두렵다면 정계복귀를 막았을 법하다. 이 외롭고 쓸쓸한 정계은퇴는 무슨 뜻일까? 그는 대학자이자 역사가였고 또 군 지휘관이었다. 그는 고려의 모든 가능성의 길을 보았으되 그 길을 애써 피해왔다. 그것에 대한 참회였을까? 정지상은 눈 먼 질투의 대상이었지만 윤언이는 합리적인 대안이었다.

그는 윤관·윤언이가 상징하는 고려의 합리적 진취성에 대해 뒤늦은 참회를 한 것일까? 그는 다가올 무신정변을 벌써 예감하고 있었던 것일까? 그랬다면 너무도 이른 예감과 너무도 뒤늦은 참회였으리라. 나라의 존립만을 위해 평생 현실적인 방안에 집착했던, 그러나 그 못지않게 파란만장한 생애를 감당했던 한 체제적 지식인의 생애. 그 생애의 무게가 통째로 허무를 느끼게 되는 이 순간, 그의 외로움이 정말 거대하고 위대하다.

왕은 그를 도와줄 젊은 관료 여덟 명을 보내어 역사서 편찬을 돕게 했고, 그는 왕이 죽기 직전 편찬을 마치어 바쳤다. 그것이 바로 《삼국사기》 50권이다.

윤언이는 어떤가? 그도 물론 외로웠다. 그는 말년에 불교에 심취, 파평(파주)에 은거하며 승려 관승과 교우했다.

무신정변 전야

8장

육체의 반란과 정중부

무신정권은 고려사 전체에서 어떤 의미를 갖고 있는
가. 그것의 원인과 결과는 무엇인가. 우리는 무신정변
전야를, '육체의 반란'이라는 거시적(巨視的)이고 통
시적(通時的)인 조망 속에서 훑어보자.

나례(儺禮)

이자겸과 묘청의 난은 난을 진압한 무신들의 위상을 높였지만 권력체제로는 문신정권이 더욱 강화되는 기현상을 낳았다. 왕도, 무신도, 심지어 문신조차도 어쩔 수 없는, 문신에 의한 무신 극한 천대의 세월이 시작된다.

아주 경박한 문신들 몇 명을 빼고는 그런 기형(奇型)의 세월이 오래갈 가능성도, 필요성도 느끼지 못했으리라. 그러나 정말 1979년 10. 26사태 때처럼 왕도, 부하도, 실권자도 어쩔 수 없는 그런 세월이 너무도 길게 이어졌다.

1142년(인종 20년) 섣달 그믐날 밤 궁중에서 악한 귀신을 쫓는 행사인 나례가 행해졌다. 언제나 그랬듯이 모든 신하들이 용·호랑이 등 무서운 동물의 탈을 쓰고 노래와 춤으로 귀신을 쫓는 것이다.

김부식이 물러난 지 2년 뒤이다. 그러나 김부식의 아들인 김돈중이 떡 버티고 있다. 그는 아버지의 모든 권세를 이어받았지만, 인품

이 그만 못하여 오만하고 경박하다.

문신과 무신들이 줄줄이 늘어서 자기 차례를 기다리고 있다. 문신들의 위세에 눌려 무신들은 아주 초라하지만 육중하다. 아니 육중함 자체에 눌려 있다. 문신들은 제멋대로 웃고 떠들며 유희를 벌인다. 방약무인한 자도 가끔씩 있다. 왕은 눈썹을 찡그리지만 애써 참는다. 왕권이 그만큼 위축되기도 했고, 어차피 이판사판의 놀이판이기도 했다.

문신 차례가 다 끝나고 무신들이 유희를 벌였다. 순간, 문신 쪽에서 놀라움의 탄성이 터진다. 무신 쪽 첫 순서는 정중부. 그는 키가 크고 풍채가 좋았다. 그리고 수염에 위엄이 도도히 서렸다. 문신들이 술렁대기 시작했다.

왕과 신하

정중부는 종이 용을 들고 유희를 벌였다. 사람들은 모두 입을 딱 벌렸다. 정중부의 기상은 용의 기상 바로 그것이었다.

정중부, 그는 황해도 천민 출신에 벼슬도 높지 않았으나 왕은 그의 늠름한 풍채를 좋아했다. 그도 예종처럼 '도이장가'인가? 아니다. 육체 예찬이다. 정말 수만 대군을 호령하는 장수의 모습을 보는 것 같다.

오늘 유희는 그대가 제일이다…… 왕은 그렇게 정중부를 칭찬했다. 이 말에 문신들은 이맛살을 찌푸렸다. 왕은 개의치 않았다. 아니 고의적인 면도 있었을 터.

이젠 정말 '도이장가'인가? 아니다. 파탄의 전조이다. 왕은 정치를 바로 세워볼 염은 없고, 그냥 그때그때 짜증을 내고 시비를 걸 뿐이다.

어쨌거나 그렇게 분위기가 어색해졌는데, 갑자기 돌풍이 불어 궁정 촛불이 모두 꺼진다. 주위는 삽시간에 칠흑 같은 어둠에 휩싸였다. 촛불, 촛불! 그렇게 주위가 소란한데 누가 촛불 하나를 들고 정중부에게 바싹 다가서더니 수염에다 촛불을 댔다.

수염은 눈 깜짝할 사이에 검게 그을렸다. 킥킥 대는 소리로 보아, 고의가 분명했다. 정중부가 불같이 화가 나서 '웬 놈이냐!'고 소리를 버럭 지르더니 상대방의 뺨을 후려친다.

엉겁결에 따귀를 맞은 상대방도 화를 벌컥 냈다. '이런 짐승만도 못한 무신 놈이 감히 문신에게 손찌검을 하다니!' 그러나 정중부도 지지 않았다. '어떤 문신 놈이 내 수염을 태워!' 어둠 때문이었을까? 사태는 그렇게 저질러졌다. 다시 촛불을 켜고 사방이 밝아졌을 때 정중부는 눈을 크게 뜨고 두리번거렸다. 아직 노여움이 가시지 않은 눈초리였다.

우연과 집약

하지만 그는 가슴이 철렁 내려앉았다. 그 '작자'는 김부식의 아들 김돈중이었던 것이다. 김부식이 직접 나서서 정중부의 처벌을 원하지만 왕은 받아들이지 않았다. 놀이 때의 일 아닌가. 김부식이 계속 처벌을 주장하자 왕도 화를 낸다. 그럼 수염을 태운 자부터 벌하리라……. 김부식은 물러날 수밖에 없었다. 그리하여 그의 외로움이 더 깊어졌을까? 없어도 좋을 뒷이야기겠다.

그러나 이 사건은 매우 우발적이지만 또한 집약적이다. 왕은 사태를 해결하려는 능력도 의지도 없다. 문신들도 무신에 대한 '눈 먼' 경멸이 있을 뿐 내실은 텅텅 비고 명분은 날로 낡아간다.

그렇게 육체가 반란을 일으킬 시각이 운명처럼 다가오는데 김부식은 그 운명에 대한 역사적 책임을 벗고 싶지만, 그게 가능한가. 그의 아들이 자꾸 그를 끌어들인다. 여기서 우리는 이후 무신의 난을 엿볼

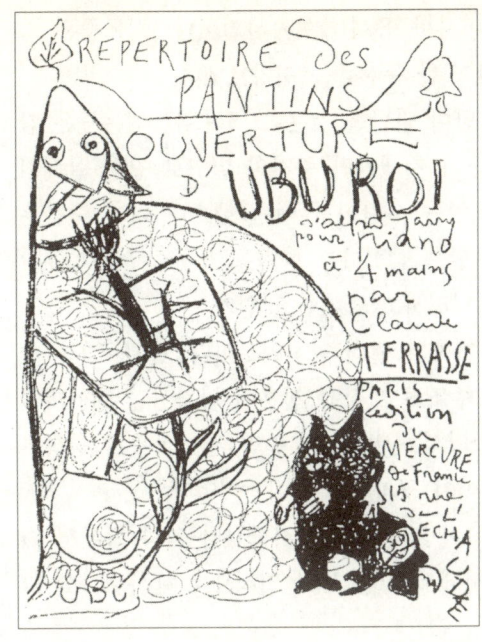

알프레드 자리, 〈우부왕〉 포스터.

겸, 김돈중의 생애를 끝까지 추적해보자. 그는 다음 왕인 의종(1146 ~1170년) 때 간신 환관 정함을 고관직에 임명하는 것에 반대하다가 좌천되었다. 그러나 김부식이 세운 관란사를 중수하고 왕의 복을 비는 것으로 의종의 환심을 샀다.

그러나 정중부에게 맞은 원한이 그토록 사무쳤던 것일까? 그는 조정에 입궐한 후 다시 무신의 난에 불을 지르는 어이없는 행위를 한다. 이 사건 또한 우연적으로 벌어졌지만 모든 것을 집약하고 있다.

김부식의 아들

1167년 의종이 봉은사에서 연등행사를 마치고 환궁하는데 그의 말이 놀랐다. 말의 머리가 군사의 화살통에 부딪혔고 그 바람에 화살이 의종의 수레에 떨어졌다. 이른바 유시(流矢) 사건이다. 김돈중은 그 것이 무신들의 음모라 하여 숱한 무신들을 귀양보냈다.

정중부가 주도한 무신의 난이 발발한 것은 그 3년 후. 김돈중은 감악산으로 도주, 그곳에서 숨어 지냈지만 종자의 밀고로 잡혀 살해되었다. 그는 '나 때문에 죄 없는 사람이 많이 상했으니 나의 죽음은 마땅한 것이다'라는 참회의 말을 남겼다고 한다.

아, 역사. 역사는 그렇게 엄정하고 공평한 것인가.

김부식의 가계는 윤관의 가계와 달리 악화일로이다. 윤관, 그는 숙종 때 의천과 함께 화폐를 주조하고 상업 진흥에 앞장서던 개혁파였다. 그가 심취했던 것은 왕안석 신법사상. 반면 김부식에게 영향을 준 것은 《자치통감》의 저자이자 구파였던 사마광이었다.

윤관의 진취적인 경세치학이 김부식의 역사학보다 역사 속에서 더 위대했던 것일까? 과연 역사에서 그중 누가 진정으로 행복했다고 말할 수 있단 말인가.

우리 신세도 김부식보다 더 나을 것이 없다. 우리는 아직도 꽤 한참을 가야 그 암흑의 육체에 의한 육체 통치의 시절에 기껏 가닿을 수 있을 뿐이다. 귀족들의 농촌 수탈은 날로 잔혹해진다. 유민이 속출하고 농민은 속속 빈민화되었다. 농촌경제가 크게 약화된다.

아, 〈쌍화점〉 속이 이리 고통뿐인 지옥이었던 것을.

왕의 가계

그리고 왕실 가계는 어땠던가. 인종은 사실 균형을 아는 능수능란한 왕이었다. 그는 15세에 왕위에 올라 두 차례의 난을 버텨냈다. 그리고 무학재를 폐지, 무예로써 선비를 뽑는 제도를 없앴지만 난을 겪은 왕답게 무인을 배려하는 면도 있었다. 그렇다. 그의 치세는 어쨌거나 왕이 문신과 무신을 거중 조정할 수 있는 시기였다.

그뒤를 이은 의종은 다르다. 그는 아버지보다 나약했고 아버지보다 더 탐욕스럽고 사치스러웠다. 그러나 사실 의종이 영명했다고 한들 그가 무슨 일을 할 수 있었단 말인가. 권력은 개경 문신들에게로 완전히 넘어갔다. 그는 항상 신변의 위협을 느꼈다. 국제 관계도 좋지 않았다. 막강해진 여진이 대륙 지배세력으로 위치를 굳혀버린 것이다.

의종은 격구와 음률, 그리고 시문에 탁월한 재능이 있었다. 왕이 안 되었다면 좋았으리라. 혼란기에 왕이 된 그가 문약했을 뿐 아니라 문약을 탐닉했을 것은 당연하다. 물론 초기에는 그도 왕조를 중흥시키려고 노력했다. 그러나 그는 이미 늪지에 빠진 꼴이었다. 그가 할 수 있는 일은 정치적 늪지를 열락의 늪지로 바꾸어가는 것뿐이었다. 그는 대궐 안에서 그리고 신성한 절에서까지 매일 풍악을 울리며 잔치를 벌였다. 부패한 절은 그런 왕을 안성맞춤으로 품었다.

보다 못해 충신 정습명이 간언했지만 그는 듣지 않았다. 정습명은 약을 먹고 스스로 목숨을 끊는다. 그러나 의종의 향락추구는 날이 갈수록 도가 심해졌다. 육체가 육체를 부르고 향락이 무신의 난을 유혹하는 것 같은 세월이 그렇게 흘러갔다.

그의 탐닉을 부채질한 것은 환관 정함. 그는 자기 아내가 의종의 유모였던 연줄로 시작, 의종을 환락의 길로 인도하며 자신은 출세가도를 달렸다. 김돈중이 상소를 올렸다가 좌천된 것이 이때이다.

그리고 정함이 자신을 내쫓으려던 자에게 보복, 역적혐의를 꾸며 귀양보낸 사람 중 하나가 바로 정서, 〈정과정곡〉을 쓴 이이다.

모태

김돈중, 그리고 환관이라, 그리고 불교? 그렇다. 의종은 문신들의 유교에 넌더리를 내며 시문과 잡기에 취했고, 그 탐닉이 과하여 불교, 아니 '부처와 여러 신들'에게 빠졌다.

왕이 된 정지상을 보는가? 사실 의종은 어느 모로 보나 무신의 난이 자라날 모태를 만들어준 왕이다.

1170년 무신의 난이 발발하기 직전 그가 서경에 거동하여 반포한 신령(新令)은 '장차 낡은 것을 버리고 새것을 정하여 다시 왕화(王化)를 부흥한다'는 취지였지만 유교적 정치이념에 대해서는 일체 언급이 없다. 불교와 음양설, 그리고 선풍(仙風)이 있을 뿐이었다.

태평대(太平臺), 환희대(歡喜臺), 미성대(美成臺) 등 정대를 짓고 연못을 파고 산을 만들고 무신 장군들을 호위로 세우고, 그들에게 밥 한 그릇 주지 않고 문신들과 한데 어울려 술을 마셨지만 그는 정말 누구와 술을 마신 것인가. 그는 무의식적으로 무신들을 위해 무신들의 분노를 폭발시켰던 것인가. 군인들은 점차 종 취급을 받았다. 군인전은 관리 녹봉으로 빼앗겼고 전쟁뿐 아니라 평상시에도 툭하면 노역에 동원되었다. 드디어 육체의 무력(武力)이 말한다. '이렇게 사느니 차라리 죽는 게 낫다……'

정중부와 이의방, 이고는 은밀하게 반란을 준비하기 시작했다. 그리고 때는 오래되지 않아 왔다. 이번에도 화근은 왕의 무능과 문신의 오만방자함. 우발적인 사고였지만 이젠 그 우연성이 지겹다.

오병수박희(五兵手博戲)

1170년 8월 어느 날, 왕은 개경에서 멀리 떨어진 보현원으로 행차하는 중이었다. 물론 잔치를 벌이기 위해서이다. 그런데 행차가 오문(五門) 앞 넓은 뜰에 이르자 왕이 대열을 멈추게 했다.

오늘은 오병수박희를 열자. 오병수박희란 오늘날의 권투와 비슷한 것인데, 마지막까지 남은 자가 최후의 승자가 된다. 왜 그는 문신들을 위한 잔치를 무신들의 경기로 바꾸었을까? 고려에는 참 '희'도 많

파울 클레, 〈외줄타기〉.

다. 물론 망할 징조이겠다. 아니 고려는 통일신라 말 망국의 '춤'을 그대로 이어왔던 것인지도 모른다. 문화혁명을 안 했다는 이야기이다. 어쨌거나 군사들의 육체적 단련을 위한 이 경기가 문신의 희롱거리가 되었고, 그렇게 육체가 반란한다.

치고 받고 싸우다가 하나가 쓰러지고 또 다른 사람이 나서고 그렇게 두 명을 연거푸 물리친 무신이 나왔다. 그는 자신만만했다. '자, 누구든 상대해줄 테니 나오시라……'

대장군 이소응이 나섰다. 여진정벌에서 많은 공을 세운 장수이다. 기백은 당당하지만 몸은 이미 50세가 넘었다. 하, 대장군. 정말이십니까? 물론이지……. 호언장담은 금방 고꾸라졌다. 재미로 부추겼던 문신들의 웃음이 갑자기 비웃음으로 바뀌었다. 늙은 것이…… 거기까지는 괜찮았다. 왕의 총애를 받던 문신 한뢰가 으쓱하더니 벌떡 일어나 이소응의 따귀를 사정없이 갈긴다.

'대장군이라는 놈이, 부끄럽지도 않느냐?' 문신들이 일제히 호응했다. '저런 얼빠진 놈이 나라의 녹을 축내고 있으니……' 무신의 늙은 육체에 대한 문신의 이 능욕은 정말 무신의 난을 부르는 피학성 변태성욕 같다.

정중부가 한뢰의 멱살을 틀어쥐고 호통쳤고 무신들이 일제히 칼집에 손을 댔다. 왕이 직접 만류하여 이 사태는 그냥 넘어갔고, 행차는 다시 보현원으로 향했다. 왕도 참 한심하다. 이 참에 놀이라니. 아니면 자포자기인가?

휴지(休止)와 폭발

정중부는 이고와 이의방을 불러 명했다. 지름길로 가서 보현원에 먼저 도착하라. 그리고 행차가 닿는 대로 문신들을 모조리 죽이라. 문신들도 한심하다. 문신들은 좀전의 비상사태를 까마득히 잊고 희희낙락거리기 시작한다.

아니면 그들도 자포자기였을까? 환락의 늪 속에서 아무 고통도 없이 죽기를 그들은 바랐던 것일까? 다만 여기서 정중부가 구사하는 휴지(休止)의 전략에 우리는 유의할 필요가 있다. 그 휴지기간 동안 분노는 질서정연하게 폭발할 준비를 갖춘다. 전열이 짜이고 지도자가 부상하는 것이다.

'우리들은 오른 소매를 빼고 복두를 벗을 것이니 그렇지 않은 자는 모두 죽여라…….' 작전명령은 그랬다. 보현원에 왕의 행차가 도착하자마자 무신들은 왕을 시위하던 문신 전원을 도륙했다. 아니 노영순만은 살았다. 그는 원래 무신 출신으로 무신과 사이가 좋았다.

거기서 끝나지 않았다. 문관(文冠)을 쓴 자는 설령 서리라 할지라도 종자를 남기지 마라……. 육체의 반란은 그렇게 스스로 증오를 심화, 확대시켜갔다. 반란세력은 왕을 앞세우고 개경으로 들어와 주요 문신 50명을 또 학살하고 그 밖에 문신 1백여 명을 또 죽였다.

이때 죽음을 모면한 것은 문극겸. 그는 왕에게 직언을 서슴지 않은 충신이었다. 그쯤 하고서 육체가 이성을 되찾았는가? 대장군 진준은 '우리가 미워하는 것은 4, 5명이다. 무고한 사람을 죽이는 것은 심히 옳지 않다'고 극력 만류하였다.

반란세력들은 문신을 다 죽이지 못했다. 아니 문극겸을 비롯한 상당수 문신들을 포섭, 정권강화에 이용한다. 그러나 폭발이 어찌 그 정도에서 그치겠는가.

그렇다. 그것도 휴지였다. 육체의 반란은 광포를 즐기다가 급기야 자해(自害)에 이르고서야 약간 진정될 것이다.

왕이 무마에 나섰지만 소용없었다. 무신들은 반란 3일째 왕과 태자를 폐하고 각각 거제도와 진도로 추방했다. 그리고 왕의 아우 호를 왕으로 세웠다. 그가 명종(1170~1197년)이다. 그가 허수아비에 불과했을 것은 당연하다.

약탈

정권은 정중부 · 이의방 · 이고의 수중에 들어갔다. 그리고 그 순간
무신반란의 대의명분은 끝이 난다. 무신들이 재물을 약탈하기 시작
한다.

일시적인 현상이 아니다. 약탈에는 무엇보다 위 아래가 없었다. 정
중부는 어쨌거나 인종과 의종의 신임을 받았던 무신이다. 김부식의
노여움을 인종의 중재로 피했고 의종 때에도 봉쇄된 북문을 함부로
출입하다가 탄핵을 받았지만 왕의 중재로 무사했다.

그러나 그는 정권을 잡자마자 의종의 곽정동택 · 관북택 · 천동택

콘라드 클라펙, 〈인질〉

등 사저 네 채와 그 안에 있던 숱한 재물을 이의민·이고와 함께 차지했다. 1173년 자신의 심복부하였던 김보당이 의종을 복위시키려고 난을 일으키자 그는 이의민을 보내 경주에 있던 의종을 살해한다.

이때 김보당이 죽음을 맞으면서 '모든 문신과 함께 거사를 도모했노라'는 말을 한 것을 빌미로 그는 또 한 차례 문신 대절멸작전을 꾀하였다. 이의방의 형인 이준의와 진준 등이 겨우 중단시켰지만 이때 목숨을 잃은 문인들의 숫자는 1170년 때에 못지않았다.

정중부·이의방·이고는 무사들의 회의기관이었던 중방을 통해 국정을 마음대로 주물렀다. 장수 세 명이라…… 이들 사이에 틈이 안 벌어질 리 없다. 아니 서로 불안했을 것이다.

선수를 친 것은 이고. 그는 항마군을 동원하여 우선 이의방을 치려 했으나 사전에 발각되어 오히려 이의방에게 죽음을 당했다. 오병수박희 때 곧장 칼을 뽑으려다가 정중부에게 만류당했던 장수가 바로 이고이다.

그는 무신반란 3인 중 가장 극단적이었고 비조직적이었다. 그가 '거사'에 동원하려 했던 것은 불량소년들과 술주정뱅이 승려들이었다. 그는 이의방의 철퇴에 맞아 죽었다.

이의방은 그의 어머니까지 잡아 죽였지만 아버지는 귀양보내는 것으로 그쳤는데 그 이유가 더 비참하다. 아버지가 이고를 일찍부터 자식으로 여기지 않았다는 것.

육체의 악화

칼로 잡은 정권은 백성을 공포로 다스리지만, 다른 칼잡이로 하여금 헛된 욕심에 들뜨게 한다. 난을 일으켜 정권을 잡은 자가 계급이 낮을 경우 더욱 그렇다. 정중부는 상장군. 계급이 낮지는 않았다. 그것이 그나마 다행이었을까? 정중부는 무신정권의 중심 역할을 톡톡히 했다. 이의방은 충성스럽고 강력한 2인자였다. 그러나 나라 안 곳곳이 아수라장이었다. 이고가 죽은 그해 대궐 경비대 우두머리인 내시장군 채원이 또 난을 모의한다.

그는 대궐에 모인 무신들을 모조리 없애고 권력을 잡으려 했지만 역시 이의방에게 발각되어 죽임을 당했다. 지방에서는 무신들에 대한 반대세력이 싹텄다. 김보당의 난이 그 대표적인 예이다.

1174년 1월에는 더 희한한 일이 벌어졌다. 귀법사 중 1백여 명이 개경 북쪽 문으로 쳐들어온 것이다. 원 별…… 그랬는데, 반란세력은 그 이튿날 승려 2천 명으로 불어났다. 그들은 이의방 형제를 죽이려 삽시간에 모인 것이었다.

이의방의 군사에 쫓겨 그들은 분쇄되었다. 그러나 나라 꼴, 아니, 이의방의 꼴이 정말 한심했다. 그는 이고를 제거한 후 더욱 기고만장하여 왕의 희첩(姬妾)을 취하고 태후의 여동생을 겁간하는가 하면, 기생들을 데리고 중방에서 여러 장수들과 웃고 떠들며 잔치를 벌였다.

이의방은 이 난을 진압하는 과정에서 승려 1백 명을 죽이고, 더 나아가 귀법사뿐 아니라 여러 절을 불태우고 재물을 빼앗았다. 동생 덕분에 목숨은 건졌지만 그 꼴을 보다 못한 형 준의가 그의 3대악(三大惡)을 꾸짖는다.

그 내용은 앞에서와 같다. 이때 이의방은 격노하여 형을 죽이려 했으나 문극렴의 만류로 겨우 참았다. 아, 문신 문극렴. 그는 구사일생으로 살았는데, 그가 살린 사람들이 참으로 많다.

서경의 난?

서경 유수 조위총이 난을 일으킨 것은 이즈음이다. 조위총이 '개경이 서경 이북의 성을 모두 토벌하려 한다'고 격문을 돌리자 연주성을 제외한 절령 이북 40개 성이 모두 호응, 삽시간에 대군을 이룬다. 조정은 윤인첨을 원수로 한 토벌군을 보냈지만 대패했고 서경군은 개경 근교까지 와서 진을 쳤다.

이의방도 조위총의 난을 '서경 자체의 난'으로 간주했던 것일까? 그는 묘청이 개경에 대해 그랬듯이, 개경 안의 서경 사람을 귀천 없이 모조리 잡아 죽여 저자에 효수했다.

상서 윤인미, 대장군 김덕신, 장군 김석재가 이때 살해되었다. 그는 무엇이 두려웠던 것일까? 혹시 그는 '서경의 반란'에서 고구려의 유령을 보았던 것은 아닐까? 그 유령이 자신의 자학적인 무력을 꾸짖는다고 생각했던 것은 아닐까?

어쨌거나 이즈음 그는 제정신이 아니었다. 그의 오만방자함에 정중부 쪽에서 제동을 걸기 시작했다. 사실 둘 사이 관계는 의외로 오랫동안 지속되었다고 봐야 하겠다. 발단은 그가 딸을 태자비로 들여보낸 것.

정중부는 대노했다. 하지만 그가 구사한 것은 역시 휴지전략. 그리고 이 전략이 이의방의 무력충동보다 한수 위였다. 정중부가 갑자기 모든 관직에서 물러나고 대세가 정중부에게로 쏠린다. 이의방은 백배사죄를 하고서야 용서를 받았다.

그래서였을까? 어쨌거나 그는 군대를 거느리고 나아가 개경 근교의 서경군을 무찔렀다. 그리고 내친 김에 대동강까지 쳐들어갔다. 그러나 서경 군대가 성문을 굳게 걸어 잠그고 나오지 않는 것이다. 그때 그는 다시 고구려를 보았을까? 어쨌거나, 서경에 맹추위가 몰려왔다. 그는 황급히 군대를 돌려 개경으로 돌아오다가 정중부의 아들 정균, 그리고 승려 종참에 의해 살해당한다. 형 준의와 그 무리도 죽임을 당했고, 딸도 태자비에서 폐출되었다.

문신 문극겸(1122~1189년)

정중부는 그 2년 후 죽임을 당한다.

누가 홀로 남은 그를 죽였지? 그 아들이? 아니다. 하지만 그 이야기는 다음 장, 아니 그 다음 장에서 다루고, '문신' 문극겸의 생애를 정중부 생애의 말미로 삼자. 그렇게 반란의 육체적 일방성을 완화시키면 좀더 실제적인 현실이 떠오를 것이다.

그는 예종 17년에 태어나 명종 19년에 죽었다. 음서제도를 통해 관직에 올랐으나 과거에는 여러 번 떨어지다가 의종 때에 급제하였다. 무신의 난 이전 그의 행적은 탄핵, 좌천이 전부이다. 그리고 그것이 그의 목숨을 살렸다. 의종은 거제도로 추방될 때 평소 문극겸의 말을 따르지 않았던 것을 후회하였다고 한다. 명종이 즉위하면서 그는 이의방의 추천으로 높은 자리에 올랐다. 그리고 이공승 등 많은 문신들을 구했다.

처음에 그가 주로 한 일은 무신들의 고사(故事) 자문역. 하지만 그 후에는 용호군대장군을 겸했고 재상이 된 후에도 상장군을 겸했다. 문무(文武)를 아우르는 독특한 존재가 된 것이다. 딸을 이의방의 아우 인에게 출가시켰으므로 1173년 문신 대학살에도 일족이 모두 화를 면했다. 그후에도 마찬가지였다. 무력 상쟁(相爭)의 와중에서 그는 다른 일로 한 번 좌천되었을 뿐, 평탄한 출세길을 밟았다.

그가 죽은 1189년은 명종 19년. 그의 사돈 이의방을 죽인 정중부, 정중부를 죽인 경대승마저 죽고, '천민 출신으로 힘이 장사였던' 이의민이 무력 철권통치 체제를 굳혔던 때이지만, 그는 명종 묘정(廟庭)에 모셔졌다. 시호는 충숙.

문극겸. 그의 생애가 어떻게 그리 평탄할 수 있었을까? 무력의 맹주(盟主)들은 모두 그를 어떤, (자신들의) 최후의 보루, 그것이 무너지면 제 스스로도 감당할 수 없는, 넘어서는 안 될 선이라고 보았던 것은 아닐까?

승려 지눌(1158~1210년)

이 장 전체의 말미는 승려 지눌이다.

그의 생애는 의종 12년에서 명종, 신종(1197~1204년)을 거쳐 희종(1204~1211년)에까지 이른다. 문극겸 이후 무신정권 전체에 걸쳐 있다. 그의 불교사상은 무신정권의 무엇을 반영하고 무엇을 기피하는가? 어렸을 적 너무 병약하여 아버지가 불전에 기도를 올렸다. '낫게만 해주신다면 부처에게 바치겠습니다.' 그는 8세 때 부모가 정해준 대로 종휘에게 나아가 승려가 되었다. 그러나 특별한 스승은 없었다.

보조 국사 지눌 진영, 동화사 소장.

당시 불교계의 선·교 분열은 매우 극단적인 데가 있었다. 선종은 심법(心法)만을 주장했고, 교종은 경전법문만을 부처의 가르침으로 인정하여 선종 자체를 이단시했다. 당대의 고승인 지눌이 선종과 교종을 통합하려 했을 것은 당연하다.

'부처의 말씀이 교로 되고 조사(祖師) 마음이 선으로 되었으니 마음과 말씀이 어찌 어긋난다고 할 것인가……' 그러나 그의 불교생애 자체는 갈수록 모순으로 가득 차게 된다. 1190년 그는 '정혜(定慧)'라는 명칭의 불교단체를 결성했다. '정'과 '혜'를 동시에 수행하는 '정혜쌍수(定慧雙修)'를 실천, 기존 불교계를 혁신하고자 했던 이 단체는 1197년에 이르면 왕족과 관리 및 승려 수백 명을 포괄하게 된다. 그러나 그는 실패를 자인하고 지리산 한 암자로 물러났다. 그리고 갈수록 선종에 몰두하다가 홀연히 '무집착'의 깨달음을 얻었다.

다시 복귀한 그는 선종을 중심으로 교종을 포섭하려 하였다. 그러나 그는 여전히 결사의 방식을 고집한다. 세상 초탈의 '내용'을 사회 참여의 '형식'으로 어떻게 감당한단 말인가? 더군다나 무신정권 치하에서 이 모순은 무슨 뜻인가? 10여 년 동안 송광사를 중심으로 새로운 선풍을 일으키던 그는 1210년 3월 27일 문답을 끝낸 후 주장자로 법상을 두세 번 치고는 '천가지 만가지가 다 이 속에 있다'는 말을 남기고 입적했다.

도피와 증오의 닮음

의천에서 지눌까지는 매우 멀다. 은둔과 참여를 혼동하면서 지눌은 선종을 무신정권의 종교로 만들어버린다. 물론 그가 의도했던 바는 아니다. 그러나 그는 무신정권을 기피하면서 오히려 무신정권을 닮아버린 것이다. 미워하면서 닮은 것 못지않게.

자, 그쯤 하고 우리는 이제 매우 예술적인 아름다운 밑그림을 무신정권의 서막으로 깔아주어야 한다.

상감청자 이야기 **9장**

또 다른 색(色), 고려 예술의 특징, 그리고 이조백자

무신정변의 조짐이 보이고 백성들의 민란도 고개를
쳐들 그 시기에 상감청자는 태어났다. 그게 고려 예술
의 운명이며, 상감청자는 그래서 더욱 아름답다. 고려
조 최고의 예술작품인 상감청자. 그 신비한 색이 창조
되는 과정에다 정치·경제·철학적인 배경을 중첩시
켜보자. 상감청자는 '고구려적' 인가? 이조백자는, 그
렇다면, 백제적인가?

도자기/흙과 불/녹청자와 대중화/예술적 경지/색과 형(形)/청자상감(象嵌)/고려적/그후/백색을 지향/민족적,
역사적?/서민적, 백제적?！/그후의 그후

도자기

우리나라에서 흙을 빚어 토기를 구운 것은 기원전 7~8천년경 신석기시대부터이다. 삼국시대에 이르면, 특히 신라·가야인에 의해 매우 수준 높은 토기가 제작된다.

1천2백 도 이상의 고열로 구워 표면이 회청흑색이고 단단하기가 무쇠 같았던 것이다. 이때 토기는 주로 무덤에 함께 묻는 부장용(副葬用)으로 선의 흐름이 강하고 직선적이었다.

통일신라시대에 이르면 도자기 문화에 중대한 변화가 일어난다. 토기에서 자기로의 이행이 이루어지며, 동시에 부장용보다는 실생활용 도자기가 성행했다. 도자기의 모양도 그에 따라 달라져서 높은 받침이 낮은 굽으로, 둥근 바닥이 평평한 바닥으로, 높은 목이 낮은 목으로 바뀌어갔다.

토기에서 청자로 이행하는 기반이 마련되는 것은 9세기경. 물론 중국의 영향이 컸다. 육조시대의 청자가 삼국시대부터 상당량 우리나라에 유입되었다. 그리고 9세기경부터 중국 절강성 월주지방의 만당(晩唐) 도자기와 그 기술이 해로를 통해 서해안과 일부 남해안에 유입되었다.

주로 청자와 백자였는데, 9세기 말경 신라에서 이미 만들기 시작한 해무리굽 청자는 바로 그 영향으로 생산되기 시작한 것이다. 이 청자의 생산지(요지)가 경주에서 멀리 떨어진 서해안과 남해안 일대에 분포되어 있다.

이것은 왕권이 약화되고 지방호족들의 세력이 확장되던 신라 말기 정황을 그대로 대변한다. 해로와 지방호족이라…… 그렇다, 장보고. 장보고의 해상무역이야말로 서남해안 지역에 중국 도자기 문화를 전파해준 가장 중요한 매개이다.

당시 도자기는 대단한 부(富)의 상징이었지만 그때 서남해안 지역은 도자기를 생산할 뿐 아니라 그 문화를 누릴 능력이 있었다. 원래 물산이 풍부했고 장보고 등의 해상무역에 의해 더욱 번창했던 곳이다.

서남해안 지역 사람들이 도자기의 생산자이자 향유자(물론 아직은 호족 등 상류계급에 국한되겠지만)였다는 점은 우리나라 도자기 문화의 발전에 매우 긍정적인 역할을 했을 것임에 틀림없다.

흙과 불

이때 청자는 대부분 초기 수준이었지만, 환원번조술(還元燔造術)이 벌써 상당한 수준에 이르고 있다 환원번조란 산화번조(酸化燔造)와 정반대로, 가마 온도가 1천1백 도 이상일 때 땔감을 많이 넣고 산소를 막아 불완전연소를 유도하는 방법이다.

그렇게 하면 산소를 많이 들여보내어 토기가 황·갈·적색을 띠고 청자와 백자는 황·갈색을 띠게 되는 산화번조와 달리, 토기는 회색·회청흑색으로 되고, 백자는 담청색을 머금으며, 청자는 아름다운 비색(翡色)을 내게 된다. 고려 청자는 장차 이 비색을 세계 도자기 예술사상 가장 신비한 수준으로 끌어올리게 된다.

하지만 흙과 불 이야기를 계속하자. 고온의 환원번조 단계에 이르면 가마에서 자연히 재티가 생겨난다. 이것이 고온의 토기 표면에 내려앉아 규사질과 함께 녹으면 자연유가 되는데, 이것을 인공적으로 만들어낸 것이 잿물이다.

이 잿물을 토기 표면에 바르고 고온으로 구운 것이 바로 청자 발생의 시초이다. 중국에서는 은대부터 그런 토기의 시초가 보였다. 그리고 한대에 들어서면서 표면이 더욱 매끄럽고 육조시대에 이르러 흙과 유약이 모두 한 단계 더 청자에 접근했다.

그리고 당에 이르러 청자가 세련미를 더해가다가 만당·오대에 이르러 공예미가 세련되고 질적으로 완벽한 청자를 만들 수 있었다. 오대에 이르기까지 가장 대표적인 남방 청자가 바로 앞에서 말한 월주 청자이다.

그리고 중국 청자는 11세기 북송대에 중국 도자기 사상 가장 높은 수준에 달한다. 중국은 세계 어느 나라보다 훨씬 먼저 자기를 만들어냈고 그 문화를 특히 우리나라와 베트남에 전달했다.

고려 청자는 그렇게 중국의 품 속에서 태

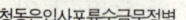

청동은입사포류수금문정병.

어나 독창적으로 중국을 능가해버렸다. 베트남 자기는 자질(磁質)은 그런 대로 중국 수준에 도달했지만 조형과 빛깔이 아류에 머물렀다.

녹청자와 대중화

청자 문화가 급속히 퍼져나가면서 일반 백성의 수요를 충당하기 위한 값싼 청자의 생산이 급증했다. 이것을 녹청자라고 한다.

녹청자는 흙 자체에 모래 등 잡물이 섞이고 번조한 후에도 기공(器孔)이 많고 유약도 잿물과 흡사하여 그 색이 녹갈색이다. 그리고 유면(油面)도 고르지 않다. 전체적으로 재질과 정성이 청자보다 몇 단계 아래 수준인 것이다.

해무리굽 청자의 비색은 아직 미진한데, 그런 채로 대중화되고 천박화되는가? 아니다. 고려시대는 지금 같은, 특히 우리나라와 같은 자본주의 시대가 아니므로 천박·대중화가 더 높은 경지를 추구하는 예술의 궁극을 방해하지 않고, 오히려 구분, 격려하는 시대이다. 물론 이때 예술 발전의 추동력은 지배계급의 수준 높은 수요였겠다.

고려 초기 강진의 해무리굽 청자 가마는 점차 확산된다. 다른 해무리굽 청자 가마는 없어지거나 녹청자 가마로 전락해간다. 그렇다. 명백한 구분의 단계이다. 강진 가마는 장보고와 직결된 최고의 가마. 그리고 강진 가마에 예술적인 총력이 집중된다. 강진 청자의 질과 형태, 그리고 문양이 안정되고 중국식 번조 수법과 제반 양식에 고려적인 변형이 가해지기 시작한다. 예종(1105~1122년) 때에 이르면 우리는 중국적인 것을 거의 청산한 자기와 만나게 된다.

여기까지가 고려 도자기 전기(前期)이다. 중기는 인종 1년(1123년)부터 몽고 대침략 직전인 고종 17년(1230년)까지. 인종 때부터, 즉 이자겸과 묘청의 난 와중에 고려 청자는 독특한 비색을 창출, 고려적인 아름다움을 창출한다. 그리고 무신의 난 서막이 열리는 의종 때에는 뛰어난 상감기법과 문양 구성이 만개(滿開)하는데다 모양까지 다종 다양해져 세계의 청자, 아니 그 정도가 아니라 청자의 세계, 혹은 진경을 펼쳐보이는 것이다.

예술적 경지

그렇게 청자의 그 무한한 깊이를 머금은 또 다른 비색은 무신의 난을 맞는 슬픔의 전화였을까, 아니면 지눌의 경우로 보아, 선종의 예술적 경지였을까? 아마 둘 다 였을 것이다.

아니 더 나아가자. 이때 민중들의 삶은 어땠는가? 굶주리고 헐벗었다. 예종 1년에 서해도 유주·곡주 등 전국 24개 현에서 유민이 발생했다. 인종 6년에는 거제도를 중심으로 해적이 대규모로 창궐했고, 묘청의 난은 서북지역 농토를 쑥밭으로 만드는 결과를 가져왔다.

의종 16년에 이천·동주·성주 등지에서 대규모 도적떼가 일어나고 한 달 후 도적 30명이 개경 궁궐을 습격한다. 그리고 정중부의 난 직전인 의종 16년 제주도에서 불법적인 공물징수가 자행되어 백성들이 봉기, 수령을 내쫓았다.

그리고 그 직후인 명종 2년, 창주(평북 창성)·성주(평남 성천)·철주(평북 철산) 등 서북지역 백성들이 관리와 수령의 애첩을 죽였다. 이들은 모두 탐관오리와 사찰의 횡포, 과도한 조세부담과 고리대를 견디지 못하고 농토를 떠난 농민들이다.

특히 고리대는 고려 봉건지배층이 부를 축적하는 주된 수단의 하나로서, 왕실과 정부관청, 그리고 사찰들이 고리대금업을 하는 것이 제도화된 상태였는데, 그 폐단이 이루 말할 수 없었다. 물론 백성들의 고난은 진흙 속에 있었다. 그리고 고려 청자는 물론 진흙 속의 연꽃이다.

그러나 더 나아가야 한다. 그 연꽃은 당시 승려들이 불교로써 피워

내는 데 실패한 반면, 아니 실패했으므로 백성들이 예술로써 피워낸 꽃이다.

무신이 집권한 시기부터 고려 자기는 질과 양식이 전성(全盛)의 답보상태에 머무른다. 그리고 몽고군이 침입하면서 전성기는 끝난다. 후기의 시작이다. 후기는 굴곡이 있다. 원종(1259~1274년)대와 충렬왕(1274~1308년) 초까지 고려 자기는 상품(上品)이 그래도 드문드문 생산된다.

그리고 충렬왕 10년 후 잠깐 청자의 질이 좋아지기도 했다. 그러나 그뒤로는 영영 퇴보였고, 그렇게 고려 자체의 멸망에 이르렀다. 자, 이제 곧장 전성기 청자의 세계 속으로 들어가 보자.

색과 형(形)

12세기 전반기야말로 청자가 세련미의 극치에 달하는 시기였다.

1123년(인종 1년) 북송 사람 서긍은 청자에 대해, '근년 이래 제작이 공교(工巧)하며 색택(色澤, 색의 윤택)이 더욱 아름답다'고 썼다. 북송 말경 태평노인이라는 사람은 '고려 청자의 비색이 천하 제일'이라고 적어놓았다.

그래, 색인가. 우선은 그렇다. 이때 비색 유약은 약간 불투명했고 빙열(氷裂)이 거의 없었다(1차 비색 완성). 인종 왕릉에서 출토된 청자 과형(瓜形, 오이 모양) 화병이 그렇다. 이 화병은 근엄하고 장중하다. 그 다음은 형(形)인가? 그렇다. 이 우수한 비색 유약의 완성과 더불어 중국식 '형태'가 거의 사라지고 고려의 자연에서 따온 독창적인 형태와 문양이 최고의 세련미를 과시하는 것이다.

그리고 그런 상태로 계속 진경을 파고드는 형태미의 추구가 이번에는 거꾸로 색의 변화를 유도, 유약이 조금씩 더 밝아지고(2차 비색 완성), 또 그것이 새로운 음각 · 양각 · 투각(透刻, 뚫어 파서 모양을 새

김) 문양을 창조하도록 자극한다.

왜 문신과 무신의, 정치와 종교·예술의, 유교와 불교의, 교종과 선종의, 왕과 신하의 관계가 그렇지 못했을까? 고려 청자는 저 청자와 형화병의 지극한 균형의 아름다움과 숭고한 깊이로써 우리에게 그렇게 묻고 있는 것일까, 아니 그 의문 자체를 저리 단아하고 순정하게 형상화한 것일까? '청자칠보투각향로'가 아니다. 청자칠보투각향로를 보라.

청자 비색에만 비추더라도 그 질문들은 아무리 소중하고 간절하며 긴박한 것일망정, 기껏해야 속되고 속되다. 그리고 그렇다. 비색이 아무리 은은하고 신비하단들, 형태가 아무리 세련됐단들, 고려 청자에는 비색과 형의 조화로운, 상생적인 합만으로는 설명되지 않는 그 무엇이 있어 일순 우리들의 호흡을 정지시킨다.

호흡, 정지? 그렇다. 고려 청자의 자태는 시간을 정지시키고 생명을 일순 시간 밖의 현상으로 느끼게 한다. 그렇다. 청자칠보투각향로. 비색은 색의 진정한 형상화, 그리고 형은 공의 진정한 형상화…….

아니, 거꾸로? 아니, 둘 다?

그 색과 공의 이중의 '형상화 혹은 흔들림'! 그것을 통해 보이는 '억겁의, 진리의 일순'! 그 모든 광경과 시간을 공간의 영역 속에 가두어버린 이 숨막힘! 그 숨막힘의, 아아 죽음 같은 아름다움, 그것의 저리도 편안한 뭉침과 펼쳐짐…….

청자 상감(象嵌)

상감이란 기체(器體)에 색다른 물질을 새겨넣어서 문양을 내는 장식법이다. 우리나라에서 청자에 상감기법이 적용된 것은 12세기 전반부터이고, 그 중엽부터 고도의 세련미를 갖추기 시작했다. 상감 과

청자상감 운학국화문표형주전자.

정은 이렇다.

모양을 잡은 소지(素地)가 반쯤 말랐을 때 조각칼로 문양을 음각한
후 그 속에 흰 흙 혹은 붉은 흙을 채워 바른다. 그것이 다 마르면 덧
묻은 것을 깎아낸다. 그러면 음각한 부분에만 흙이 채워져 있어서 온
정한 문양이 형성된다.

완전히 마른 후 초벌구이를 하고 그 위에 청자 유액을 입혀 재벌

구이하면 영롱한 비색을 통해 백색 문양과 적색(검은 색) 문양이 내비치게 된다. 이것은 고려 도공의 독보적인 기법으로서 세계 도자기 사상 가장 뛰어난 기법 중 하나로 평가된다.

1159년 사망한 문공유의 지석과 함께 출토된 청자상감 보상당초문(寶相唐草文, 보석 모양의 당나라 풀 무늬) 대접은 매우 발달된 상감 기법과 원숙한 문양배치를 보여준다.

유약이 1차 비색 완성시기보다 더 아름답다고 할 수는 없는데, 아마도 상감문양을 더욱 돋보이게 하기 위해 유약이 더 밝은 색 쪽으로 갔을 것이다. 왜냐하면 이 시기는 유약 수준도 최고조에 달할 때였다.

이 대접은 선이 유려하면서도 넉넉하다. 이것 또한 이 시대를 대표하는 양식이다. 문양이 사실적인 것을 도식, 양식화했으면서도 자연의 향기를 완연히 풍기는 것도 그렇다. 문양은 주(主) 문양과 종속 문양으로 구분된다. 그릇의 넓은 주변에 주 문양을, 입구나 굽언저리 등 주 문양 상하에 종속 문양을 배치했다. 주 문양은 사실적인 것에서 출발하여 공예장식 쪽으로 양식화되지만 회화적이다. 그리고 여백을 많이 살렸다. 그렇게 자연의 맛을 잃지 않은 것이다.

종속 문양은 동일 문양을 반복하는 공예장식이지만 한정된 공간만을 차지하고 주 문양의 상하 여백을 마무리, 그릇 공간 전체에 안정감을 주게 했다. 그렇다. 고려 청자 상감의 최고 수준을 보여주는 이 대접은 삶과 삶 사이 아름다운 죽음의 일상화이다.

고려적

고려 청자는 귀족의 높은 문화 향유 수준과 장인들의 예술가 정신이 합작해서 만들어낸 고려식 중세문화의 최고 걸작품이다. 이 '합작'은 물론 중세사회 예술의 주요한 특징이다.

케테 콜비츠, 〈전사통보〉.

　그러나 고려 청자는 서양 중세예술과 다르다. 서양 중세의 성당들은 물론 정교하고 웅장하며 또 숭고하지만, 고려 청자와 같은 하층계급 삶의 신산(辛酸)의 무게를 영원히 맑고 명징한 진리의 눈빛, 그 표정의 깊이로 표현해낸 구석은 정말 눈 씻고 찾아보아도 보여주지 않는다. 귀족계급의 거대, 세계관 지향에 속절없이 휘둘린 탓이리라. 이때 민중의 기여는 예술적 기여가 아니라 장인, 공예적 수준에 그치고 만다.

　고려 청자의 비색과 자태, 색과 형과 공이 이루는 완벽한 '열림과 넘나듦의 조화'는 가장 민중적인 것이 그 궁극을 지향하고 가장 귀족적인 것이 그 궁극을 지향하여 두 화살표가 궁극의 궁극으로서 만날 때, 서로에게서 자신의 궁극을 보고 육과 혼을 섞을 때, 그때 비로소 빚어지는 현실주의 예술의 중세적인 전범이다.

　그것이 고려적, 아니 고려 예술적인가? 아니 고려 예술 최고의 경지이고, 현실주의의 사회주의적 전범도 자본주의적 전범(이것이 가능

분청상감 운학국화문대접.

한가, 도대체?)도 실현되지 못한 이상, 아직까지 최고의 전범이다.

그러나 고려의 나머지 예술은 편벽되거나 저열하다. 서화와 음악은 귀족들의 호응을 받아 크게 융성했지만 중국 것의 수입과 모방 차원에서 벗어나지 못했다. 건축·조각·미술분야의 불교예술은 대체로 전반기의 의욕적인 작업에도 불구하고 통일신라의 수준에 미달했다. 석탑은 신라 모형을 그대로 계승했지만 예술성이 오히려 퇴보했다. 경기도 개풍 현화사의 칠층석탑이 그래도 고려의 독특한 형태를 갖춘 것으로 평가된다. 오대산 월정사 구층석탑은 송의 영향으로 팔각형이다.

불상은 영주 부석사 아미타여래상이 신라 양식을 계승한 걸작으로 꼽힐 뿐, 관측사 미륵불에서 보듯, 균형미조차 흐트러진다. 목조·석조 건축은 그래도 우수하고 또 특이한 것이 많다.

하지만 그것은 고려 비운(悲運)의 장에 더 어울리므로 이 책 말미로 넘기고, 우리는 도자기 이야기를 조선시대 훗날까지 이어보자.

그후

고려시대에서 예술은 국가권위를 위한 것에서 국가를 영위하는 '인간'을 위한 것으로 바뀌었다. 고려시대 예술의 한 특징은 생활공

예의 세련이다.

조선시대는 예술에 대한 대중의 향유와 참여라는 점에서 고려보다 한 발 더 성큼 나아간다. 무인 출신이 새로운 왕실을 꾸렸다. 양반계층이 새롭게 형성된다. 새로운 유학자가 등장한다. 그런 만큼 사회전 영역에 걸쳐 민중이 동참할 수 있는 기회가 넓어졌다.

그렇게 민예(民藝)가 번창한다. 경제뿐만 아니라 미의식에 있어서도 하부구조가 상부구조를 규정짓는 것이다.

조선시대 예술의 특징 중 하나는 인위적인 기교의 배제이다. 즉 자연스럽고 소탈한 정서가 주조를 이룬다. 민중이 예술창작 및 향유 과정에 널리 참여하여 자신의 미의식을 양반 문인계급의 미의식 속으로 혼융시킨 결과이다. 그 특징을 가장 집약적으로 보여주는 것이 바로 조선시대 분청사기와 백자.

고려 말, 조선 초에 상감청자 기류 중 문양이 기면 전체로 확대되고 유약이 투명한 담청색으로 변하고 형태도 그 색깔과 문양에 어울리게 변하는 현상이 눈에 띄는데, 그것이 분청사기(紛靑沙器)이다.

대개 도자기가 토기에서 도기·석기로, 그것에서 청자로, 청자에서 다시 백자로 이행하는 것이 세계적인 보편성인데 이 분청사기라는 우리나라 특유의 중간과정은 청자에서 백자로 이행하는 과정을 한층 풍요롭게 만들어주었다. 16세기까지는 분청사기와 백자가 조선 왕조 도자기의 주류를 형성한다. 분청사기와 백자는 그 특성과 외형이 다르지만, 둘 다 백색을 지향한다는 공통점이 있다.

백색을 지향

청자에서 백자로 넘어가는 과정에서 분청사기의 생애를 보자. 분청사기는 재료가 청자처럼 회색이고 유약은 색이 청자보다 훨씬 엷지만 그 질이 청자와 흡사하다. 그러나 대체로 얇게 발라져서 투명한 백색에 가까운 경우가 많다. 문양은 상감 혹은 백토 물에 담그는 방법이 있다. 백토 화장을 한 후 다시 이를 어떻게 긁어내느냐에 따라 여러 가지 종류의 문양이 탄생한다.

그런데 분청사기의 절정은 백토 화장을 보다 많이 하면서 특징을 살렸을 때이다. 그 이후에는 문양이 아니라 순전히 백토 분장만으로 거의 전면을 채워버린다. 백자는 처음부터 백토로 이루어지고 백색을 지향한다. 분청사기가 지향하는 것은 바로 백자이다. 그러므로 백자와 같아졌을 때 오히려 없어지게 된다.

그렇다면 분청사기의 예술적 생애는 무(無)인가? 아니다. 공(空)이다. 분청사기는 백자로의 지향 속에서 기존의 백자보다 더 나은 것을 발현, 기존의 백자를 자극했을 것이다. 더군다나 지향하는 바가 백색임에랴.

조선시대로 들어서면서 예술의 관계도 그만큼 복잡해지는 것일까? 아, 소비에트 체제는 왜 예술적 관계에서(도) 배우려는 노력을 하지 않았을까? 그러나 분청사기를 통해 백자로 넘어가는 과정이야 고려보다 현대적이고 복잡했지만, 그 결과로 탄생한 조선 백자는 고려 청자보다 예술성이 더 높지는 못했다.

예술의 수준은 떨어졌지만 더 대중적이 되었다는 것으로 우리는 위안을 삼아야 하는가?

민족적, 역사적?

그렇지는 않다. 조선 왕조는 조선 백자 제작에 처음부터 정책적으로 개입했다. 국초부터 전국의 가마를 대대적으로 조사하고 정비했다. 그 결과는 어땠는가? 우아하고 소박한 조선 백자는 조선 왕조의 청교도적인 유교정치로 인한 예술의 고답·학문화(정책)의 한 반영이고, 그 결과가 예술향유에 있어 문인·아마추어리즘의 소산이다. 물

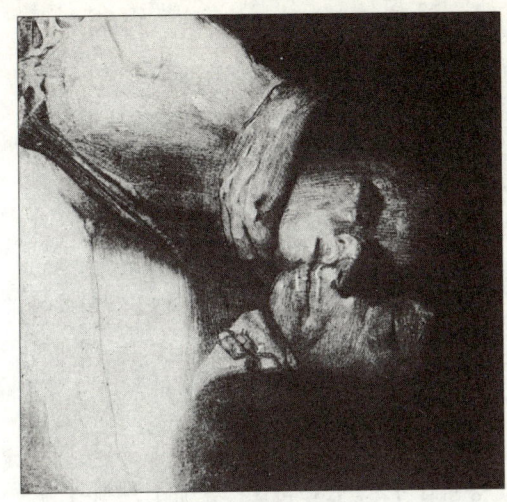

케테 콜비츠, 〈죽음과 아이를 위해 투쟁하는 여인〉.

론 예술의 저질화를 고의적으로 겨냥했을 리는 없겠다.

하지만 어찌됐든, 글의 독재가 고려 때보다 더 문민적인, 그러나 더욱 만연되고 집요한 방식으로 예술의 숨통을 쥔다.

조선 백자가 보여주는 여유와 넉넉함, 그리고 조금은 모자란 듯한, 그래서 편안한 소박함. 이것을 우리는 '한국인의 미의식'이라고 표현해왔다. 다른 한편으로, 우리 민족의 정서 주조가 한(恨)이라는 표현도 있었다.

서민적인 것과 양반적인 것이 혼용되어 있고 또 조선시대가 '민족' 개념을 형성해가는 '왕권국가'의 시기라고 할 때 이러한 '민족·정서' 주장은 언뜻 매우 타당하다.

그러나 우리는 민족적인 것에서 역사적인 것, 미래적인 것을 제거해서는 안 된다. 민족적인 것은 역사상 가장 가치 있는 것들의 계승, 발전과 더 드높은 가치를 추구하는 행위를 포괄하는 것이어야 한다.

고구려 최고의 가치, 신라 최고의 가치, 백제 최고의 가치, 그리고 통일신라 및 고려 최고의 가치, 이런 것들을 모두 계승·발전시켜 더 드높은 것을 이루지 못한다면, 그게 아니라면 왜 지금 굳이 '민족적' 인가? 민족이란 개념이 조선시대로의 복귀를 운명적으로 뜻한다면 '민족'이란 단어 자체를 내팽개쳐버리는 게 좋다.

서민적, 백제적?!

어쨌거나, 과거와 미래 양쪽에서 긍정적인 열린 개념으로 민족이란 단어를 쓴다면, 조선 백자의 미학은 민족적이라기보다는 백제적이다. 아니, 조선의 미학 전체가 백제적이다.

그렇게 본다면, 일본인 학자들이 한일전쟁(임진왜란)을 '도자기 전쟁'으로 부르는 것은 매우 흥미롭다. 일본은 여러 면에서 백제의 후예이자 광활한 열림이지만, 미학적인 면에서 특히 백제적인 것이다. 일본의 미학은 백제의 그것처럼, 또 조선 백자의, 조선의 그것처럼, 예술의 최고 가치보다는 일상화를 추구한다.

한일전쟁 중 조선 백자에 대한 일본의 탐욕은 정말 어마어마한 것이었다. 전국적으로 가마가 약탈, 파괴되었고 많은 자기장인들이 일본으로 끌려갔다. 한일전쟁을 계기로 조선의 도자기 발전은 커다란 타격을 입었다. 한일전쟁 직후인 광해군(1608~1623년) 연간에 궁중 연례 때 쓸 청화백자 항아리가 없어서 전국에 수배했다는 기록이 남아 있을 정도이다.

반면 일본은 이때부터 비로소 자기를 생산하게 되고 일거에 수준 높은 도자기 문화를 이룩한다. 도자기 문화 전체를 약탈해다가 제것으로 만들어버린 셈이다. 조선인 자기장인들은 극진한 대접을 받았고 그 대접에 도자기 예술로써 성실하게 보답했다.

그들의 노력으로 기형·번조기법·문양 등이 일본 생활환경에 맞게 급변하는 것이다.

전란의 아비규환과 민중생활의 고통 그리고 이역 땅 일본의 환대 속에서 꽃을 피워가는 조선 백자 문화. 조선 백자를 둘러싼 이 배경은 고려 청자의 배경과 비교할 때 물론 조선적이지만, 다시 백제적이 아닌가?

그후의 그후

그랬던가? 문화의 동질성에서 비롯된, 그것을 동경한 데서 추구된 전쟁이 그토록 잔학무도했던가? 어쨌거나 그후 조선 백자의 운명은 이중적으로 불행했다.

한일전쟁으로 분청사기는 종적을 감춘다. 백자는 한일전쟁과 병자호란의 상처를 머금었는지 더 희고 청순해졌다. 기형이 섬세하고 준수해졌으며 면을 대담하게 쳐서 각지게 하는 경우도 적지 않았다.

이것은 다시 귀족화인가? 17세기 후반경부터 상업자본이 발달하면서, 왕실에서만 사용하게 되어 있는 상품 백자에 대한 수요가 양반과 부호들에게서 생겨난다. 이것은 백자 예술에 좋은 계기로 작용했다.

상품과 중품의 구분이 없어지고 모두 상품을 지향하는 것이다. 18세기 전반기와 중기의 청화백자는 주제나 표현수법이 모두 독창적이며 '한국적인' 아름다움의 극치를 보여주고 있다. 그러한 조선 백자의 절정기는 어영부영 19세기 중반까지 이어진다.

그러나 힘이 없었다. 그리고 19세기 말부터 일본이 조선을 사실상 침략하게 되면서 일본 도자기가 대거 유입되고, 일본 자본이 대규모 도자기 공장을 국내에 설립하게 된다.

이것은 예술·문화적 침략은 되지 못했다. 일본 자기는 무미건조하고 선의 변화가 전혀 없었다. 그러나 그게 무슨 문제인가.

일본은 거대한 자본을 통해 두껍고 견고한, 그리고 매끈한 도자기들을 대량 생산, 조선의 도자기 시장을 삽시간에 석권해버린다. 나무로 불을 때고 발로 물레를 돌리며 손으로 빚어낸, 하나하나에 예술적 공을 들였던 조선 백자.

　그 도자기들은 얼마 후 모두 사라지게 된다. 독깨그릇과 질그릇을 제외하고는.

무신정권의 현장과 민란 10장

경대승에서 최충헌까지, 그리고

무신정권은 어떻게 고려를 통치해 나갔는가. 우리나라 역사에서 무신 혹은 군인들에 의한 정치는 어떤 공과를 남겼는가. 과오와 한계는 고구려의 경우처럼 운명적이었던가. 이 장에서는 또 작은 육체의 반란(무신 쿠데타)이 거대한 육체의 반란으로 폭발하는 매개로써 고려의 민란들을 살펴본다.

조위총/망이·망소이의 난/남과 북/청년 장교/중방과 도방/룸펜 프롤레타리아/권력 지향과 엉뚱한 욕심/사미·효심의 난/희·비극(喜·悲劇)/비둘기 한 마리/기습과 설계/문민성(文民性)/형제

조위총

다시 조위총의 난으로 돌아가자. 그는 개경 대 서경의 구도를 활용, 대군을 모았었다. 그러나 그 명분만으로 성들 간의 결속이 오래 지속될 리는 없다.

이의방을 죽이고 문하시중에 오른 정중부는 토벌군 대장으로 윤인첨을 다시 임명했다. 서경군은 아직 강했지만 조위총의 심복들이 포진한 연주성이 함락되면서 서북 여러 성이 항복해왔다. 조위총은 항복할 뜻을 비쳤다가 다시 번복하더니 금에 손을 내민다.

서경의 고구려적 확산인가? 아니다. 그 방법이 매우 치사하다. '정중부와 이의방이 왕을 내쫓고 시해하였으니 처벌해주소서. 절령 이북 40개 성의 성주 모두 금에 내속할 것을 맹세하오니……' 다행인가? 밀사 두 명 중 한 사람이 상대방을 죽이고 고려 조정에 항복했다.

그러나 조위총은 다시 서언을 보냈다. 금의 반응은 어땠을까? 거절. 금 왕은 서언을 잡아 고려로 보냈다. 아마, 옳은 판단이었을 것이다. 무신이 권력을 잡은 고려는 진취적이지는 않았지만 방어력이 매우 강했다.

서경군과 토벌군은 그후에도 공방을 거듭하지만 결국 토벌군의 협공작전으로 성이 함락되었다. 그후로도 조위총 무리들의 발호가 몇 번 있었지만 세력이 크지 못했고 금방 진압되었다.

이 난은 숱한 민란을 일으키는 계기로 작용했다. 조위총의 난은 개경과 서경의 대립이라는 형식을 띠었지만 난의 내용은 농민항쟁 쪽에 더 가까웠던 것이다. 그 전해에 가뭄이 극심했고 전염병이 돌아 많은 희생자가 났다. 그리고 조위총의 난이 한창일 때 충청도 일대에서 반란이 잦았다. 정말 충청도 지역이 심상치 않았다.

북쪽(北賊)에 이어 남쪽(南賊)도 터질 것이라는 예감은 이미 있었다. 그러나 그 정도가 아니었다. 조위총의 난이 평정되기 전인 1176년 1월, 남쪽 공주 명학소에서 터진 반란은 조위총의 난보다 더 심각한 대규모 민란으로 번졌다. 주동자는 망이·망소이.

망이·망소이의 난

명학소의 '소(所)'는 천민집단 거주지를 의미한다. 망이·망소이 난은 애초에 신분해방을 꿈꾸는 천민들이 주력부대였다. 그러나 곧 일반 농민들도 가세, 이 난은 천민집단의 신분해방 운동과 농민반란의 두 가지 성격을 결합하게 된다.

망이·망소이는 무리를 모아 스스로 산행병마사(山行兵馬使)라 칭하며 봉기, 공주를 함락시켰다. 고려 조정은 조위총의 난 때문에 경황이 없었으므로 우선 선유사를 보내 무마하려 했으나 여의치 않았다.

이에 고려 조정은 대장군 정황재에게 군사 3천을 주어 난을 진압케 하였다. 그러나 결과는 대패. 적이 당황한 조정은 명학'소'를 충순 '현'으로 승격시켜 난민(亂民)들을 달래는 등 위무책으로 돌아섰지만, 망이 · 망소이는 이에 응하지 않고 다시 예산과 충주까지 점령해 버렸다.

조정은 크게 놀라 대대적인 토벌작전을 전개한다. 그러나 백중세였다. 망이 · 망소이가 강화를 요청하여 휴전이 이루어졌다. 정부는 이들을 처벌하지 못하고 오히려 곡식을 주어 향리로 호송해주었다.

그러나 그 상태는 채 한 달이 가지 않았다. 난이 진정된 이후 조정이 군대를 보내어 난민 가족들을 가두자 망이 · 망소이는 다시 봉기한다.

이들의 세력은 엄청났다. 이들은 삽시간에 청주를 제외한 청주목 (충청도) 관내의 모든 군현을 장악하고 개경 진격까지 주장하는 등 그 기세가 하늘을 찌를 듯하였다. 그러나 이때는 조위총의 난이 대체로 진압 완료된 때였다. 조정은 강경책으로 선회, 충순현을 다시 명학소로 강등시키고 대대적인 토벌작전을 개시했다. 항복을 청하던 망이 · 망소이가 토벌군에 붙잡혀 청주옥에 수감됨으로써 망이 · 망소

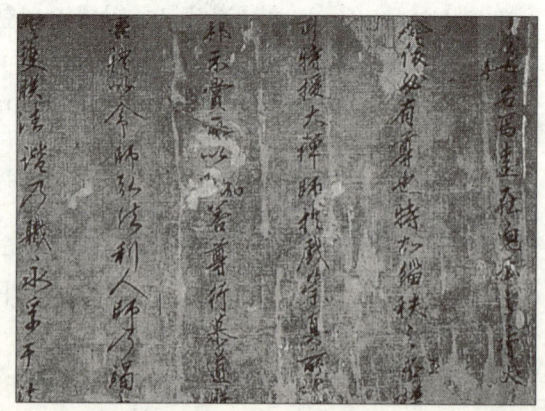

고려 고종이 진각국사 혜심에게 내린 제서.

이의 난은 완전히 진압된다.

이 난은 신분해방 운동의 선구로서 커다란 의미를 갖는다. 그리고 난 자체는 실패로 돌아갔지만 그후 '소' 등 천민집단 거주제도가 소멸되는 데 많은 영향을 끼쳤다.

남과 북

그런데 왜 조위총은 망이 · 망소이와 연합하지 않았을까? 남적과 북적이 연합했더라면 고려 조정은 아마도 버텨내기가 힘들었을 것이다.

서로 그럴 경황이 없었다? 그랬을지도 모른다. 또 조위총의 내심은 후에 드러나게 되는데 전혀 애국적인 것이 아니었다. 무엇보다 '국가 개념'이 아직 미숙했겠다. 그러나 이후로도 개경과 중앙을 향한 남쪽의 반란과 북쪽의 반란은 심심찮게 계속되는데 연합에 대한 논의는 한 번도 없었다. 이것은 매우 놀라운 일이 아닐 수 없다.

남과 북의 기질과 지향이, 그 지향의 방향선이 원래부터 그렇게 달랐던 것일까? 아니, 여기서는 문제가 더 악화된다. (외향이 아니라) 내향적인 무력 지향(군부 쿠데타)과 육체 지향(민란)이 강해질수록 지방색도 짙어지는 것이다.

가야산과 서해도에서 다시 봉기가 일어나고 미륵산 도적떼가 창궐하고 조위총의 잔당들이 아직 잔란(殘亂)을 일삼던 1178년 3월, 청주에서 청주 사람들이 개경에 적을 두고 청주에 살던 사람들을 모조리 때려죽이는 충격적인 사건이 발생한다.

이때 무신정권은 어디까지 진행된 상태였을까?

정중부가 아직 살아 있다. 그러나 종말이 가까웠다. 이의방을 죽인 정중부의 아들 균과 사위 송유인은 높은 벼슬을 차지하고 패악이 심했다. 정중부 또한 재물에 욕심이 많았다. 하인과 문객까지 정중부 권세를 믿고 횡포를 일삼았다. 이때 홀연히 청년 장교가 등장한다.

청년 장교

경대승. 그가 그 문제의 청주 출신이다. 아버지는 탐관오리였으나 그는 청렴했다.

아버지가 불법으로 토지를 취하는 것을 말렸을 뿐 아니라 아버지가 돌아가자 그 토지들을 하나도 취하지 않고 나라에 바쳤던 것이다. 그는 음서로 교위에 임명되어 벼슬이 장군에 이르렀다.

그의 생애에 전기가 된 것이 바로 위의 청주 사건이다. 그는 사심관 자격으로 청주에 파견되었다가 일을 제대로 해결하지 못했다는 이유로 파면되자 반역을 결심하게 된다. 이때 그의 나이 약관 25세. 방법은 기습에 이은 친위쿠데타이다.

대궐을 지키는 금군(禁軍) 장교 허승과 김광립이 그의 옛 부하였다. 첫 번째 습격 대상은 정균. 잔치를 끝내고 술에 잔뜩 곯아떨어진 정균은 비명 한 번 지르지 못하고 목이 떨어진다. 송유인도 마찬가지. 정중부는 소식을 듣고 황급히 피했지만 결국 도륙당했다.

정중부 일가의 몰락은 때가 찼던 까닭이다. 그는 권력을 쥐고 흔들었을 뿐 나라를 다스리지 않았다. 세상을 개혁하거나 미래를 설계하는 것은 그의 기질 혹은 능력과 무관했다. 그뒤를 이은 경대승은 어땠는가?

그는 청렴하고 또 강건했다. 또 나름대로 나라를 다스리는 철학을 갖고 있었다. 초기 정권은 매우 개혁적이었다. 그는 정중부 일파를 개경에서 몰아냈을 뿐 아니라 쿠데타 일등공신인 허승과 김광립이 행악을 일삼자 그들까지 처단했다. 그러나 피는 피를 부르고 무력은 무력을 부르다가 스스로 자신의 피비린내 나는 손에 경악, 잔혹에의 길에 더욱 몰두하게 된다.

그가 집권한 지 채 몇 달이 안
되어 개경에서 폭동이 일어난다.
그가 유혈진압했음은 물론이다. 이
듬해 대정(隊正) 한신충·채인정·
박돈순이 반란을 일으킨다. 그는
갈수록 공포정치를 심화시켰고 스
스로도 공포를 느꼈다.

중방과 도방

유언비어라 할지라도 잡아가두
고 친히 국문(鞫問)하는 등 형벌이
무자비해졌다.

프리츠 랑 영화, 〈살인자 M〉 중.

그는 권력을 잡자마자 종전 최
고 권력기구인 중방을 폐지하고 도방을 만들었다. 최고 무사 1백여
명으로 구성된 그 도방이 그의 신변을 밤낮 없이 지킨다.

그러나 그는 마음이 놓이지 않았다. '어리고 잔혹한' 청년 장교 경
대승에 대한 무신들의 반발은 뿌리깊고 만연했다. 경대승은 집안에
틀어박혀 나라의 모든 일을 처리했고 바깥에서는 도방의 군사들이
거리를 쏘다니며 그 행패가 자심했다. 아니, 그 정도가 아니다. 도적
의 무리들이 도방을 사칭하며 지방을 휘젓고 다녔다.

1182년 2월에 관성(충북 옥천)과 부성(충남 서산)에서 수령의 탐학
을 견디지 못한 농민들이 봉기. 관리와 하인들을 죽이는 사건이 발생
한다. 그리고 한 달 뒤 전주에서 역에 동원된 관노들이 난을 일으켰
다. 사회는 갈수록 어지러워졌다. 그리고 어떻게 되었는가? 그는 공
포와 불안으로 인해 병을 얻어 자리에 누웠다. 그리고 삼십 수를 넘
기지 못하고 세상을 떠났다.

경대승. 그는 청렴하고 포부만만한 청년이었지만 자신의 권좌를
지킬 수단이 무력, 그것도 지극히 사적인 무력밖에 없었다. 도방정치
는 분명 정권의 전제화보다 치명적인 사유화·부랑자(룸펜)화를 뜻한
다.

그러므로 경대승이라는 '고리'는 무신정권의 인간화나 개혁화에 도
움이 되지 못했다. 아니, 장애가 되었을 뿐이다.

룸펜 프롤레타리아

경대승의 뒤를 이은 사람은 이의민. 그는 정말 천민·부랑배·깡
패 출신이다. 아버지는 소금장수, 어머니는 절의 노비였다. 신장 8척
의 거구에 힘이 장사였고 용감무쌍했다. 룸펜 프롤레타리아트. 확실
히 무신의 난, 그리고 육체의 반란은 신분제도를 혁명적으로 개혁하
는 면이 있음을 우리는 그를 통해 알게 될 것이다.

그는 고향 경주에 있을 때 매일 주먹을 휘두르며 싸움만 하고 다
녔다. 그의 주변에 불량배들이 하나둘 모여들면서 이의민 패거리들
은 경주의 큰 골칫거리로 부상했다.

그를 출세시킨 것은 경주 수령(안렴사) 김자양이다. 이의민을 여러
차례 가두어도 소용이 없자 그가 궁리 끝에 이의민을 경군(개경을 지
키는 군대)에 입대시켜버린 것이다. 그가 권력에 욕심이 있었던 것은
아니다. 시대가 그를 영웅으로 키운 것도 아니다. 그는 육체반란의
시기에 육체의 본능을 좇고 과시하다가, 도적 수령도 아니고 한 나라
의 최고 권력자 위치에 오른 세계사에서 가장 기이하고 불유쾌한 인
물 중 하나이다.

왕의 호위병으로 뽑힌 이의민은 뛰어난 오병수박희 솜씨로 의종의
눈에 들었고 계급이 쑥쑥 올라갔다. 그러다가 정중부의 난에 가담,
중랑장이 되었다가 이내 장군으로 승진했는데, 그가 죽인 사람이 그

만큼 많은 까닭이다.

그가 정중부의 명으로 의종을 살해했음을 우리는 이미 알고 있다. 비록 상관의 명이라고는 하나 밀명·담합의 성격이 짙었을 것을 감안하면 이의민의 배은망덕과 파렴치, 그리고 피에 대한 본능적인 굶주림 등이 집약적으로 드러나는 대목이겠다.

조위총의 난 때 공을 세워 그는 무신 최고직인 상장군에 올랐다. 그러나 그는 그냥 무식하고 힘센 장군이었다. 그를 '정적(政敵)'으로 '대우'해주는 사람은 별로 없었다. 경대승이 이의민을 즉각 제거하지 않았던 것은 그의 그런 면모 때문이었을 것이다. 즉 이의민은 누구의 파도 아니며, 또 최고 권력 자체를 지향할 만큼 복잡한 인물도 아니라는 것. 그는 달래두어야 할 야수 정도였던 것이다.

권력 지향과 엉뚱한 욕심

어쨌거나 그는 경대승의 조정에 의해 형부상서 상장군에 올랐지만 고향인 경주로 내려가 있었다. 아마 그 당시 불편한 심기였겠다.

그런데 경대승이 병으로 죽었단다. 그런가?…… 그랬지만, 경대승이 죽고 나니 그 위에 아무도 없다! 그는 갑자기 광포해지기 시작한다. 이젠 자신이 보살펴주겠노라고 왕에게 협박조의 글까지 보낸 것이다.

이건 권력의지가 아니라 엉뚱한 욕심이다. 그리고 이 엉뚱한 욕심은 매우 우스꽝스러운 지경에까지 치닫는다.

왕은 이의민을 개경으로 불러올리지 않을 수 없었다. 이의민은 중방정치를 부활시켰다. 그러나 그 중방에 들어앉아 한다는 짓이 무사들과의 팔씨름이었다. 그가 소탈하고 부하들과의 인화가 좋았다는 이야기가 결코 아니다.

그것은 피비린내 나는 팔씨름이었고 왕은 그 팔씨름에 밀려 대궐

한 귀퉁이에서 숨도 제대로 쉬지 못했다.

이의민 일가와 이의민 조정의 약탈과 사치행각은 전대(前代)를 무색케 했다. 세상은 더 뒤숭숭해졌다. 교위 장언부 등이 권세가를 축출하려는 모의를 하다 반역혐의로 체포되고 진주와 안동에서 수령의 탐학에 저항하는 백성들의 반란 모의가 발각되었다. 서북지역 순주 귀화소에 갇혀 있던 도적 수백 명이 탈출했다. 그리고 1190년 7월 경주에서 대규모 농민항쟁이 발생한다.

사미·효심의 난

이 농민항쟁은 다분히 정치적이고 복고적이었다. 슬로건이 '신라 회복'이었던 것이다. '왕(王)씨 기운이 다하고 십팔(十八) 자, 즉 이(李)씨가 왕이 된다'는, 남방형 도참도 떠돌았다.

이때 이의민의 대응이 참으로 어처구니없다. 경주에 이씨라면 나 아닌가…… 권력 지향이 없는 그의 엉뚱한 욕심이 엉뚱한 짓을 초래한다. 자, 그쯤 하고 난의 경과를 지켜보자.

김사미는 경상도 운문(청도)의 농민으로서 그 부근의 농민, 특히 유랑농민을 규합했다. 효심은 초전(울산)을 근거로 농민반란군을 조직했다.

이 당시 경상·전라·양광도는 기근이 극심해서 동경(경주)을 비롯한 각지에 '남적'의 폭동이 확산되는 추세였고 이 두 난은 그 기운을 거대하게 빨아들이며 삽시간에 가공할 민란으로 커갔다. 사미의 반란군과 효심의 반란군은 서로 정보도 교환했고 작전도 상의했는데, 그게 가능했던 것은 둘 다 신라 부흥을 표방했기 때문이다. 두 반란군이 형성한 연합세력은 고려 조정을 크게 위협할 정도였다.

이의민은 자기 아들 이지순을 토벌대 장교로 보내면서 김사미·효심 등 반란군 지도자와 은밀히 내통하게 한다. 이의민은 정말 '도참'

에른스트 루드비히 키르히너,
〈알몸의 무용수〉.

의 힘으로 왕이 되고 싶었다. 아니면 개경의 왕을 직접 겨냥했으리라.

사미와 효심은 이의민의 엉뚱한 욕심을 신라 부흥운동에 활용하고 싶었다. 둘의 내통은 매우 쉽게 이루어졌다. 순수한 농민운동이 정치적인 신라 부흥운동으로 되면서 본말이 전도된다.

아니 '신라 부흥'이 암시하는 농민항쟁 주도세력의 복고주의적 한계와 이의민의 엉뚱한 도참신앙이 그렇게 결합될 운명을 처음부터 가지고 있었던 것이겠다. 어쨌든 토벌군은 사미·효심의 반란군에 번번이 깨졌다.

희·비극(喜·悲劇)

이의민의 아들 이지순은 토벌군의 작전기밀뿐 아니라 의복·식량·신발·버선 등 군수물자까지 공공연히 지원했다. 이때 토벌군 대장 전존걸은 자살을 택하면서 이런 말을 남겼다고 한다.

법에 따라 이지순을 처벌하면 그의 아비가 나를 죽일 것이고,

처벌하지 않으면 적의 세력이 더욱 강해질 것이다. 그러니 장차 누구에게 죄가 돌아갈 것인가?

사미 · 효심의 난 지도자 중 일부는 이의민과 집안으로 아는 사이였다. 그들은 '천비 출신이지만 그래도 경주 출신인' 이의민을 원했던 것이다. 그렇다. 남쪽의 혈족 지향과 지방색 또한 이토록 강했다. 그러나 이때 이미, 이것은 얼마나 희화화되고 건달화된 신라인가.

또 그 속에 명장 전존걸의 자살은 얼마나 난처한 비극인가. 무력에 의한 쿠데타가 아무리 신분제도의 대변혁을 가져오는 장점이 있다고는 하지만, 아직은 하부의 상승이 아니라 상부의 전락에 그칠 수밖에 없다는 뜻이겠다.

전존걸은 전사로 처리되었고 최인이 후임으로 내려왔다. 이진순은 반란군과의 내통을 중단했고 최인은 잘 싸웠다. 반란군의 형세가 불리해지자 이의민은 태도를 바꾸어 그들과 손을 끊었다.

김사미는 투항했지만 참형을 당했다. 효심도 붙잡혀 반란은 평정되었다. 그러나 장차 누구에게 죄가 돌아갈 것인가? 고려 자체에 돌아갈 것이다. 명장 전존걸의 자살은 바로 고려의 자살이었다.

그리고 이의민은 계속 1인자로 권력을 휘두른다. 마치 아무 일도 없었다는 듯이. 가족들의 탐학이 극에 달하여 항간에서는 그의 두 아들을 쌍도자(雙刀子)라고 불렀다.

그러던 1196년 어느 봄날 최충수의 집 대문 밖이다. 최충수는 섭장군 최충헌의 동생.

비둘기 한 마리

대문 밖에서 비둘기가 사람도 무서워하지 않고 모이를 쪼아먹고 있다. 평화의 비둘기인가? 아니다. 길게 보아서는 혹시 모르겠지만 당장은 그 정반대이다.

검은 손이 그 비둘기를 잡아챈다. 이의민의 아들 이지영 집 하인이다. 하인은 비둘기를 들고 이지영 집 안으로 사라졌다. 그것을 최충수가 보았다. '아니 저런 괘씸한…….' 아마 하인보다 집주인이 더 미웠으리라.

최충수는 이지영 집 대문을 활짝 열고 들어섰다. 이때 이지영은 대청에서 술상을 받고 앉아 있었다. '우리 집 비둘기를 댁의 하인이 훔쳐갔소. 어서 돌려주시오…….'

그는 아마도 필요 이상으로 악을 질렀을 것이다. 이지영이 호통을 쳤다. '아니, 저놈이 여기가 어디라고…….' 이지영은 그렇게 최충수를 결박케 했다. 그리고 볼기를 치고 이틀이나 가두었다가 풀어주었다. 최충수가 최충헌에게 이 일을 하소연했을 것은 당연하다. 두 형제는 적당한 기회를 보아 이의민을 제거할 계획을 짰다.

그러나 최충수의 비둘기는 정말로 우연한 매개, 그것도 아주 부정적인 매개에 지나지 않는다. 최충헌은 오랜 세월 동안 준비하고 있었다. 다만, 그는 황해도 출신 역전의 용사로서 무신의 난 때 두각을 나타내고 조위총 진압 때 큰 공을 세워 25세에 섭장군으로 초고속 승진한 후 그 자리에 16년 동안이나 있었지만 이의민과 정면으로 맞설 힘은 없었다.

그러므로 그는, 아니 그도 극비리의 기습작전을 쓸 수밖에 없었다. 아우 최충수, 그리고 생질 박진재 등이 그 일에 적격이었다. 비둘기 이야기는 대충 그런 사정을 암시한다.

기습과 설계
최충헌 일파가 이의민을 습격한 것은 1196년 4월 9일. 4월 초파일 다음날이었다.

왕은 신하들을 거느리고 보제사로 봄놀이를 갔다. 이의민은 병을 핑계 대고 가지 않았다. 뭐, 서로 속 편하고 좋은 일이었겠다. 어쨌거나 이의민은 혼자 자신의 미타산 별장으로 갔다. 최충헌 형제와 생질이 심복 수십 명을 데리고 그뒤를 밟는다.

별장 안으로 들어갈 수는 없다. 숫자가 워낙 열세인 것이다. 이의민은 분명 술판을 벌일 것이지만 그때도 쳐들어가서는 안 되고, 술에 취한 그가 나올 때 덮쳐야 했다.

얼마를 더 기다렸을까, 마침내 이의민이 대취하여 비틀걸음으로 나온다. 그뒤의 부하들도 마찬가지이다. 부하들과 팔씨름을 즐기는 그이니 그럴 만도 하다. 최충수가 먼저 칼을 날렸다.

최충헌은 아우를 이때 버리려 했던 것일까? 아무리 취했단들 최충수가 천하 제일의 장사요, 오병수박희의 달인인 이의민의 상대가 될 수 없었다. 이의민이 몸을 재빨리 피하고 칼을 뽑아든다.

다행히 최충헌이 뒤에서 그보다 조금 빨랐다. 이의민은 털썩 하고 땅바닥에 쓰러졌다. 최충헌 부대는 술 취한 이의민 부하들을 모조리 도륙해버렸다.

최충헌은 그 즉시 장군 백존유를 찾아간다. 그렇다. 그는 오래도록 준비해왔고 이제 최초로 무신정치를 '설계'할 것이다. 그는 무신 최초의 진정한 정치가였던 것이다. 그가 기초한 최씨 정권은 4대 60년 동안 이어진다.

비둘기는 무엇이었던가? 최충헌에 한해서는 평화의 상징이었다. 그의 시대는 '군사·평화'의 시대이다. 그러나 아직까지는 길이 멀다. 무엇보다 동생 최충수가 장애물이다.

문민성(文民性)

그것은 그가 기습작전이라는 전대 무신들의 잔재를 벗기 위해 치

러야 할 대가였겠다. 어쨌거나,
이의민의 두 아들이 몰고 온
군대를 백존유와 힘을 합쳐 물
리친 후 최충헌은 곧장 대궐로
들어갔다. 왕에게 고한 그의
명분은 이렇다.

이의민이 일찍이 시역(弑
逆, 의종 살해)을 범하고,
생민(生民)을 포학하게 침
해하고 대보(大寶, 왕위)를
엿보므로……. 신 등이 토
벌하였으나 다만 일이 누

이브 탕기, 〈그 가족을 의심스럽게 바라보는 죽음〉.

설될까 두려워 감히 윤허를 받지 못하였으니 죽을 죄입니다.

물론 진심일 리 없다. 그리고 떨기야 왕이 벌벌 떨었겠다. 그러나
우리는 이 문구에서 전대 무신권력자들에게서는 보지 못한 문민성
(文民性)과 계획성을 느낄 수 있다. 그는 성급하게 세력을 휘두르려
하지 않았고 민심을 수습하는 데 우선적으로 노력했다.
　그는 폐정의 개혁을 요구하는 〈봉사십조〉를, 동생과 함께 왕에게
올린다. 쓸데없는 관리를 줄일 것, 권세가들의 백성 재산 약탈을 엄
금할 것, 승려의 왕궁 출입과 왕실의 고리대금업을 금할 것, 청렴하
고 강직한 사람을 관리로 채용할 것, 조신들의 사치스런 생활을 금할
것……. 그게 주요 내용이었는데, 물론 허술하지만 그 내용이 매우
혁신적이고 또 유교적이다. 무신 권력이 스스로의 육체적 무정부주
의에 지쳐, 유교정치학을 요하게 된 것일까? 아마도. 그리고 그 '유

교정치학'은 상당한 위력을 발했다.

최충헌은 방법조차 매우 급진적이었다. 그는 왕의 측근자 50명을 추방하고 그 이듬해까지도 왕이 〈봉사십조〉를 지키지 않자 폐위시키고 그 아우를 신종(1197~1204년)으로 세웠다.

그렇다. 그는 전대의 여느 무신권력자 못지않게 독재적이었다. 그는 후에 또 한 차례 왕을 갈아치운다. 그렇다. 무소불위의 권력을 오만방자하게 휘둘렀던 이의민조차도 왕은 갈아치우지는 않았다.

그러나 여기서 우리가 고려 왕조의 운명에 목을 매달 필요는 없다. 그렇다. 이의민은 왕을 갈아치울 생각이 있을 만큼 국가의 장래까지 염려했던 위인은 아니다. 최충헌은 그 정반대의 인물이다. 그 '정반대'라는 말이 좀 꺼림칙하지만.

형제

이제 아우 최충수가 장애로 나선다. 신종을 세우고 기고만장해진 그는 보다 큰 권력을 탐냈다. 부하들이 꾀를 낸다. 왕실과 손을 잡으소서……. 비극의 반복인가? 최충수에게 혼기에 다다른 딸이 있었던 것이다.

태자비로 들여보내야 할 텐데, 태자비는 이미 있었다. 최충수는 행실이 나쁘다는 누명까지 씌워가며 태자비를 쫓아내고 자기 딸을 태자비로 결정해버렸다. 최충헌이 듣자니 어이없고 괘씸한 일이었다.

최충수를 불러다가 혼찌검을 냈지만 최충수는 용서해달라고만 할 뿐 일을 되물릴 기색이 전혀 없다. 사실 이때 최충수의 힘은 최충헌과 견줄 만했다. 어찌할 것인가? 혼례 전날 밤인데 생질 박진재가 다시 등장한다. 아, 또 비극의 반복인가? 박진재는 대궐을 점령하여 혼례를 막을 것을 권했다. 최충헌도 그런 생각이 있었을 것이다. 그러나 생질의 편듦이 그를 크게 고무시켰다. 최충헌은 곧 군대를 이끌고 그날 밤으로 대궐을 점령했다.

최충수도 자기 군사를 몰고 대궐로 향했다. 그는 흥국사에서 최충헌의 군대에 크게 패했다. 그리고 훗날을 도모하기 위해 임진강 장단을 건너 파평현(파주) 금강사까지 도주했지만, 추격자에게 살해되었다.

이로써 하나의 혈연적 고리가 끊긴다. 생질이 남았던가? 박진재는 약 10년 후인 1207년, 그때쯤이면 많은 문객들을 거느리게 되는데, 최충헌에 대한 불만을 일삼다가 귀양에 처해진다.

이해는 이규보를 등용하여 문운(文運)의 중흥을 꾀하는 무신정권 자체혁신, 혹은 자체 문민화의 해이다. 기습작전의 혈연 잔재가 끊기고 무신정권의 독재적 안정이 쟁취된 후 비로소 '문민'을 품는가? 이것은 발전인가, 퇴보인가? 이것은 문민인 이규보로서, 변절인가, 현실 참여인가? 하지만 그것은 장을 넘겨 이야기할 대목이다. 그리고 그것을 다루기 전에 우리는 신종 1년에 발생한 만적의 난을 먼저 살펴보아야 한다.

무신정권, 스스로 문민을 요하다   11장

만적의 난, 기타

　만적의 난은 비록 사전에 발각되었지만 그 의의는 내
적·외적으로 크다. 그것은 분명 폭발수준에 도달한
어떤 상태의 반영이었고 또 최충헌 무신정권의 향방
에 알게 모르게 영향을 끼쳤다. 민란의 정치적 수준은
어떻게 발전해왔는가? 그 수준에 어떤 운명적인 한계
라는 것이 있는가? 무신정권이 유교를 요(要)하게 되
는 내적인 경위는? 소위 '문민정부'를 사는 오늘의
시각으로 무신정권의 실상을 살피고 역사적인 비교평
가를 내려보자.

농민의 난

농민은 농경사회가 형성되면서 자연히 생겨났다. 우리나라에서 안정된 농민층이 형성된 것은 서기 1세기경. 김해지방 원시취락에서 수도작(水稻作) 농업이 이루어지면서부터이다.

그러나 다른 계층과 구분되면서 농민이라는 신분이 모습을 드러내는 것은 신라 때이고, 고려시대에 접어들어서도 농민의 사회적 신분이 아주 명료하지는 않다. 농민의 문제는 농사의 문제일 뿐 아니라 땅과 의식의 문제인 까닭이다.

고려 초기에 제정된 전시과(田柴科)제도는 주로 문무백관에게 토지와 시지를 분배해준 관(官) 중심의 토지제도였다.

농민층은 직역(職役)을 부담하는 정호(丁戶)와 부담하지 않는 백정(白丁)으로 나누어졌다. 토지로 보자면 정호는 토지를 '배급'받는 반면 백정은 대대로 상속되는 경작지의 소유자이다.

토지를 하사받은 관리는 지주로서 농민을 지배하는 것이 아니고 토지의 전조(田租)를 일정기간 취득할 뿐이다. 그러므로 농민은 가끔 국가에 노동력을 징발당하는 것말고는 자유롭게 경작에 종사할 수 있었다.

그러나 권세가들이 토지를 무단으로 개인 소유하게 되면서 농민들은 공·사노비로 전락하는 등 신분적인 예속뿐 아니라 무거운 소작료까지 부담하게 된다. 고려의 그 숱한 농민항쟁은 그런 경제적·토대적인 근거를 갖고 있다.

그리고 그 항쟁이 거꾸로 농민들의 계층의식을 깊이 자각시킨다. 농민항쟁은 고려를 멸망시킨 주 원인이었다. 그리고 그렇게 자각된 농민의식을 조선의 건국 지배계층이 제도화하면서 비로소 농민이란 계층이 완성되는 것이다.

그렇지만, 이때 농민항쟁은 정치적 의식이 다분히 복고적이었다. 북적이 고구려 부흥운동과, 남적이 신라 부흥운동과 불가분으로 결합되고, 그런 만큼 북적과 남적의 연합이 불가능해지는 까닭이다.

노비의 난

만적의 난은 최충수와의 갈등이 발생하기 전에 모의되었다. 그리고 사전 발각되었다. 그러나 최충헌에게는 그 무엇보다 충격적인 일이었을 것이다. 딱히, 자신의 노비가 모의한 반란이라서가 아니다.

고려 사회는 엄격한 신분질서가 강조되었다. 특히 노비의 사회적 처지는 가장 열악하였다. 그러나 중기 이후부터는 사정이 좀 달라진다. 권신(權臣)들이 권력을 휘두르면서 그 노비들까지 덩달아 '끗발'을 행사하는 것이다. 특히 무신정권기에 들어서면서 그 현상은 매우 심화되었다. 우리는 정중부 집안 노비들의 행패가 자심했던 것을 보았다. 경대승, 이의민을 거치면서 그 현상은 더욱 현저해졌다.

도방의 무리들이 못된 짓을 일삼고 도적의 무리들이 '도방'을 자처하는 등 물고 물리는 상황에서 '누구 집안의' 노비라는 것은 확실한 보증이 될 수도 있었을 터. 그리고 마지막으로, '비둘기 사건' 자체가 이의민(아들) 집안 노비의 세과시(勢誇示)를 주인이 받쳐주는 것과 다름없었다.

그러나 정말 근본적인 것은 천민 출신이 관직에 오르고 출세를 하고, 심지어 이의민의 경우처럼 최고 권력자 지위에 오르는 현상이 천민들의 의식구조에 미치는 영향이다. 전술한 사례들과 달리 이 현상은 주인·노비 관계 그 자체를 뿌리째 뒤흔들었기 때문이다.

우리가 보았듯이, 신분해방을 위한 반란은 수차례 있었다. 아니, 모든 농민·천민반란이 그러한 성격을 갖고 있었다. 망이·망소이의 난, 사미·효심의 난이 모두 그랬다.

노예들의 봉기도 만적의 난이 처음은 아니다. 만적의 난보다 16년 앞서 전주에서 관노들이 봉기를 일으켰고, 2년 전에는 최충헌 집권에 반발하여 상장군 길인이 군사를 일으켰을 때 노비들도 이에 참여했다.

그러나 만적의 난은 다르다.

충격적

무신의 난 이후 고관이 천한 노예에서 많이 나왔다. 장상(將相)에 어찌 종자가 있겠는가. 때가 되면 누구나 할 수 있는 것이다.

만적 등 6명의 노예가 개경 북산에서 나무를 하다가 공·사(公·私)노예들을 불러 모아놓고 펼친 주장은 그랬다. 거사계획은 더욱 충격적이다.

몇날 몇시에 다시 모여 궁중으로 몰려가 난을 일으킨다. 환관과 궁녀들의 호응을 받아 먼저 최충헌을 죽인 후 각기 자기 주

빈센트 반 고흐가 반복해서 그린 광부들.

인들을 죽인다. 그리고 천적(賤籍)을 불태운다.

몇날 몇시에 모인 사람은 수백 명이었다. 그 숫자로는 되지 않겠으므로 만적 등은 4일 후에 다시 모이기로 하고 헤어졌다. 그러나 율학박사 한충유의 종 순정이 배신, 자기 주인에게 그 일을 고했다. 반란은 실패로 끝나고 만적 등 1백여 명이 죽음을 맞았다.

그러나 진실로 충격적인 것은 거사 준비의 허술함이다. 나무를 하다가 즉석 연설을 했다? 그건 그렇다 치자. 그렇게 하여 '수백 명'이 모였는데, 4일 후 다시 모이기로 했다? 여기서 '순정'이란 밀고자는 전혀 중요하지 않다. 이 정도이면 모의가 어떤 경로를 통해서든 알려질 것이기 때문이다.

모의과정은 허술하게 시작하여 공개적인 성격을 노골적으로 띤다. 이것은 무슨 뜻일까? 여기서 무신정권과 노비의, 무력과 육체의 대비가 너무도 단순하고 극명하므로 우리는 어떠한 정치적 음모의 개입도 짐작할 수가 없다. 그렇다. 정반대이다. 이것은 노예반란이 노예들 스스로에게 매우 당연하고 또 일상적인, 굳이 숨길 필요가 없는 일로 여겨졌다는 것을 뜻한다.

사전에 발각되면 죽을 것임을 만적 등이 몰랐다는 게 아니다. 죽음까지도 포함된 반란이 노예에게 일상으로 여겨졌다. 최충헌 등 무신정권 권력자에게 충격을 준 것은 바로 그 점이다. 만적 이후 노비 50여 명이 또 난을 모의하다가 산 채로 수장(水葬)된다.

육체의 두려움과 깨달음

아, 그랬던가? 최충헌은, 아니 무신정권은 자신의 행위가 가져올 파멸적인 결과를 두려움으로 깨닫게 된다. 야만적인 평등으로 가는 육체의 길을 육체 스스로 깨닫게 되는 것이다.

아직 육체의, 반란의, 파멸적인 결과는 그 전모를 드러내지 않았다. 그리고 그 정도 상황에서 최씨 정권은 유교정치학을, 문민을 요(要)하게 될 것이다. 하지만 그것이 모종의 파멸적인 대폭발을 막지는 못할 것이다. '무신의 문민정부'는 단지 정중부보다 더 오랜 휴지(休止)였을 뿐이다, 더 거대한 폭발을 위한. 만적의 난은 최초의 신분해방 운동도, 최후의 노비해방 운동도 아니다.

1200년 전주에서 공·사노예들이 반란을 일으켜 합주 민란에 가세했고, 같은 해 밀성(밀양)에서 관노 50여 명이 은그릇을 훔쳐 운문(청도) 민란에 합세했다. 그럼 왜 굳이, 그것도 '실패한' 만적의 난인가? 무신정권의 문민화를 직접 자극했기 때문이다. 고려 전기 천민반란들은, 만적의 난으로 인하여, 엄격한 신분사회에서 탈피하는 원동력 그 자체는 아니지만 무신정권 육체가 스스로 자신의 결말에 대해 반성하는 계기로 작용하게 된다.

육체는 평등·해방을 지향하되, 그 지향만으로는 야만적인 저열화를 면치 못한다. 문화·정치 등 이성의 행위는 야만을 벗는 데 유효하지만 계급구조를 온존시키는 데 악용되기 십상이라, 못지않게 야만적이다.

민란, 특히 무신정권기의 민란은 그렇게 무신정권의 최악을 보여주면서 무신정권에게 무신정권의 개량을 요구한다. 이 개량은 정권 유지용 자구책일 뿐 아니라, 무신의 난과 민란에 의해 와해되는 봉건제·신분제도 자체를 유지시키려는 자구책인 것이다.

스스로 문민·개량화를 추구할 때가 사실은 가장 반동적인 시기라는 것. 이것이야말로 고려 무신정권의 역사적이고 비극적인 운명이다. 민란도 그 운명을 공유한다. 그렇다. 역사는 육체와 육체의 대결에까지 이른 것이다.

유혈

1200년 진주에서 있은 노비들의 반란은 정방의의 난으로 번졌다.

정방의는 진주 향리이다. 공·사노예가 난을 일으켜 주리(州吏)들의 집 50여 호를 약탈하고 불을 질러 그의 집에까지 번졌다. 놀란 그가 활과 화살을 들고 나타났는데, 그것을 높은 관리가 반란으로 의심하고 붙잡아 고문했다.

그는 증거가 없어 풀려났다. 하지만 이번에는 목사 이순중이 다시 그를 잡아들여 국문(鞫問)하려 했다. 정방의의 동생 창대가 참다 못하여 옥을 깨고 그를 부축하여 도망갔다. 둘은 무리를 지어 평소 원한이 있던 자들을 죽였는데, 그 숫자가 물경 6,400여 명이었다. 이 난은 향리의 신분이 격변하는 것을 보여주는 동시에 당시의 난이 얼마나 유혈 낭자한 지경에 이르렀는가를 보여준다.

그뿐이 아니다. 진주 사람들은 합주(합천)에서 난을 일으킨 광명과 계발의 무리들을 끌어들여 이 난을 진압하려 했다. 그리고 정방의 무리는 그들을 모두 도륙해버린다. 난과 난의 대결이다. 정방의 무리는 결국 진주 사람들에게 죽임을 당했다.

같은 해 금주(김해)에서 잡족인들이 봉기, 호족들을 살해했고, 경주에서 이의민 무리들이 폭동을 일으키더니 1202년 경주·운문·울진 등 경상도 일대에서 대규모 농민항쟁이 발발했다. 다시 신라 부흥인가? 그렇다. 신라 부흥운동이 영남 일대를 휩쓴다. 민란의 육체가 복고를 지향한다. 이 난은 1204년 5월까지 계속되었고, 그러는 동안 탐라(제주)에서 반란이 일어났으며, 개경 사노비들이 전투연습을 하다 처형되었다.

하지만 최충헌은 민란을 잘 견뎠다. 경주 민란이 끝난 후에도 태백산과 영주·청송지방 등에서 여진은 있었지만 대체로 경주 민란을 수습하며 최충헌 정권은 안정기에 접어들었다.

난과 최충헌

혹시 그 난들이 최충헌 정권의 확립에 도움을 주었던 것은 아닐까? 난의 존재와 그것을 진압해야 할 필요성이 최충헌 독재정권을 굳힐 호기로 작용했을 것은 틀림없다. 최충헌은 그만큼 무력적이었고 그만큼 정치력이 있었다.

어쨌거나, 그의 권력유지 방식은 초기부터 달랐다. 그는 1198년 만적의 난을 평정하고 인사권을 장악한다. 그해 황주 목사 김준거 등이 일으킨 반란을 진압한 후 그의 직책은 두 단계 올라갔다. 이해 그는, 아니 그도 도방을 설치하는데, 그 구성과 내용이 전과 다르다.

문무관과 한량·군졸 중에서 강하고 용감한 자를 고루 뽑는다. 그

리고 6번(番)으로 나누어 교대로 자기
집에 숙식시키며 신변보호를 맡긴
다. 그리고 외부에 출입할 때는 6
번을 모두 합쳐 호위케 한다.

이것은 정치를 제멋대로 주무
르며 행악을 일삼던 도방 무리들,
도적떼들이 도나 개나 이름을 참칭
하던 그 도방의 무리들과 전혀 다르다.
물론 그 위세는 막강했겠다. 그러
나 최충헌의 도방은 절제된 무력
시위를 위한 것이지 정치를 주무
르기 위한 것은 아니었다.

고려전. 고려 성종 15년(996년)에 처음 건원중보
를 제작한 후 여러 종류의 동전이 나왔다. 위의 것
은 동국중보.

그는 꼬박꼬박 벼슬 승진절차를 밟는다. 1201년 추밀원사 · 이병부
상서(이조 · 병조 판서) · 어사대부(御史大夫)가 되었다. 그러나 이듬해
쯤 되면 그는 자기 사저에서 인사를 처리한다. 왕은 머리만 끄덕이고
판사(判事)는 단지 검열을 할 뿐이었다.

경주 민란이 절정에 이를 때 그는 벼슬이 또 한 단계 오르고 그것
이 진압될 즈음 신종을 폐하고 희종(1204~1211년)을 세우면서 무려
50자에 달하는 직함을 챙긴다. 이것은 그의 열등감의 표현일까? 어
쨌거나 무신정변에 병발한 고려 대민란이 수습기에 들어섰을 때 최
충헌은 강력하고 안정적인 군사 독재정권을 구축하게 되었다. 새로
왕이 된 희종은 그를 특수한 예로 대우했고 항상 은문상국(恩門相國)
이라 불렀다.

그뿐인가. 왕은 그에게 경제적 기반마저 확고하게 해준다. 그를 진
강후에 봉하면서 진강(진주) 일대의 땅을 떼어준 것이다.

매개?

그는 이때부터 궁궐을 출입할 때 편복(便服) 차림에 일산(日傘)을 받든 시종과 문객(門客)을 3천 명씩이나 거느리고 다녔다. 그리고 그 후 1216년까지 나라에 별다른 난은 없었다.

최충헌은 무력정권 장악 초기에 공사전(公私田)을 원래대로 환원할 것, 조세를 공정히 할 것 등을 요구하며 농민문제 해결에 욕심을 보였다. 그러나 그는 난을 진정시켰을 뿐 문제를 근본적으로 해결할 생각은 애당초 없었다.

대신 그는 기존 (신분)체제를 유지하는 데 자신의 정치역량을 쏟아 붓게 된다. 이것은 그가 혁신적인 정치사상의 소유자가 아니었으므로 당연한 결과이겠고, 또 만적의 난 충격의 결과이기도 하겠다.

그가 이규보를 등용하며 문민정치를 표방하는 것은 1207년. 그의 군사 독재정권이 완전히 완성되고 난 연후이다. 그러므로 이 문민화는 우선 상층부에서의 통치형태 변화를 의미하는 것이었다.

그러나 이 시기는 분명 무신정권이, 아니 고려 전체가 문민정부를, 유교정치학을, 나라의 미래에 대한 설계를 요하는 시기이다. 무력이 그 자체로 정치권력을 이루는 시기는 이의민과 더불어 끝났다. 고려가 아예 망한다면 모를까, 어떻게 그 상태가 '나라 속에' 더 연장될 수 있겠는가. 최충헌은 무력통치에서 진정한 문민 유교정치로 가는 매개일 수 있었다.

그러나 그는 그 매개의 한쪽을 스스로 닫고 개인권력을 '안정적으로' 유지시키는 쪽을 택했다. 그것이 그가 단행한 문신기용 정책의 속뜻이다. 그것은 매우 반동적인 속뜻이다.

최씨 정권이 그의 사후로도 이어진 것은 그가 '문민'정치를 도입했기 때문이 아니고, 무신정권이 거란 및 몽고와 '육체의 대결'을 다시 벌이게 되었기 때문이다. 그것이야말로 육체반란의 끝이자 대폭발이다.

안정의 상부, 교정도감

최충헌 '문민정치'의 허상을 보여주는 것이 바로 교정도감이다.

1209년 청교역(경기도 개풍)의 향리 세 명이 최충헌 부자를 살해하려는 사건이 있었다. 최충헌은 이 사건을 다루기 위해 영은문(개경 홍국사 남쪽)에 교정도감을 설치하고 그 일당을 숙청하였다.

그런데 이 기관은 사건이 종결된 후에도 그대로 존속하면서 인사·감찰·징세 등 국정 전반을 장악한다. 그리고 최씨 정권의 최고기관으로 남아 있게 된다. 최충헌이 직접 그 기관의 장(교정별감)을 맡았음은 물론이다.

교정도감은 전대의 무력 지배기구보다 더 큰 의미를 갖고 있다. 정중부의 중방은 집단적인 지도체제이다. 경대승의 도방은 집권체제가 1인 독재로 전환한 것을 뜻하지만, 과도기적인데다 무정부주의적이다. 애초부터 무엇을 설계하기 위한 기구가 아니었다. 이의민의 중방은 육체의 향연 그 자체였던 것이다. 그러나 최충헌의 교정도감은 질적으로 다르다.

교정도감은 1인 독재 최씨 무신정권을 대대로 이어가려는 미래 설계 의지의 물화, 왕권과 별도로 무신권력을 '세습화'하려는 노력의 산물이고 그 실현물이다. 상부의 안정을 강제로 유지했던 것은 허울 좋은 문민조정이 아니고 교정도감이라는 '상설화된' 비상대책회의였다. 이 도감의 장(長)은 형식적으로는 왕이 임명했지만, 실제로는 최씨 집안이 세습해갔다. 그리고 최씨 정권이 막을 내린 후의 무신권력자도 이 교정도감을 폐지하지 않았다. 그만큼 무신정권 유지에 유효했던 것이다.

그러나 다시 한 번 강조하자. 몽고의 침입이 없었더라면 최씨 정권은 더 오래 존속될 수 있었을까? 아니다. 최충헌대를 겨우 버텼을 것이다.

희종

최충헌이 문신을 '과감하게' 등용한 지 4년 후, 왕 쪽에서 반격을 시도한다. 방법은 역시 기습. 여기가 마지막이므로 모처럼 시점을 왕에게로 돌려보자.

희종은 신종의 맏아들로 1205년 최충헌에 의해 옹립되었다. 그가 최충헌을 진강후에 봉했음은 이미 언급했다. 1207년 그는 최충헌의 청을 받아들여 유배자 3백여 명을 가까운 곳으로 옮기거나 방면했다. 이는 문신 등용과 관계가 있다.

이듬해에는 개경의 큰 시장 좌우 행랑을 대대적으로 개조하면서

모리스 블리밍크, 〈자화상〉.

양반집에서 추렴한 미곡으로 그 비용을 충당했다. 1211년 희종이 최충헌을 습격했다가 실패한 경위는 이러하다.

주모자는 내시 왕준명과 참지정사 우승경. 그들은 대궐에 군사를 갖추어놓고 최충헌을 불러들였다. 왕은 최충헌을 대궐 깊숙이까지 유인했고 최충헌의 호위병은 할 수 없이 최충헌과 떨어졌다. 그러자 왕준명은 숨겨놓았던 군사들을 이끌고 왕과 최충헌이 있는 방으로 들이닥쳤다.

최충헌은 재빨리 그 옆의 어두운 골방으로 숨었다. 그리고 문고리를 필사적으로 붙잡았다. 그러는 동안 호위병들이 아무래도 이상하여 들이닥쳤고 최충헌은 구사일생으로 목숨을 건졌다.

이 사건이 그냥 해프닝이었는지 아니면 더욱 의미심장한 배후가 있었는지는 기록에 나와 있지 않다. 그러나 이 사건에서 최충헌이 애써 모양을 갖추었던 왕권·문민·유교정치의 실제 꼴을 우리가 짐작할 수 있다.

호위병이 최충헌과 떨어져 있던 시간, 그 시간만큼이 '왕이 쉬는' 시간이었다. 그건 얼마나 짧은가. 그러나 거꾸로이기도 하다. 그 시간이 조금만 길었다면 최충헌은 목숨을 잃었을 것이다. 그건 또한 얼마나 아찔한 찰나인가! 최충헌은 주모자를 잡아죽이고 왕을 폐위시켜 강화도로 쫓아냈다. 그리고 새로 고종(1213~1259년)을 앉혔다. 이 왕은 최충헌과 거꾸로, 최씨 정권 3대와 몽고 침략기 전체를 자기 치세 안에 품게 될 것이다. 희종은 후에 복권되어 최충헌과 사돈 관계까지 맺지만 최우 집권 때 다시 강화로 쫓겨난다.

안정의 내부

1216년에 다시 혼란의 조짐이 보인다. 9월에 양수척이라는 천민 무리들이 가혹한 공물과 침탈을 견디지 못하여 들고 일어났다. 그리고 서너 달 간격으로 사건이 잇따라 터지더니 1217년 6월 서경에서 최광수가 다시 고구려 부흥을 내걸고 봉기한다.

안정에 균열이 가는가? 아니 그것보다, 이제까지 민중생활은 안정되었던가? 아니다. 흉년에는 '굶어 죽고 사람의 고기를 파는' 자가 생길 정도였다. 봉기 때도 그랬다. 봉기야 봉기한 자의 탓으로 돌리면 된다. 또 스스로 봉기한 자는 그것을 올바른 목표를 위한 어쩔 수 없는 수단과 방법으로 치부하면 된다.

그러나 평화시대 흉년기의 인육식(人肉食)을 위정자 아니면 누구 탓으로 돌린단 말인가. 그렇다. 최충헌의 군사평화는 상부 정치구조에만 한정된 것이었고 백성들은 여전히 전쟁 속이었다. 나라에서는 농사꾼에게 술과 쌀밥 먹는 것을 금했다. 이에 이규보가 이렇게 쓰고 있다.

한평생 일하며 벼슬아치 섬기는 것이 바로 농사꾼이다
누더기로 살을 가리고 온종일 쉬임 없이 밭을 가는 농사꾼
벼가 파릇할 때부터 몇 번을 가꾸어 이삭이 패지만
아무리 많으면 뭐하나 헛배 부르고 가을이면 관청에서 다 뺏어간다
몽땅 빼앗기고 곡식 한 톨 남지 않는다
풀뿌리 캐어 목숨을 이어가다가 굶주려 마침내 쓰러진다
서울 세도가엔 보배가 산더미로 쌓여 있다
구슬 같은 이팝을 개 돼지가 먹고
기름 술을 심부름꾼 아이들도 먹는다
이것은 다 농사꾼의 것 그들이 본래 무엇이 있었으랴
농민들의 피땀을 빨고 제 팔자 좋아서 부자 되었다

농자천하지대본인가, 아니면 농업노동가치설? 이것이 이규보 언젯적 작품이지? 하지만 이규보 이야기는 뒤로 미루자.

맹목(盲目)
내부의 균열보다 더 먼저, 더 심각하게 거란이 국내로 밀려들어왔다. 앞의 민란들은 대개 최충헌만 모를 뿐 거란의 침입과 연관된 난이다.

르네 마그리트, 〈집단창작〉.

거란의 침략? 아니다. 거란은 몽고에 쫓겨 고려 국내로 물밀 듯이 밀려들어왔다. 최충헌은 국내 정치는 그런 대로 요리를 했지만, (고구려가 아닌) 고려의 무신·권력자답게 국제정세를 보는 눈이 전혀 없었다.

그는 거란의 '침입'을 대수롭지 않게 여겼다. 아니 그 정도가 아니다. 추장 걸노의 지휘 아래 의주·삭주 등 북쪽 지방을 휩쓸며 일년치 양식을 싹쓸이하고 다시 남쪽으로 밀고 내려오는데도 최충헌은 눈썹 하나 까딱 안 했고 빗발치는 구원 요청에 성을 버럭 내더니 구원 요청병의 목을 베어버리고 말았다.

아, 이 행위는 너무도 어이없다. 고구려에 대한 맹목(盲目)인가. 구원병을 요청했던 변방의 군사는 그 참수소식을 듣고 뿔뿔이 흩어져버리거나 '고구려 부흥'의 기운을 새로 돋우었다.

개경 밑에서도 진위현(수원)의 이장대·이장필 등이 거란의 침입을 틈타 봉기하면서 의병을 참칭하고, 서경에서 최광수 등이 고구려 부흥을 내걸고 봉기하는 것이 다 그 맥락이다. 아니 그전에, 거란 침입 직후 벌어진 양수척(후삼국과 고려 때의 유랑민의 한 무리)의 난도 발단은 그랬다.

양수척은 낚시와 사냥, 그리고 버들 고리짝을 만들어 파는 것으로 생계를 유지했다. 양수척은 이의민에서 최충헌에게로 대물림한 고려 무신정권에 대해 원한이 있었다. 사단은 양수척 출신의 절세 미녀 자운선. 자운선은 이의민의 아들 이지영의 소실이 되었는데, 이지영은 자운선을 호사시키기 위해 바로 양수척에게서 세금을 징수했다. 여자를 빼앗긴 것만도 분한데 세금이라니…… 양수척의 분노가 들끓었으리라.

최충헌이 권력을 잡게 되면서 자운선은 다시 최충헌의 계집이 된다. 그것만도 꼴사나운 일인데, 최충헌은 양수척에게서 세금을 오히려 더 과중하게 거둔다.

장군 김취려(?~1234년)

정말 정복욕을 거세당한 고려 무신권력자의 맹목의 가학성 변태라고 하지 않을 수 없다. 최소한의 예의와 염치조차 내팽개친 이 병적인 육체탐닉은 치명적이었다. 양수척은 거란이 밀려들어오자 거란편에 붙어 길 안내역을 자원한다. 그들의 안내에 힘입어 거란은 거침없이 남으로 남으로 쳐내려왔다. 비로소 당황한 최충헌은 서둘러 군대를 풀어 거란을 막게 했다. 중군·우군·후군의 3군으로 나뉜 군대가 북으로 향한다. 이때 영웅은 후군 장수 김취려. 그는 후군을 이끌었는데 그의 군대와 마주친 거란군은 모두 패하여 달아났다. 묵장(영변) 전투에서는 그가 직접 적진으로 뛰어들었다. 이 싸움에서 그의 맏아들이 전사했지만 그는 장하다며 조금도 슬픈 기색을 보이지 않았다.

하지만 김취려의 생애는 여기서 끝나지 않는다. 우리는 계속 이 사람을 지켜보자.

중군과 우군은 고전을 면치 못했다. 이양승 장군 등 1천여 명이 전사했다. 거란군은 드디어 대동강을 건너 물밀듯이 밀고 내려왔다. 그들도 어쩔 수 없었다. 쫓기는 몸이었으므로. 조정은 다시 허겁지겁 군대를 모았다. 승려에게까지 무기를 들렸다.

그러나 힘세고 강한 자들은 모두 최충헌 도방 소속이었다. 전쟁터로 끌려가는 사람들은 늙고 약한 자들뿐. 고려군은 연전연패했다. 당황한 최충헌과 조정은 성 밖 백성들을 모두 성 안으로 불러들이고 성 둘레에 못을 팠다.

적이 코앞에 닥쳤는데, 한밤중에 누가 문을 세차게 두드린다. 강제로 전쟁에 징발되었다가 도망쳐온 승려들이었다. 어서 문을 열어라…….

그러나 파수병들이 문을 열어주려고 하지 않았다. 최충헌의 맹목(盲目)작전답다. 그래서? 승려들은 문을 부수고 파수병의 목을 베었다. 그리고 곧장 칼을 든 채 최충헌에게로 몰려갔다. 최충헌을 죽여라! 이것이 승려의 난이다.

모종의 끝장

승려들은 곧 도방 군사들에게 잡혔다. 최충헌이 승려들에게 묻는다.

"왜 나를 죽이려 했느냐?"

이 무슨 적전분열(適前分裂)이냐는 꾸짖음이다. 승려가 대답한다.

"네가 상감을 제치고 나라를 제멋대로 요리하는 중에 거란이 쳐들어왔는데 왜 애꿎은 우리를 전쟁터에 끌어들이는가?"

사실 최씨 정권은 이 승려들의 주장과 달리 민중들의 항몽애국(抗蒙愛國) 정신 덕분에, 혹은 그것을 악용하며, 아니 아무래도 그것에 자아도취되어 몇십 년을 더 버틸 수 있었다.

하지만 그것과 상관없이, 여기서 최충헌 혹은 최씨 정권은 그런 모든 덕분과 자아도취 전에 모종의 끝장을 보고 있다. 최씨 정권의 정당성과 존립 근거, 그리고 긍정적인 대목은 이 자리에서 끝이 난다.

그리고 반란군이 대몽항쟁군으로 바뀌는 애국 전성시대가 온다. 그러나 그 전성시대는 가장 처참하고 그 내용이 비(非)민중적인 시기이기도 하다.

최충헌은 승려들을 모두 죽이고 내통의 혐의가 있다 하여 사돈 정숙첨까지 내쫓았다. 그 사이 거란은 개경의 서문인 선의문에 이르러 있었다. 풍전등화의 위기에서 개경을 구한 것은 다시 김취려. 김취려에게 대패한 거란군은 동쪽으로 달아나 철원·춘천·원주를 차지했지만 김취려에게 다시 대패, 북쪽으로 달아났다. 그리고 쇄도해오는 몽고군 앞에 동병상련의 처지인 여진족까지 끌어들여 거란은 다시 대규모 남하작전을 폈다. 조정에서는 김취려와 함께 조충까지 보내어 그들을 막게 했고, 그제야 그들은 강동성으로 쫓겨들어가 수세를 취했다.

이렇게 나라가 어수선하고 북방 정세가 뒤죽박죽인데, 몽고가 느닷없이 사신을 보내온다. 고려를 위해 거란을 물리쳐주겠다는 것이다. 영웅 김취려 장군, 그는 그 제의를 받아들인다. 이 숨가쁜 와중, 우리는 다음 장으로 넘어가자.

중국과 일본, 기타 12장

칭기즈칸의 제국

급속도로 세계 제국을 건설해가는 칭기즈칸을 배경으로 중국과 일본, 그리고 다른 나라의 정세를 훑어본다. 그 세계적인 배경이 다음 장에서 약소국 고려를 무지막지하게, 야만적으로 덮칠 것이다.

당 이후 송나라

중국 당나라의 여러 제도는 매우 모범적이어서 이후 중국의 역대 왕조뿐 아니라 우리나라와 일본·월남의 통치체제에도 근간으로 작용했다. 어쨌거나, 그런 채로 당은 망하고 중국은 다시 분열, 군벌들이 각지에 정권을 수립하는 혼란기를 맞았다. 5대 10국 때이다.

당이 망한 것은 907년. 그후 후량이 섰지만 얼마 가지 못하고 923년 망한다. 그후로 중국은 후당·후진·후한·후주 등으로 왕조가 교체되었고 그 주변에 10국이 일어섰다가 망했다. 이 많은 '후(後)'자는, 이들 왕조들이 미래에 대한 전망이 없었다는 것을 뜻한다.

고려 왕건만 그런 것이 아니었던가. 이때는 정말 '전망 부재'의 시대요, 세계였던가. 그렇다면 이 시기는 세계적으로도 오늘과 유사했던 것인가. 그렇다면 그뒤의 칭기즈칸의 제국은 세계적인 '육체의 반란'이었던 셈인가.

고구려였다면 절호의 기회였으리라. 그러나 고구려 대신 거란과 여진이 북방을 차지하고 있었다. 그리고 이들이 장차 고구려보다 더 거대한 영토를 지배하게 된다.

고려는 이들 여러 나라와 우호적인 접촉을 유지해갔다. 대체로 조공관계였다. 정치적인 지원도 받고 선진문화를 수입하며 물자를 교역하는 것이 목적이었다. 중국 본토 나라와의 갈등은 별로 없었다. 960년 후주를 이어 중국 대륙을 지배하게 된 송제국과의 관계에서도 그런 양상은 이어진다.

송을 건국한 조광윤(재위 기간 960~967년)은 그 자신이 군벌이지만 당을 계승하려는 생각이 강했다. 당을 멸망시키고 중국을 혼란시킨 군벌들의 발호를 막기 위해 그는 군대를 철저히 민간정부의 통제 아래 두었다.

당대에 기초가 잡혔던 중국식 중앙집권체제와 경제의 국가통제체제가 송에 와서 확고히 자리잡혔다. 윤관을 매료시켰던 왕안석(1021 ~1086년)의 신법은 가격안정, 상인과 농민에 대한 대출, 그리고 비상식량 비축 등 국가규제를 명문화하고 있다.

상업이 급속히 팽창하면서 길드가 생겨났고 지폐가 사용되기에 이르렀다. 무엇보다 송대는 중국 지성·예술사의 한 절정을 이룩했다. 그러나 송은 군사적으로 당만큼 강하지는 못했다.

조광윤 치세 때에는 광대한 영토를 정복하면서 강력하고 거대한 중앙집권체제를 유지하지만 점차 북방세력에게 밀렸다. 8대 휘종, 9대 흠종이 북쪽 금나라에 잡혀가면서 남송으로 위축되었다가, 1279년 몽고 원나라의 세조에게 멸망하게 되는 것이다.

고려와 송, 거란, 그리고 여진

고려와 송 간에 국교가 처음 열린 것은 962년, 고려 광종 13년이다. 고려와 송의 관계는 매우 우호적이었다.

그러나 고려와 송의 관계는 신라와 당, 그리고 그 이전 삼국과 수·당 간의 관계와 질을 달리한다. 거란은 고려에 있어 송과 동급의 상국(上國)이었다. 아니 고려가 거란을 '체질적으로' 혐오했던 것을 제외하자면, 거란은 더 가까우므로 더 두려운 상국이었다.

송과 거란의 관계가 균형적이었을 때 고려는 상당히 안정된 위치를 누릴 수 있었다. 그러나 거란이 고려를 침략했을 때 송은 고려를 도울 만한 국력이 없었고, 거란이 송을 침략했을 때 송은 고려의 지원병을 요구할 만한 강제력이 없었다.

아니, 그 정도가 아니다. 송은 국방력이 극히 약화되어 거란의 침략을 힘겨워하는 처지였으므로 고려의 배후 견제가 극히 소중했을 것이다. 그렇다. 신(新) 삼국이다. 그리고 경제·문화·예술적 발전의 두 축이 무력 우위의 거란을 양쪽에서 감싸안은 양상이 전개된다. 그것은 성공적이었다. 발해를 무너뜨린 거란은 3차에 걸쳐 고려를 침략했지만 여의치 않았고, 이것이 거란의 국운을 다하게 한다.

주세페 아르킴볼디, 〈여름〉.

거란의 뒤를 이어 북방을 지배한 여진은 경우가 좀 다르다. 여진은 고려에 조공을 바치던 소부족이었지만, 10세기 이후 세력이 커지면서 고려 북변을 침범하게 된다. 윤관이 17만의 대군을 이끌고 그들을 평정, 9성을 쌓은 것은 1107년 예종 2년 때였다. 그러나 2년 후에 고려는 여진에게 9성을 다시 돌려준다.

여진이 '조공을 바치고 결코

배신하지 않겠다'는 서약을 했다는 것이 명분이었다. 하지만 이 반환은 여진과 고려 사이의 힘 균형이 여진 우위 쪽으로 기울었을 뿐 아니라 고려 자체가 국방문제에 대한 진취성을 포기하는 추세였음을 의미한다.

금과 고려 문벌정치

9성을 반환받은 지 불과 6년 후 여진은 금나라를 건국하고 고려에 '금 · 형 / 고려 · 아우'의 관계를 요구한다.

그리고 1125년(인종 3년) 거란의 요나라를 멸망시킨 후 금은 고려 사신이 '신하를 칭하지 않는다'는 이유로 고려 국서를 거부하기에 이르렀다. 이때 고려의 수세적 외교정책을 주도한 것은 문벌귀족들이었다.

이듬해 고려 조정의 실권자 이자겸이 금에 사대(事大)의 예를 취하도록 결정하는 것이다. 거란에 대한 심정적인 증오가 금에 대한 심정적인 동조로 바뀌는 것은 아닐 것이다. 여기서 드러나는 것은 고려 정치를 주름잡았던 문벌귀족들의 정치철학의 부재이다.

그들은 겉으로 유교정치를 표방했으면서도 송과 연합하여 금에 대응할 어떤 방략도 생각하지 못했다. '철저한 유교정치 철학의 소유자이며, 사대주의자'라고까지 평가되는 김부식조차 그 점에서는 마찬가지였다.

당시 고려의 운명이 그토록 '풍전등화'의 신세였던 것일까? 아니다. 고려의 무력은 우리가 보았듯이, 수차례 난을 겪고도 살아남을 만큼 여력이 있었다. 그리고 앞으로 보겠지만 몽고의 강력한 침입을 받고도 한참 동안을 더 버티게 된다.

앞서 말했듯이, 그것은 무신정권 덕분이 아니었다. 거꾸로 몽고 침입이 무신정권의 수명을 연장해준 것이다. 고려는 건국 초기부터 생장이 아니라 기나긴 죽음의, 해체의 고통을, 육체의 과잉으로 견디고, 아니 치르고 있는 듯한 인상을 준다. 문벌정권은 그 육체를 퍽이나 힘겨워했다. 윤관 이래 진취성은 묘청 등에서 보이듯이 희화화되었다. 그리고 무신정권은 그 육체의 과잉을 민란 쪽으로 전이시켰다.

그리고 몽고가 온다. 그것은 마치 죽어가는 거대한 육체가 더 거대한 참혹의 육체를 불러들인 꼴이다. 몽고는 삽시간에 세계 최대의 제국을 이룩한 경우이다. 고려의 현상은 또한 세계적인 현상이었던가?

칭기즈칸(1167~1227년)

몽고는 몽고 고원을 중심으로 만주와 중국 북부지역에 걸쳐 거주하던 유목민이다. 몽고족은 여러 개 부(部)로 분산되어 요와 금의 지배를 받고 있었는데, 그 몽고족에 영웅이 탄생한다.

테무친(鐵木眞). 그는 몽고 북동부지역 자그마한 부족 족장의 아들로 태어났다. 10세 때쯤 아버지가 독살당하자 그는 당시 몽고 최고 권력자의 군대에 들어간다.

그리고 피비린내 나는 전투의 나날을 겪은 지 약 30년 만인 1206년, 그는 칭기즈칸이라 불리게 된다. '칸'은 몽고 부족장들의 총지도자라는 뜻. 테무친은 몽고 지역 전체를 통합하여 대몽고국을 세우고 몽고족은 물론 흉노(훈족), 위구르, 그리고 투르크 계통의 모든 유목부족을 지배하게 된 것이었다.

이듬해에 그는 파괴·유혈 위주의 대규모 정복전쟁을 추진한다. 정복속도는 놀랄 만큼 빨랐다. 주변의 서하국(西夏國)·금·서요국을 정복하더니 계속하여 서진(西進), 중앙아시아는 물론 서아시아·남아시아에 이르는 대제국을 건설했다.

몽고군은 1215년 북경을 점령했다. 몽고의 전사들은 러시아 스텝지대를 관통하여 1223년에 이르러 러시아 군대를 궤멸시키게 된다.

지배자 칸이 됨을 선언하는 테무친.

그러나 거기서 서진은 끝났다. 그들은 이제 동진(東進)을 개시한다.

1227년 8월 18일 사망했을 때 칭기즈칸이 남긴 제국은 동쪽 태평양에서 서쪽 흑해까지, 그리고 북쪽 시베리아에서 동남아시아 북부 국경까지, 그때까지 역사상 최대의 영토이다. 그의 시신은 몽고의 비밀장소에 매장되었다.

칭기즈칸이 이 방대한 제국을 단기간에 구축할 수 있었던 것은 무엇보다 그의 군대가 조직과 전술, 그리고 기동성 면에서 상대방을 압도했기 때문이다. 아니, 그 정도가 아니다. 제국이 형성된 속도로 보아 칭기즈칸의 군대는 그야말로 파죽지세였다.

그러나 칭기즈칸은 무력 일변도의 인물은 아니다. 그는 글을 쓸 줄 몰랐지만 방대한 법 체계를 남겼다. 그것은 기존의 법을 단지 한데 모은 것보다 한 단계 더 높은 수준의 체계였다. 그는 통치자로서의 자질도 있었던 것이다.

쿠빌라이칸(1215~1294년)

칭기즈칸이 죽은 후 몽고 대제국은 그의 아들들에 의해 나누어졌다. 아버지만한 아들이 없었던 까닭이다. 그러나 손자대에 이르면 칭기즈칸 못지않은 영웅이 태어난다. 쿠빌라이칸. 그는 칭기즈칸의 아들인 툴루이의 네 번째 아들로 태어나, 칭기즈칸보다 더 광대한 제국을 건설했다. 그가 칸에 오른 것은 1260년이지만 동부 몽고지역을 확실히 장악하는 데 6년이 더 걸렸다.

그는 칭기즈칸의 후손들이 지배하던 서쪽 영토에는 별 관심을 보이지 않고 동쪽에 관심을 집중했다. 아마 안정적인 문화 중심을 원했을 것이다. 1279년 그는 남송을 멸하고 중국을 통일했다. 국호를 원으로 정한 것은 1271년. 그리고 수도를 몽고·칭기즈칸의 카라코룸에서 중국 북경으로 옮겼다. 마르코 폴로의 동방견문록에 나오는 화려한 궁전이 바로 쿠빌라이칸의 궁전이다. 그는 송을 멸한 후 인도차이나·버마·자바섬·말레이 반도를 공격했다.

그리고 동양의 마지막, 일본 공략을 감행한다. 고려가 이미 원의 속국이 되었을 때이다. 그러나 1274년과 1281년 두 차례에 걸친 대원정 작전은 태풍 때문에 실패로 돌아갔다.

그는 매우 중국 지향적이었고 스스로 유학자들에게 가르침을 받았다. 그러나 완전히 중국화될 수는 없었고 불교를 택했다. 그리고 그 불교에 몽고 샤머니즘이 뒤섞여 있다. 그가 후손에게 물려준 종교가 바로 몽고 라마교이다.

원(1279~1368년)은 중국 전체를 지배한 최초의 이민족 왕조로서 일련의 대규모 공공사업을 시행했다. 몽고 왕조의 주도하에 폭넓은 대외접촉이 개시되었다. 마르코 폴로를 비롯한 숱한 외국인들이 중국으로 흘러들어왔고 원의 관리로 등용되었다. 그러나 중국에 대한 원의 감정은 이중적이었다. 쿠빌라이칸이 그랬듯이 중국을 동경했지

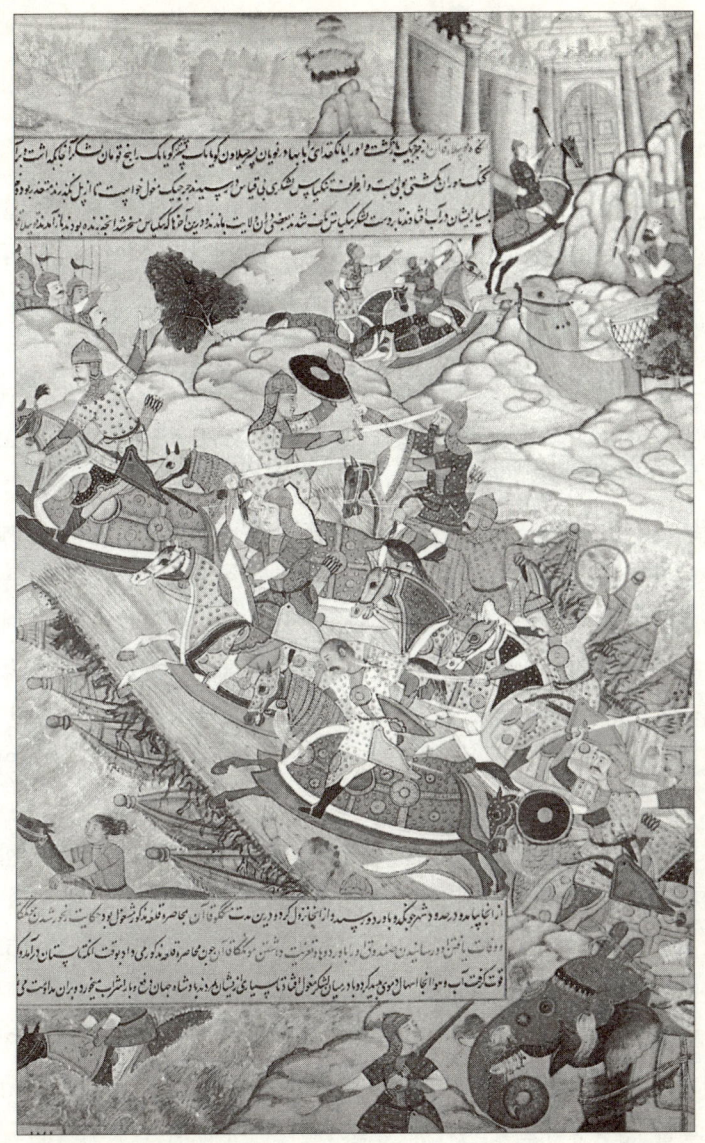

쿠빌라이 군대가 중국을 공격하다.

만 동시에 경계했다. 중국인들을 관직에서 배제하고 중국 고전문학을 금지시켰으며, 소설과 연극에서 몽고풍을 강요했다.

몽고사와 고려

경제난으로 시작된 반란이 원 왕조를 내내 괴롭혔다. 유목민 출신인 몽고족은 정복에는 능했지만 거대한 나라 살림을 안정되게 꾸려갈 능력이 부족했다. 원은 1백 년을 채 버티지 못하고 무너졌다.

몽고제국 전체가 그렇다. 14세기에 페르시아와 터키 지역 칸국은 대체로 티무르에게 정복당한다. 티무르는 스스로 칭기즈칸의 후예임을 주장하고 있지만 실제로는 터키족이다. 물론 이때쯤이면 몽고족과 터키족의 구분이 별 의미가 없기는 하다.

그러나 인도에 모굴 제국을 건설한 바부르도 칭기즈칸의 후예를 자처했다. 사실 이때 내로라 하는 정복자들은 모두 칭기즈칸의 후예임을 자처했다. 칭기즈칸의 이름만 전설로 남을 뿐 몽고제국 자체는 유명무실해지는 것이다. 돌풍을 일으키며 삽시간에 세워졌던 몽고제국이 신기루처럼 바람과 함께 사라진다. 14세기 말이면 진정한 몽고 국가가 대체로 사라지고, 몽고족은 중앙아시아 동부 스텝지역으로 귀향한다.

그러나 그 150년 남짓 동안 몽고족이 '세계' 전체에 미친 영향은 막강하고 무자비했다. 어떻게, 어느 정도로? 그 전모를 알기 위해 몽고제국의 전 영역과 역사를 모두 더듬을 필요는 없다. 몽고의 고려 침략사. 그것이야말로 그 모든 것을 집약적으로 보여주는 까닭이다.

고려가 몽고의 침략을 받은 것은 칭기즈칸과 쿠빌라이칸 사이의 시기이다. 그리고 쿠빌라이칸의 두 차례 일본 원정에 고려는 대규모 군대를 징발당하고 원나라가 망할 때까지 내내 속국의 위치를 강요당했다. 그 동안 고려의 수난은 세계의 수난을 집약·상징하게 되고 고려 특유의 수난의 세계 혹은 경지를 펼치게 된다.

그 수난과 영광의 고려사·세계사가 이 책 후반부의 근간을 이루게 될 것이다. 그러나 이 장에서는 고려의 시간·공간적인 바깥을 마저 살펴보자.

송과 원, 그리고 고려

송은 중국의 초기 근대를 알리는 신호였다. 송대에 확립된 정치·사회·경제체제는 약 1천 년 동안 대체로 변화 없이 유지된다. 송대에 이르러 귀족지배는 최종적으로 막을 내리고 학자와 지주층이 정치를 주도하였다.

일찍 영그는 신품종 벼가 도입되어 농업이 활기를 띠었고 상업이 엄청나게 발전했다. 교역과 공업의 중심지로서 도시가, 특히 남동쪽 해변과 양쯔강 유역을 따라 급속히 생겨났다. 이야기·연극, 그리고 구어체 소설들이 갈수록 도시계층을 겨냥하고, 산수화가 완숙의 경지에 달했다.

유교 윤리학과 불교 형이상학이 통합된 신(新)유교가 정교로 채택되었다. 이 정책은 20세기까지 이어진다. 그러나 농민과 여성의 신분적인 처지는 악화되었다. 소작인 제도가 더 완강해졌다. 그리고 축첩제도가 제도화되었고, 전족(纏足)이 여자의 발을 묶었다.

고려는 물론 송의 영향을 받았다. 송은 군사적으로 약하여 나라 존립에 어려움을 겪었고, 금나라 때문에 남송으로 위축되었다가 몽고에게 망한다. 고려는 물론 송보다 오래 살았다. 고려는 금나라뿐 아니라 원나라보다 더 오래 지속된다. 그러나 고려는 자기 생명보다 더 오래 산 송(宋)이다. 그리고 그 기나긴 여생의 고통을 톡톡히 맛보게 된다.

원 제국은 아시아 대륙에 평화를 강요했다. 그리하여 중국에 대한 접근이 비교적 수월해지고 그렇게, 특히 서방과 폭넓은 외교접촉이 이뤄지면서 세계주의 시대가 도래한다. 몽고인은 외국 자본투자를 격려했고, 네스토리안 기독교와 이슬람 같은 외국 종교도 환영했다. 외국인도 관리로 등용했다. 그러나 중국인은 배제했음은 위에서 말한 대로이다. 중국인들은 그 밖에도 많은 법적 제약을 받았다.

그러나 그것은 약소국 고려가 받았던 수모와 제한에 비하면 약과이다. 그렇다. 고려가 겪은 '몽고난'은 땅이 좁을수록 더 지독해지는, '세계를 위한 대리전' 양상을 띠었다. 마치 6·25처럼. 그리고 그 수난의 크기가 향후 한반도 역사의 심성을 매우 강하게 규정짓는다.

섬나라 사정 — 나라와 헤이안 시대

일본에 최초의 영구 수도가 세워진 것은 710년, 교토와 오사카 사이 나라에서이다. 그리고 전통적인 궁정 귀족들이 부족 엘리트들을 대체한다. 신분이 사회적 영향력을 행사하는 바탕이 된다. 일본은 그렇게 부족사회에서 귀족사회로 탈바꿈해갔다. 궁정의 비호를 받으며 불교가 주요 세력으로 부상했고, 거꾸로 불교가 국가의 힘을 강화시켜주었다.

나라는 행정의 중심지일 뿐 아니라 주요 불교사원들이 집결한 곳이기도 했다. 752년 사상 최대 규모의 대불상이 그곳에 봉안된다. 하지만 통일신라와 달리, 불교 승려들의 국정간섭이 반발을 불러일으키고 말았다.

마침내 환무천황(桓武帝, 781~806년)이 궁정 독립을 선언하고 794년 헤이안(경도)에 새로운 수도를 세운다. 헤이안에서는 불교의 간섭이 없었으므로 천제(天帝)의 권위가 증가했다. 그러나 헤이안 천도에 동반하여 행정부가 간소해진 틈을 타서 후지와라(藤原) 가문이 강력한 세력으로 부상하게 되었다. 후지와라 가문은 이자겸 가문이 그랬

마조구치 감독 영화, 〈우타마로의 다섯 여자〉 중.

듯이, 천황가와 통혼(通婚)할 특권을 누렸다.

수많은 천황이 후지와라 가문 여자들과 결혼했고 또 그 몸에서 나왔다. 후지와라 가문 남자들은 유능한 행정가였고, 가족의 끈을 활용하여 행정부를 장악했다. 858년 후지와라 요시푸사(藤原良房, 804~872년)는 갓난아기 손자를 세이와(淸和) 천황 자리에 앉히고 스스로 섭정이 되었다. 후지와라 가문의 섭정은 11세기 말까지 지속된다. 천황이 어리든 장성했든 상관이 없었다.

궁정의 비호를 받으며 새로운 불교 종파 두 개가 헤이안에 번성했다. 천태종과 진언종. 두 종파 모두 밀교 계통으로, 나라 불교보다 훨씬 더 속화·대중화되고 일상화된 모습을 보인다. 이 두 종파는 스스로 정치성을 삭제당한 상태로 나라 불교의 독점지배를 깼다.

일본식 무신정권

이렇게 매우 일본적으로 이중의 효과가 달성된다. 일본 불교는 그 후 어떤 정치적인 힘도 발휘하지 못했다. 아니 모든 종교가 그렇다. 일본의 모든 종교는 일본식 애국주의를 발현하는 일상적 통로 역할

이상의 것을 한 예가 드물다.

헤이안 천도는 부족 · 혈연적 가치의 재등장을 동반하기도 했다. 다이카(大化) 개혁에 의해 '국유화'되었던 토지가 갈수록 개인의 수중에 흘러들어갔다. 귀족과 사원들은 세금을 회피하며 거대한 부를 축적해갔다. 사병(私兵)들이 양성된다. 그리고 지방의 전사계급이 출현한다. 이것이 사무라이이다. 사무라이 계급 중 두각을 나타낸 것이 타이라와 미나모토 가문이었다. 처음엔 지방의 무력집단 수괴에 불과했지만 양가는 점차 궁정정치에 개입하게 된다.

1156년 궁정에 분쟁이 생기자 두 가문은 각각 그들의 군사력을 동원, 해결했다. 그리고 1159~1160년 간의 전쟁에서 타이라 가문이 실질적인 지배자로 부상했다. 타이라 가문은 그후 20년 동안 궁정을 지배하게 된다. 방법은 무력과 천황가와의 통혼. 1180년 타이라 키요모리(平淸盛)는 자신의 손자 안토쿠(安德, 1180~1185년)를 천황에 올리고, 잠시 동안 후지와라식 섭정제도를 부활시켰다.

하지만 그게 화근이었다. 미나모토가에서 다시 반란을 일으키고 전쟁은 안토쿠 천황 치세 내내 지속된다. 그리고 미나모토가는 타이라가를 물리치고 카마쿠라 막부(幕府)를 세웠다.

막부란 장군(쇼군)을 최고지도자로 하는 군사정권이다. 카마쿠라로 시작되는 이 막부정권이 1868년까지 일본을 통치하게 된다. 이때가 고려 명종 때. 일본의 일본식 '무신정권'은 고려보다 오래 걸려 조직적으로 탄생했고, 일본인들 체질에 맞았다.

막부정권

미나모토 요리모토(源賴朝, 1192~1199년)는 군 출신들을 중앙행정가와 지방관으로 대거 파견하면서 군사정권 체제를 단기간 내에 구축했다. 그러나 체제 확립에 너무 힘을 쏟은 나머지, 정작 자신의 후

일본을 침공한 원군, 침략당한 일본 쪽에서 그린 시카노 섬 해전도.

계자에게 대를 물리는 일에는 별 정성을 쏟지 않았다. 그의 아들들은 호조(北條) 집안에 의해 지배당하다가 제거되었다. 호조 가문은 1203년부터 장군 섭정의 직을 차지하게 된다. 이때가 고려 신종 6년, 최충헌의 무신정권이 안정기에 접어들 때이다.

1221년, 막부정권을 무너뜨리려는 퇴위 천황 고토바의 기도가 무위로 끝나면서 막부정권의 권위는 증가했다. 전사들은 문명에다 행정능력이 미숙했지만, 통치자로서는 유능했다. 호조 가문은 막부정권이 기초한 그 군사적인 가치체계를 유지했고 요리모토의 적절한 후계자임을 스스로 증명해보였다. 하긴 요리모토의 원뜻이 그것이었는지 모른다.

원이 일본 원정을 감행한 것이 바로 이때이다. 막부정권의 전사들은 1274년과 1281년 두 차례에 걸친 몽고 침략을 물리쳤다. 이때는 고려 무신정권이 이미 막을 내렸을 때이다. 그러나 몽고 침략이 카마쿠라 막부체제를 더 강화시켜준 것은 아니었다.

14세기 초에 이르면 정치적·사회적 안정이 깨지고 1334년 천황 고다이고(後醍酉胡)가 천황 권위를 다시 세우면서 카마쿠라 막부는 일단 파괴되었다. 이것이 건무 왕정복고. 아쉬카가 같은 강력한 군벌들이 천황을 도우러 몰려들었다.

그러나 막부정치 체제 자체가 파괴된 것은 아니다. 천황의 포상에 불만을 품은 군벌들이 1336년 그를 교토에서 몰아내고 다른 허수아비 천황을 세운다. 고다이고 천황은 요시노로 옮겨 천황궁을 세웠다. 두 천황이 병존하는 시기는 56년 동안 계속된다.

신풍(神風)과 종교

그러나 원의 일본 공략은 일본에게 커다란 정신적 선물을 주었다.

가미가제, 신풍, 하늘이 보낸 바람. 그들은 신풍이 원나라 군대를 물리치고 일본을 지켜주었다고 믿었다. 그렇다. 천황은 하느님의 자손이고 일본은 하늘이 지켜주는 나라이다······. 이 신풍에 대한 믿음은 일본의 정서에 매우 깊은 공동체 의식을 심어주었다. 물론 매우 단순한 믿음이요, 자부심이었다. 그렇지만 이 단순함이 바로 일본인의 심성에 들어맞았다.

이 시기에 불교도 매우 단순화된다. 정토종(淨土宗) · 진정토종(眞淨土宗) · 백련종(白蓮宗) 등 새로운 종파들이 생겨났는데, 이들 종파가 지향하는 것은 단 하나, 단순화이다. 이 종파들은 신자들 모두에게 구원을 보장한다. 그러나 다른 나라의 구원파와 달리, 그 자체로 광신으로 치닫지는 않고 일상화 · 제의화된다. 가장 중요한 종교는 일본 정신인 까닭이다.

가미가제 신앙이 이들 종교를 단순화했을까, 아니면 거꾸로? 일본의 불교는 그후 별로 큰 변화를 겪지 않았다. 그리고 가미가제 신앙은 제2차 세계대전중 '가미가제' 돌격대로써 광신의 경지까지 보였다. 그렇게 보면 가미가제 신앙이 먼저인가?

아니, 질문이 근본적으로 바뀌어야 한다. 일본에서 광신은 일상인가, 아니면 일상이 광신인가?

다시, 고려

자, 이제 고려의 시간과 공간으로 돌아오자.

고려와 인접한 요동지역은 칭기즈칸의 막내동생 오치킨에게 분봉되었다. 따라서 몽고의 고려 침략은 주로 그의 지휘 아래 이루어지게 된다. 그러나 두 차례에 걸친 일본 원정을 강행하면서 고려군을 대규모 징발하는 것은 원 세조 쿠빌라이칸이다.

고려와 몽고의 관계는 앞서 말한 대로 1218년 몽고군이 거란의 유민들을 추격하다가 고려에 들어오게 되면서부터이다. 그런데 그 전에, 몽고와 거란은 어떤 관계에 있었는가? 요가 멸망하고 거란족은 금의 지배를 받고 있었다. 그러다가 1211년부터 부흥운동을 전개하기 시작했는데, 이것을 도와준 것이 바로 몽고였다. 그런데 지배층의 내분으로 아율유가가 몽고에 투항한다. 그리고 몽고가 아율유가를 앞세워 거란을 공격하는 것이다.

이 거란족들은 고려 북계지방을 침탈하면서 이판사판, 개경까지 밀어닥쳤지만 결국 밀려나 평양 동쪽 강동성에 갇히게 되었다. 몽고가 고려에 연락을 취한 것은 이때이다. 몽고는 포선만노의 동진국과 연합군을 형성하여 고려로 들어왔지만 추위와 군량 부족으로 곤경에 처해 있었다.

'군량을 보내주면 거란을 격퇴하는 데 도와줄 것이다……' 사신이 들고 온 서신의 내용은 그랬다. 이것을 받아들인 것은 명장 김취려. 그는 서북면 원수 조충과 함께 군사를 이끌고 몽고군과 합세, 강동성 밖에 연못을 파는 작전으로 적의 항복을 받아냈다. 여기까지는 물론 잘한 일이다.

고려군은 거란군 장수 몇 명만 죽이고 나머지는 각 도로 보내어 살게 했다. 그게 거란장이다. 이것도 참 잘한 일이다. 그런데 무엇이 문제였지? 자, 이제 괴롭지만 우리는 고려의 참혹수난에 직면해야 한다. 하지만 그전에 우선 명장 김취려를 편안히 보내자.

행복한 생애

몽고군과 연합하여 거란을 항복시킨 이듬해 그는 의주 별장과 낭장 등이 공모한 반란을 평정, 북방을 안정시켰다. 몽고의 압력이 서서히 거세졌지만 북방 백성들은 그의 군대로 하여 당분간 편안한 삶을 누릴 수 있었다.

그는 벼슬길도 평탄하고 순조로워서 공을 세울 때마다 벼슬이 올랐고 후에 시중에 제수되었다. 사람됨이 정직·검약하였고 군사 통제가 엄격하고 공정했다. 그의 병졸들은 상관의 모범을 따라 아주 작은 규칙조차 범하지 않았다. 스스로 공을 내세우는 법이 없었으므로, 주위 평판이 자자하였다. 정승이 되어서는 안색을 바르게 하며 아랫사람을 거느렸기에 사람들이 감히 그를 속일 수 없었다. 그는 진실로 충성되고 의로운 사람이었다. 몰(歿) 1234년.

이때 몽고군은 어디까지 왔을까? 명장 김취려. 그의 생애는 정말 행복한 것이었을까? 적어도 개인적으로는 그렇다. 이후 몽고 항쟁을 통해 그보다 더한 고려 명장이 치욕과 자기 분열의 행로를 밟게 된다. 그러나 명장으로서 그의 생애는 행복했을까? 그가 사망했을 때 몽고군은 고려의 2차 침입을 마치고 동진국과 남송을 공격하면서 3차 침입을 준비하던 때였다. 즉, 전국토가 이미 유린당한 뒤였던 것이다.

몽고, 모든 것을 덮치다 1

13장

경위와 장면들

몽고의 고려 침략을 우리는 그냥 기록영화 돌리듯이,
과장과 흥분, 혹은 감상을 될 수 있는 대로 배제하면서
서술해보자. 다만 상상과 비유의 도움을 받자면 6 · 25
전쟁은 그 처참의 역사적인 심화─발전인 면이 많다.

난운(亂雲)

고려 조정을 휘두르던 최충헌은 1219년 9월 사망했다. 의주 별장
과 낭장 등의 반란은 10월, 최충헌 죽음의 와중에 일어난 것이다. 최
씨 정권은 계속되었다. 그를 이은 것은 아들 최우.

몽고는 여러 차례 고려에 사신을 보내어 공물을 요구했다. 강동성
에서 거란을 쫓아낸 은혜에 보답하라는 것이다. 그들이 요구하는 것
은 수달피, 명주, 붓, 먹 등 고려의 특산물이었다. 고려는 이들의 청
을 거절할 수 없었지만 그렇다고 마구 응했던 것은 아니었다.

몽고 사신은 냉대를 받았다. 어쨌거나 그런 소강상태가 5년 정도
계속되었다. 그리고 1225년 뜻하지 않은 사건이 벌어진다. 몽고 사신
저고여가 압록강에서 피살된 것이다. 몽고에 나라를 잃은 여진족의
소행이었다. 그들은 고려와 몽고 사이를 그렇게 이간질하려 한 것이
었다. 암살자에게 고려 옷을 입히고 고려 말을 쓰게 했다. 이 사건으
로 고려와 몽고의 관계가 크게 악화되었다. 그러나 그런 채로 다시

소강상태. 이것은 거의 전적으로 1227년 칭기즈칸의 사망 때문일 것이다.

칭기즈칸의 동생과 아들들 사이에 몽고제국 분봉(分封) 문제가 대체로 해결된 것은 1229년. 차카타이와 오고타이, 그리고 킵차크가 각각 칸에 올라 칸국으로 독립해나갔고 몽고 본토는 막내아들 투루이의 차지가 되었다. 그 투루이의 아들이 장차 크게 일어나 원을 세우는 쿠빌라이칸이지만, 그전에 고려와 인접한 요동지역이 칭기즈칸의 막내동생 오치킨에게 분봉되었다는 것은 앞서 말한 대로이다.

어쨌든 칭기즈칸의 사후 문제가 정리되자마자 몽고는 곧장 금에 대한 공격을 재개했고, 1231년 8월에 이르면 몽고 대군이 고려를 침공하기 시작한다.

1차 침입

몽고군 선봉장은 살리타(撒禮塔). 몽고군은 삽시간에 정주(의주 근처)를 함락했고, 그 기세에 자지러진 홍복인이 인주성을 그냥 내주었다. 홍복인은 몽고군 길 안내를 자청했다. 그러나 철주성은 무서운 기세로 덮치는 몽고군에 용감하게 맞섰다.

낭장 문대. 그는 적에게 사로잡혀 성문 앞으로 끌려나왔다. 몽고군은 그의 목에 칼을 들이대고 항복을 권유하라고 위협했다. 그러나 그는 정반대로 외쳤다. '싸우라. 사로잡힌 내가 수치스럽다……' 시퍼런 칼날이 그의 목에 꽂혔다.

이 죽음이 성 안 군사들의 사기를 크게 높였다. 성 안 군사들은 이 휘적의 지휘 아래 굳게 뭉쳤다. 그러나 중과부적(衆寡不適). 아니 절대 다수 대 절대 소수였다. 몽고군이 성문을 무너뜨리며 물밀듯 밀려들었고 이휘적은 자결하고 만다.

다음 목표는 귀주성. 강감찬 장군이 거란을 맞아 대승을 거두었던

곳. 서경으로 직결되는 길목이기도 했다. 귀주성은 방비가 튼튼했다. 아니 이곳이야말로 1차 총저지선인 셈이었다. 서북면병마사 박서가 그곳에다 삭주 분도장군(分道將軍) 김중온, 정주 분도장군 김경손, 정주·삭주·위주(위원)·태주(태천)수령과 군사들을 총집합시켜놓았던 것이다. 특히 김경손 등은 앞서 패한 적이 있어 전의가 더욱 치열하였다.

그래도 몽고군은 절대다수였다. 몽고군은 성을 몇 겹으로 포위하고 밤낮으로 공격했다. 그러나 고려군은 기습작전으로 맞섰다. 몽고군이 정예기병을 보내어 공략케 했지만 김경손이 이끄는 12명의 결사대가 모두 물리친다. 만만치 않다고 생각한 몽고군은 자기들에게 항복한 박문창을 보내어 항복을 권했다. 그러나 박서는 그의 목을 베어 성 아래로 내던져버렸다. 몽고군이 다시 해일처럼 귀주성을 덮친다.

누거(樓車)와 목상(木床)이 동원되었지만 고려군은 쇳물을 쏟아부으며 응수했다. 몽고군의 대포차에 고려군은 소포차로 맞섰다. 격노한 몽고군은 인질의 몸에서 짜낸 기름으로 섶을 적셔 산더미처럼 쌓고는 거기에 불을 붙여 성을 공격했다.

그러나 성 안은 필사적이었다. 고려군은 물에 갠 진흙을 던져 불을 껐다. 그렇게 1개월 여. 몽고군은 포위를 풀었다. 귀주성을 포기하고 다른 길로 남하하기로 한 것이다. 몽고군은 이런 말을 남겼다. '이 성은 절대 소수로 다수와 대적하니 이는 하늘이 돕는 바요, 인력이 아니다……'이때 귀주성 주력군은 농민이었다.

하늘과 스스로 돕는 자
그러나 하늘이 도왔으되 역사는, 아니 고려 스스로는 돕지 않은 것일까? 박서와 김경손은 비극의 인물로 역사에 기록된다.

몽고군은 12월에 다시 귀주성을 공격했다. 이때도 똑같은 상황이 전개되었다. 고려군은 포차를 쏘아 돌을 날렸고 살리타이의 항복 권유를 거절했고, 몽고군이 운제(雲梯, 구름사다리)로 공격하자 대도대병(大刀大兵)으로 모두 깨부쉈다. 몽고군의 한 장수가 다시 이런 말을 남긴다. '내가 천하의 성 공방전을 두루 겪었지만 이런 공격을 받고도 버티는 경우는 보지 못했다. 성 안의 장수들은 후일 모두 장상이 될 것이다……'

전투 중인 칭기즈칸과 몽고인들.

그 예언은 들어맞았나? 해를 넘겨 몽고군과 대치중이던 1232년 1월, 조정에서 사신이 당도한다. '나라에서 몽고와 강화를 맺었고 3군 모두 몽고에 항복했으니 너희 주도 싸움을 그치고 항복하라……' 그랬나? 그랬다. 몽고군은 귀주·서경로를 포기하고 남하, 파죽지세로 개경으로 향했다.

고려 조정은 채송년을 병마사로 삼아 막게 했지만 그는 안북부(아주) 전투에서 대패했고, 몽고군은 개경을 포위하고 항복을 요구하는 한편 양주·광주·충주·청주까지 무차별로 유린하는 전법을 구사했다. 고려 조정은 더 이상 버티지 못하고 항복을 결정했다. 최우는 저고요를 살해한 것이 고려인이 아니라 여진족이라고 해명했고……

그랬던가. 박서는 항복을 세 번 네 번 거절하다가 國법을 더 이상 어기지 못하고 항복했다. 그는 관직에서 물러났다가 후에 다시 벼슬길에 올랐다.

김경손의 운명은 더 비참하다. 그는 벼슬이 올랐고 난을 진압하는 등 공을 세웠지만 인망이 높았으므로 최씨 정권의 시기를 샀다. 백령도에 귀양갔다가 다시 1251년 최항이 계모 대씨와 이복형제 오승적을 죽일 때 바다에 생매장되고 만다. 오승적의 인척이라는 게 그 이유였다. 고려, 최씨 정권은 스스로 돕는 자였던가?

최우(? ~1249년)

물론 고려 무신정권은 그 정도로 항전을 스스로 포기했던 것은 아니다. 일단 한숨을 돌리고 나서 최우는 곧장 강화도 천도를 단행한다. 최우라……. 최충헌이 죽고 교정별감이 된 최우는 출발이 좋았다. 그는 자신이 축적했던 금은과 진기한 물건들을 왕에게 바치고 아버지 최충헌이 빼앗은 공사 전민(公私田民)을 원래 주인에게 돌려주었다. 그리고 아우 향을 귀양보내고 선비들을 대거 선발, 등용했다. 청렴과 공명정대를 솔선수범한 것이다.

한편으로 그는 집권기반을 튼튼히 했고 밖으로 몽고에 대비, 의주(덕원) · 화주(영흥) · 철관(철령) 등에 성을 쌓게 했으며, 1223년에는 자비로 은병 3백여 개와 쌀 2천여 석을 내고 가병(家兵)을 동원하여 개성의 나성을 수리했고, 황금 2백 근으로 13층탑과 화병(花瓶)을 만들어 흥왕사에 안치했다.

1225년이면 그는 사저에 정방을 설치하고 문무백관의 인사행정을 처리하게 된다. 그리고 1227년 이름난 유학자들을 모아 서방(書房)을 만들고 세 번으로 나누어 숙직케 하였다. 이 서방은 숙위기관으로 도방과 쌍벽을 이루는 집단으로 발전하게 된다.

도방은 내도방과 외도방으로 2분하여 강화·개편했다. 내도방은 최우 자신과 그 저택을, 외도방은 최우의 친척과 외부를 호위했다. 무력 호위집단을 요하는 것, 그 무력 호위집단이 전횡을 일삼는 것, 그 전횡에 휘말리는 것, 이것은 최씨 정권의, 아니 모든 무신정권의 운명일까? 최우는 특수 기병대인 마별초(馬別抄)와 야간순찰대인 야별초(夜別抄)를 다시 조직하는데, 이것은 모두 사병집단이었다.

그리고 1229년 그는 이웃집 수백 호를 강제로 철거하여 격구장을 만들고 도방 및 그 밖의 사병집단들을 모아 격구를 하게 했다. 그리고 그 자신은 5, 6일 동안이나 처박혀 격구를 구경하는가 하면 조정 중신들을 모아놓고 잔치판을 벌이기 일쑤였다.

이 야별초가 삼별초로 발전하여 경찰과 전투임무를 맡다가 후에 마지막 대몽항쟁을 벌이게 된다는 것을 우리는 우선 유념해두자. 어쨌거나 최우의 지위는 점점 더 높아졌다. 1231년 그의 처 최씨가 죽자 왕은 왕후의 예로 장사지내게 한다.

강화천도의 농성작전

몽고가 고려를 침략, 고려 조정의 항복을 받은 것은 그즈음이다. 최우는 스스로 돕는 자였을까? 전쟁은 기정사실로 굳어져가고 있었다. 몽고가 개경에 파견한 다루가치 노단은 오만방자하여 고려 군신들의 분노를 샀고 몽고의 공물요구는 과중했다.

강화천도는 몽고군이 수전(水戰)에 약한 것을 간파한 전술이었다. 강화도는 자연적인 요새로서 북쪽은 깎아지른 벼랑이고 만조(滿潮) 때가 아니면 배가 드나들지 못한다.

그러나 바로 그렇게, 강화천도는 벌써부터 필사의 대몽항쟁을 위한 것이 아니라 왕실을 볼모로 잡고 최씨 정권을 유지하고자 한, 구차한 농성작전인 면이 짙다. 이 농성작전은 고려 전국의 백성들과 전국의 토지와 경제·문화 등 모든 것을 몽고군에게 내맡겼다. 몽고군은 왕실·최씨 정권의 항복을 받아내려는 무력시위로써 그 모든 것들을 정말 우악스럽게, 몽고의 본질보다 더 극악무도하게 덮쳤던 것이다.

강화천도론이야말로 고려 '무신'정권의 자체 모순과 자해적인 한계가 '청렴·공명정대'의 최우를 통해 극명하게 드러나는 대목이라 하겠다. 그 720년 후 우리는 6·25 동족 상잔 중 이승만 정권의 한강철교 폭파작전에서 정반대의 현상에 접하게 된다.

최우의 강화천도론에 대한 반대는 물론 있었다. 개경은 태조 왕건이래 2백 년 동안의 도읍지로서 호수가 10만에 이르고 궁궐과 대감집들뿐 아니라 백성들의 집도 단청이 깨끗했고 저잣거리는 번성일로였다. 대체 어떻게 옮길 수 있단 말인가? 막막함이 제일 컸다.

반대와 강제

처음 반대론을 편 것은 유승단. 그의 기조는 사대론과 현실주의의 결합이다.

> 작은 나라가 큰 나라를 섬김은 떳떳한 것이다. 섬에 죽치고 엎드려 구차스럽게 세월만 보내면서 본토의 장정들은 칼날에 다 맞아죽게 하고 노약자들은 끌려가 종이나 되게 할 수는 없다……

두 번째 반대론은 김세충. 그의 기조는 단순 사수론이다.

> 개경은 성이 견고하고 군사와 양식이 족하므로 진실로 마땅히 힘을 합하여 지키면 사직을 유지할 수 있는데 이를 버린다면 장

카지미르 말레비치,
〈한 사람, 비행기와
철길 위에서 죽다〉.

차 어디에 도읍을 정한단 말인가……

유승단의 주장은 정확한 현실판단, 그리고 용기에 기초한 것이었
으나 사대론을 벗어나지 못했다. 김세충의 주장은 용기가 가상했지
만 단순포효일 뿐 구체적인 대책이 없었다. 이 씁쓸한 결론은 어쩐
일인가? 현실주의와 주체적 진취성의 바람직한 결합을 무엇이 가로
막는가? 최씨 무신정권의 존재 자체가 바로 장애이다.

유승단은 최충헌의 강조 폐위 때 함께 핍박을 받았지만 고종 즉위
와 함께 복귀, 신망이 높던 문신이다. 김세충은 야별초 간부. 유승단
은 중신회의에서 반대했고 김세충은 야밤에 최우의 집에 뛰어들어
따지는 형식을 취했다. 이 두 가지 반대론은 거꾸로, 최씨 무신정권
의 존재가 강제하는 문무 이분법의 폐해를 적나라하게 보여준다 하
겠다.

천도와 2차 침략
막강 최우의 강화천도론에 반대했던 두 인물은 어떻게 되었을까?
유승단은 커다란 불이익을 당하지 않는다. 김세충은 구체적인 계책

을 대라는 최우의 요구에 할 말을 잃고 물러난 직후 참형을 당했다.

최우 정권은 그쯤 '문민적'이고 또 그쯤 자신의 본질을 스스로 두려워했던 것인가? 어쨌거나 반대를 물리친 그는 왕에게 강화천도를 청하고 우선 녹봉거(祿俸車) 1백 대를 동원, 자신의 가재를 강화로 옮겼다. 그리고 개경 사람들을 강화로 피난시키는 한편 백성들을 산성과 해도(海島)로 소개시키게 했다. 왕의 강화천도를 전후하여 내시 윤복창이 서북면에서, 서경 순무사 민희가 서경에서 각각 다루가치를 습격했다. 그리고 몽고군은 회군한 지 얼마 안 되어 다시 고려를 침략해온다. 아니 계속 전쟁이었다는 말이 더 정확하겠다.

이번에도 선봉장은 살리타이. 몽고의 대군은 1차 침략 때보다 더 파죽지세로 고려 땅을 유린, 삽시간에 서경을 점령하고 개경까지 함락했다. 그리고 강화로 쳐들어갔다. 그러나 앞은 바다였다. 몽고군은 바로 눈앞에 강화도를 두고도 바다를 건너지 못했다. '고려 왕은 섬에서 나와 항복하라. 아니면 나라 전체를 쑥밭으로 만들리라……'

살리타이는 그렇게 으름장을 놓았지만, 예견된 바였다. 그렇게 그 후의 처참도 최우가 예견했던 바였을까? 몽고군은 경상도까지 남하하면서 닥치는 대로 약탈을 자행했다. 남자는 닥치는 대로 죽였고 여자는 닥치는 대로 겁탈했다. 숱한 유적과 문화재들이 불탔다.

농민·천민의 길

강화천도 당시 개경에서 노예와 초적, 승려들이 반란을 일으켰다. 이 난의 성격은 불분명하다. 그러나 몽고 침입 이후 농민·천민 난은 점차 대몽항쟁으로 발전한다. 사실 몽고와의 전쟁을 치른 것은 고려 조정이나 무신정권이 아니고 농민·천민들이다.

우선 귀주성을 지킨 것이 농민들이었다. 물론 농민·천민층의 대몽항쟁은 일사분란한 것은 아니었다. 몽고군의 침입을 틈타 농민·

천민이 조정에 반기를 드는 경우도 있었고, 심지어 몽고군과 결탁하는 경우도 있었다. 귀주성 싸움이 한창 벌어지던 때에 충주에서는 벌써 노비들이 몽고군을 격퇴하는 일과, 관노들이 양반의 비겁한 행동과 보복에 반발, 난을 일으키는 사건이 한 달 간격으로 벌어진다. 그러나 농민·천민들은 대체로 항몽전쟁 쪽을 택하게 된다. 이는 '애국심' 때문이 아니고 몽고군의 만행이 잔혹의 극에 달했기 때문이다. 육체의 전쟁이었던 것이다.

고려 조정에 대한 반란과 대몽항쟁을 겸하는 경우도 있었다. 어쨌거나 대몽항쟁은 농민·천민들의 애국전쟁으로, 국력의 강화로 이어지지 못했다. 왜 그랬을까? 여기서 장애물은 역시 최씨 무신정권. 그들의 어이없는 '무력' 농성작전은 육체의 전쟁, 육체의 반란을 지도하기는커녕 악화시켰을 뿐이다.

어쨌거나 그런 채로 강화천도 후 두 달 뒤에 벌써 마산·관악산 초적이 동선역 전투에서 몽고군을 격파한다. 2차 침입 석 달 전이다.

마지막 메아리

가공할 속도와 위력, 그리고 잔학성을 과시했던 몽고 2차 침입을 일단 저지한 것은, 놀랍게도 승려가 조직한 노비들이다. 하지만 이 이야기에는 서막이 있다. 몽고군 지휘자 살리타이가 개경에서 몽고군의 전국적인 행군을 총지휘하며 고려의 항복을 기다렸으나 회답이 없자 개경을 떠나 남쪽으로 향하려던 참이었다. 포로로 잡힌 고려 사람이 길을 가로막고 경고한다.

우리나라 옛말에 외국 장수가 한강을 건너면 그 신상에 해가 미친다고 했으니 건너지 마시오…….

이 경고는 뭐지? 다시 풍수지리? 아니다. 이 커다란 울림은 뭐지? 그렇다. 이 당당한 충고 혹은 경고는 삼국시대 고구려와 신라의, 그후 당과 통일신라의, 최후 저지선을 그 역사적 배경으로 깔고 있다.

그렇다. 이 예언은 맞아떨어진다. 그러나 예언의 효력 또한 여기서 다한다. 살리타이는 정말 신상에 커다란 해를 입지만, 그후 이 역사적 최후 저지선은 정말 유명무실해지는 것이다. 게다가 이번 경우 벌써, 최후 저지선을 입증한 것은 국가 대 국가 간 힘의 균형이 아니고, 앞서 말한 대로 승려가 조직한 노비였던 것이다.

살리타이는 그 충고를 무시하고 한강을 건넜다. 그리고 수원을 지나 용인으로 달렸다. 안성을 지나 용인 못 미쳐 처인성이 그들 눈앞에 들어왔다. 전혀 볼품 없는 성이었고, 군대도 보이지 않았다. 누가 지키기는 하는 건가……. 살리타이는 그렇게 어영부영 공격을 명했다. 그러나 예상대로 정식군사는 없었지만 저항은 정식군대보다 더 완강했다. 이게 어찌된 일이지?

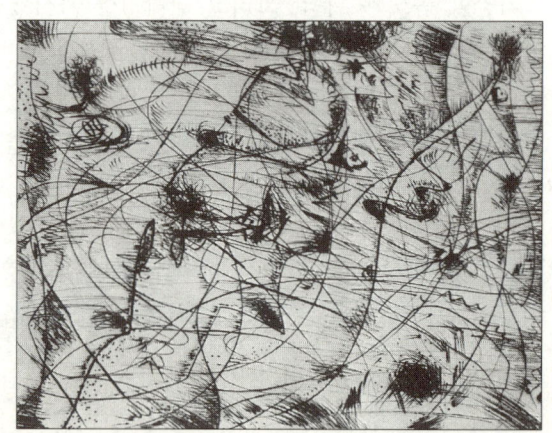

앙드레 마송, 〈겁탈〉.

승려 김윤후

성 안의 '백성'들을 지휘하고 있는 것은 김윤후. 그는 해방을 염원하는 천민들의 마음 그 자체를 조직하여 대몽항쟁을 승리로 이끈 영웅 승려이다. 그는 일찍이 중이 되어 백현원에 있었다. 백현원에서 처인성까지는 약 10리이다. 그는 평소 불경을 공부하는 일 외에 활쏘기 등 무술을 익혔다. 난세였고, 호국승이 필요했던 것이다.

몽고 2차 침략 때쯤이면 그의 활솜씨가 백발백중을 자랑하게 된다. 몽고군이 들이닥치자 그는 황급히 처인성으로 피신했다. 그러나 성 안에는 백성들밖에 없었다. 그는 활통을 멘 채 성난 백성들을 모아놓고 이렇게 독려한다.

왕과 조정 대신들은 난을 피해 강화도로 갔고 믿을 만한 장수도 없다. 스스로 내 땅, 내 마을을 지키자……

나라를 생략한 이 연설에 백성들은 모두 굳게 뭉쳤다. 처인성은 그래서 강했던 것이다. 그러나 살리타이는 1차 공격에 실패하고서도 상대방의 힘을 제대로 평가하지 못했다. 그는 자신의 방비를 허술히 한 채 선봉에 서서 위풍당당을 과시하는 만용을 부렸다. 김윤후가 그것을 놓칠 리 없었다. 김윤후가 쏜 화살은 살리타이의 양미간에 정확히 꽂히고 살리타이는 그 자리에서 즉사한다. 우두머리를 잃은 몽고군은 우왕좌왕했고 살리타이의 사망소식은 삽시간에 고려 전역으로 번졌다. 곳곳에서 의병이 궐기, 몽고에 맞서기 시작했다. 몽고군은 남은 군사를 수습하고 허둥지둥 본국으로 철수한다.

이렇게 몽고의 2차 침입은 고려의 승리로 막을 내렸다. 그러나 김윤후의 생애와 공적은 여기서 끝나지 않는다. 아니, 아직 끝난 것은 아무것도 없다. 몽고의 고려 침략은 아직 다섯 차례나 남았다. 그것을 감안하며 김윤후의 생애를 추적해보자.

신분해방가 김윤후

살리타이를 죽인 공으로 김윤후는 상장군에 제수되었다. 고려 조정은 여태 강화에 웅크리고 있었지만 그럴 여유는 있었다. 몽고는 2년 후에야 다시 오게 된다.

어쨌거나 김윤후는 상장군 직을 사양하고 굳이 섭랑장에 머물렀다가 후에 충주산성 방호별감(防護別監)이 되었다. 몽고군이 다시 충주성을 공략한다. 5차 침입 때이다. 성을 지킨 지 70일째 병사도 식량도 다 떨어지고 농민·천민과 관노들만 남게 되었다. 그가 이들을 이번에는 이렇게 독려한다.

> 누구든지 힘을 다 바쳐 싸우는 자는 귀천의 차별 없이 모두 벼슬과 작위를 주겠다. 너희들은 내 말을 의심치 마라…….

아니, 말뿐이 아니다. 그는 곧바로 관노문서를 불태우고 노획한 소와 말을 나누어주었다. 해방을 실제로 체험한 농민과 관노들은 모두 똘똘 뭉쳐 몽고군을 격퇴했다. 이 싸움으로 몽고군의 남하가 비로소 저지된다. 이 공으로 김윤후는 상장군에 올랐다. 그리고 조정은 김윤후의 약속대로, 관노와 백정에 이르기까지 모두 관직을 주었다. 그러나 고려 조정은 이 투쟁의 교훈을 제대로 새기지 못한 것 같다.

이러한 약속과 조처를 전국적으로 행했다면 그것은 미국 대통령 링컨의 흑인노예 해방선언 못지않게 전쟁 승리와 국력 신장의 동력을 농민·천민들로부터 끌어낼 수 있었으리라. 하긴 그 길은 최충헌 대에 이미 차단당했던 바이다. 그것은 무신정권의 본질에 위배되는 것이었겠다.

소멸과 퇴폐

김윤후는 그후 행복했을까? 아니다. 그는 동북면 병마사에 임명되지만 부임하지 못한다. 고려가 이미 완전 항복을 선언했고 동북면은 '몽고령'이라고 해도 과언이 아닐 정도였던 것이다.

박서, 김경손, 김윤후……. 아, 권력을 잡은 무력이 무력의 영웅을 소멸시키는가, 더군다나 이 대환란의 시기에? 아니, 대환란을 빚은 것도 무신정권이요, 영웅을 소멸시키는 것도 무신정권이겠다.

어쨌거나 몽고군이 물러난 이듬해, 북계 병마사 민희가 서경 토벌 작전을 전개한다. 서경은 몽고 1차 침입 때 살리타이에게 항복했던 홍복원 일당의 본거지였다. 홍복원 일당이 요양으로 밀려나 아예 몽고군에 합류한다. 그러던 중 동경(경주)에서 난을 일으켰던 최산·이유 등의 무리도 진압되고, 고려는 모처럼 휴가를 가졌다. 그러나 최우는 강화도에서 꿈쩍도 하지 않았다.

그렇다고 전쟁 대비책을 추진하는 것도 아니었다. 아니 거꾸로였다. 고려 조정은 사치·향락의 길로 접어들고 있었다. 지쳤음일까? 아니다. 무능한, 무력한, 무력의 허무주의 혹은 퇴폐주의였을 것이다. '왜냐하면' 몽고는 쉬고 있는 것이 아니었다. 몽고는 그 2년 동안 금과 동진국을 멸망시키고, 남송에 대한 공격을 강화한다. 고려 조정이 그 사실을 모를 리 없었다. 몽고의 재침입은 자명한 사실이었다. 아니, 몽고는 아직 고려에 있는 것이나 마찬가지였다. 그러한데 독안에 갇힌 사치와 방탕에 어떤 다른 이유가 있겠는가.

몽고의 3차 침입은 역전 노장의 군대를 동원한, 노골적인 보복전이었다. 지휘관은 당올태(唐兀台).

3차 침입

몽고군은 강화도 고려 조정은 거들떠보지도 않고 그냥 고려 전체를 짓밟았다. 순식간에 경상·전라까지 몽고군의 약탈에 발가벗겨졌다. 개주·온수(온양)·죽주(죽산)·대흥(예산) 등지에서는 고려군이 선전했다. 그리고 조정에서는 각 산성에 방호별감을 보냈다. 그러나 몽고군의 기세는 전혀 꺾이지 않았다. 황룡사 9층탑이 불탔고 대구 부인사 대장경판도 불탔다.

1236년 고려 조정은 국난 극복을 기원하며 경전판 제작을 시작, 16년 만에 그 유명한 8만대장경판을 완성한다. 아비규환의 염원이었을까, 아니면 황당무계한 사치였을까? 둘 다였을 것이다. 아니, 둘이 합쳐지는 과정에서의 어떤 기적이었다. 그 이야기는 따로 장을 마련하자.

3차 침입은 지루하고 지독했다. 그렇다. 곳곳에 작은 승리는 있었지만 영웅은 없었다. 김경손이 다시 등장하는데, 항몽전쟁이 아니다. 그는 1237년 봄, 전라도 나주 일대에서 백제부흥을 내걸고 봉기한 이언년의 난을 진압했다. 이언년은 김경손을 깊이 흠모, 부하들에게 활을 쏘지 말라 했다 한다.

각지에서 피해가 엄청났다. 고려 조정은 강화를 제의했고 몽고는 국왕이 직접 몽고로 와서 몽고 황제를 배알(親朝)할 것을 요구하며 물러났다. 이때가 1239년 초. 가장 기나긴 침입이었다. 고려는 왕족을 왕의 동생이라 속이고 대신 몽고로 보냈다. 그는 이듬해 무사히 귀환한다. 하지만 몽고는 그 편에 사신을 통해 다시 요구조건을 보내온다.

섬으로 소개시킨 민호들을 육지로 귀환시킬 것, 독로화(禿魯花, 인질)를 보낼 것, 관원 중 반몽행위자를 몽고로 압송할 것……. 고려는 우선 왕족 한 명을 왕의 아들이라 속여 귀족 자제 10명과 함께 독로화로 파견했다. 그리고…….

그런데 몽고에서 오고타이가 죽고 권력계승을 둘러싼 분규가 일어난다. 몽고는 인질만 받고 더 이상의 요구를 하지 않다가, 8년 후에 다시 온다. 이제, 우리도 장을 바꾸자. 아니, 그 휴지기를 틈타 관점도 바꾸어보자.

몽고, 모든 것을 덮치다 2 | 14장

육체의 반란 2

그러나, 아니 그리고 6·25전쟁이 좀더 복잡하게 그렇듯이, 처참의 원인은 고려 내부에도 있었다. 친원파의 주류를 이룬 불교세력. 이질적인 문명의 수용에 앞장서고, 그렇게 스스로 육체의 반란 – 타각의 진경을 보일 것이 벌써 예감된다. 그것이 고려 멸망의 모태를 형성해가는 것도, 벌써부터 보인다. 이 장에서는 당시 기록들이 많이 인용될 것이다.

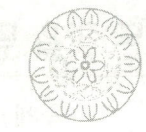

병적

　을유년 왕이 개경을 출발하여 승천부(경기 개풍군 풍덕면)에 머
무르고, 병술년에 강화도 객관으로 들어갔다. 이때 장마비가 열
흘이나 내려 진흙길에 발목까지 빠졌고 사람과 말이 쓰러져 죽
었다. 고관이나 양가의 부녀들이 맨발로 업고 이고 늙은 홀아비,
과부, 고아들이 셀 수도 없이 갈 바를 잃고 통곡했다……

　고종의 강화천도 광경이다. 눈물겹다고 하지 않을 수 없다. 최우가
자신의 가재를 강화도로 모두 옮기자 개경은 흉흉해졌다. 그는 날짜
안에 백성들을 옮기라 관에 명하고 '제때 출발하지 않는 자는 군법
으로 다스린다'는 방을 붙이게 했다.
　그 2년 후인 고종 21년(1234년) 왕은 '강화천도의 공(!)'을 세운 최
우를 진양후로 봉했다. 그럴 만도 하다. 살리타이가 죽고 몽고군이

퇴각한 후, 3차 침입 전이었다. 강화천도의 효과를 톡톡히 보았(다고 생각하)던 터였다. 그러나 이때부터 벌써 최우는 병적이다.

백관이 모두 하례하였다. 주와 군에서 다투어 선물을 바쳤다. 최우가 자기 집을 짓는 데 도방과 사령 군대를 모두 부역시켜 옛 서울의 재목을 배로 실어오고 또 그 집 동산에 심을 소나무·잣나무들을 실어오므로 사람이 많이 빠져 죽었다. 그 동산의 넓이가 무려 수십 리였다.

개경환도나 전쟁대비는 고사하고 그 좁은 강화도에 이 무슨 과욕이며, 망발인가. 독 안에 갇힌 자의 과대망상이라 하지 않을 수 없다. 최우의 이러한 병적인 행동은 얼음 옮겨오기, 안양산 잣나무 정원에 옮겨 심기 등 그 도를 더해가서 급기야 '사람과 잣나무 중 어느 것이 중하냐'는 익명의 대자보가 나붙기도 하는데, 죽기 4년 전인 1245년 그의 행적은 그 사치가 거의 광적인 수준에 달하고 있다.

최우가…… 잔치를 벌였다. 채색 비단으로 산을 만들어 비단 장막을 두르고…… 그네를…… 은단추와 자개로 꾸몄다……. 공인(工人) 1천3백50명이 모두 호화롭게 단장하고 뜰에 들어와 풍악을 연주하니…… 그들 모두에게 각각 백은 3근씩을 주고 기녀와 광대에게도 각각 금과 비단을 주니…….

고려사 사관은 이렇게 평가한다. 국가의 권력을 도둑질하여 제 분수를 모르고…… 조금도 두렵게 생각하거나 거리낌이 없으니, 그 죄가 진실로 죽어도 남을 것이다……. 그러나 이 광적인 사치는 그가 진실로 두려움에 떨고 있다는 뜻이 아닐까, 역사가 아니라 몽고 앞에서?

쇠하다

최우의 사치와 횡포가 심해진 것은 몽고의 2차 침입중 8만대장경 제작에 착수하면서부터이다. 최우 자신이 열렬한 대장경 제작 추진자였다. 그는 사재를 털어 대장경 제작에 착수하게 했고 대장경은 그가 죽은 2년 후에 완성되었다. 그가 대장경 제작을 필생의 작업으로 삼았다는 이야기가 된다. 두려움이 한편으로 사치와 횡포를, 다른 한편으로 대장경 제작을 강제했을까? 아니면 불교 자체가 극단적으로 이분화된 상태였을까? 둘 다일 것이다.

그 경황 중에 최우는 장학재단(양현고)에 쌀 3백 곡을 희사한다. 이것 또한 과시였을까, 아니면 초창기의 충정이 남아 있는 것이었을까? 역시 둘 다일 것이다. 아니, 유교 자체도 비틀거리고 있었다. 그러나 최우뿐인가? 무신정권뿐인가? 아니면 불교 혹은 유교뿐인가? 농민·천민들의 간헐적인 대몽항쟁말고는 고려라는 나라 총체가 스스로에 지쳤던 것 아닐까? 고려라는 총체가, 정말 끝까지 대몽항쟁에 최선을 다할 정치·경제·사회상태에 처해 있기는 했던 것일까?

4차 침입은 어중간했다. 5년 간의 내분을 끝내고 구유구가 즉위한 다음해 몽고는 다시 고려를 침입했다. 국왕 친조와 개경환도가 이루어지지 않았다는 게 이유였다. 지휘관은 아무간(阿母侃).

하지만 여전히 불안한 몽고 내부정세가 그의 뒷덜미를 잡아당겼던지 그는 염주(연안)에 진을 친 채 더 내려오지 않았다. 아니나다를까. 몽고에서 구유구가 죽고 다시 내분이 일었다. 몽고군은 곧 철수했으나 6년 후에 다시 온다.

최항(? ~1257년)

그 7년 간은 최우가 자신의 사후를 대비하고 최우 이후 무신정권이 어느 정도 정비되는 기간이다. 후계자는 최우의 서자 최항. 최항

오토 딕스, 〈전장의 자화상〉.

은 최우보다 여러 모로 못했다.

　최항은 창기 서련방 소생으로 출가하여 송광사에 있었다. 초명은 만권. 쌍봉사로 옮긴 후 그는 무뢰배 승려들을 모아 부하로 삼고 행패를 부리며 고리대금업으로 백성들을 착취하여 남쪽 지방에서 원성이 매우 높았다. 형부상서 박훤이 그의 처벌을 최우에게 청한다. '그를 벌하지 않을 경우 적의 군사가 이르면 백성들이 모두 반역, 적에게 투항할 염려가 있습니다……'

　최우가 어찌할까 망설이다가 오히려 박훤을 흑산도로 귀양보냈다. 최우가 만권의 비행을 몰랐던 것은 아니다. '아버지가 살아계신 동안에도 이처럼 압박을 받는데 아버님이 돌아가신 뒤에는……' 만권이 그렇게 누이에게 하소연하더라는 소리를 그는 다른 사람을 통해 들었다. 죽음에 대한 예감이 혈육의 정을 부채질하였던 것이다. 최우는 최항을 환속시키고 문신들로 하여금 글과 예를 가르치게 했다. 그리고 그에게 가병(家兵) 5백여 명을 나누어주었다.

최우가 죽고 나서 최항은 어렵지 않게 아버지 자리를 이어받았다. 권좌에 오르자마자 그는 특유의 시기심을 발동, 신망이 높던 신하들을 귀양보내거나 죽였다. 형부상서 박훤, 그리고 전 추밀원부사 주숙을 죽였다. 그리고 몽고군 격퇴에 결정적인 공이 있는 두 사람, 추밀원사 민희와 추밀원부사 김경손을 귀양보냈다.

계모 대씨를 개인적인 감정으로 죽이고, 계모와 인척간이라는 이유를 씌워 귀양중의 김경손을 바다에 생매장한 것은 1251년. 그해에 몽고 내분이 끝나고 망구(蒙哥)가 황제에 오르면서 곧바로 고려에 출륙환도(出陸還都)와 국왕 친조를 재촉했다. 그리고 몽고군은 1253년에 온다. 누구로써 몽고군을 막을 것인가. 천기 출신 무뢰배 승려의 무신독재. 이것은 아마도 타락한 불교의 자학일 것이다.

여생

동시에 그것은 무신정권이 스스로에게 내린 사형선고이기도 하다. 최항의 집권 초기는 최우 집권기 전과정을 반복 · 집약 · 악화시킨다. 그리고 나머지는? 여생일 뿐이다. 그의, 그리고 무신정권의. 물론 백성들로서는 끔찍한 여생이었다.

각 지방의 조세를 덜어주고 교정도감의 가렴주구를 없애고 얻었던 신망을 최항은 곧 잃었다. 사치와 향락을 일삼고, 사람을 함부로 죽인 까닭이다. 몽고정책은 갈팡질팡했다. 1250년에는 몽고의 환도 요구에 응하는 척하려고 승천부(개풍)에 새 궁궐을 지었다. 그러나 2년 후 왕이 그곳에서 몽고의 사신을 만나려 하자 그는 강경하게 반대했다. 그러는 사이 세월은 가고 1253년 몽고 장수 야굴(也窟)이 대군을 이끌고 침입한다. '드디어'라는 감탄사를 내뱉고 싶은 충동을 애써 참아야 하는 대목이다.

최항은 군사·외교적인 면에서 아무런 근본적인 대책도 없이 그냥 뻗댈 뿐이었다. 몽고에 항복할 경우 최씨 정권이 끝장날 가능성은 최우 때보다 훨씬 높았다. 아니 불을 보듯 뻔했다. 왕자 창을 보내어 회군을 청하라는 권고의 글이 왔고 전란에 지친 중신들은 다소 굴욕적일망정 전쟁을 끝내고 평화를 되찾자는 주장이었다. 그러나 최항은 막무가내로 거절하였고, 야굴은 고려 천지를 휩쓸어버리라고 명을 내린다.

모든 것이 변해가는데 몽고와 무신정권의 관계만 그대로이다. 이것 또한 육체의 반란 혹은 전쟁의 한 단면일까? 고려 조정은 고려 백성과 토지 대부분을 또 한 차례 야수의 먹이로 포식당하게 만들고 난 연후에야 몽고에 왕자 창을 보냈다. 단, 김윤후가 노비문서를 불태우며 농민·천민들을 재조직, 몽고군을 격퇴시킨 것이 이때이다. 그러나 이것 또한, 이제 와서는 거대한 반복의 일부로밖에 보이지 않는다.

왕자 창을 인질로 몽고군은 철수했다. 그러나 무슨 소용인가. 최충은 계속 뻗대고 곧 6차 침입이 왔다.

6차 침입

5차 침입 때 함락되었던 서해도 양산성에 대해 이런 기록이 남아 있다.

　방호별감 권세후는 지형이 험한 것만 믿고 술만 마시며 방비는 하지 않고 거드름을 피웠다. 드디어 성이 함락되었다. 권세후는 목을 매어 자결하고 성 안에 죽은 자만도 4천7백 명이었다. (몽고군이) 10세 이상 남자는 모조리 죽이고 부녀자와 어린아이는 병졸들에게 나누어주었다.

그러나 6개월 후에 전개된 6차 침입은 질(質)에서 또 양(量)에서 그 참혹이 최악의 수준에 달한다. 1254년 몽고는 사신을 보내 예의 개경환도를 요구하는 동시에 자랄타이(車羅大)에게 대군을 주어 고려를 침공케 했다. 고려가 자랄타이의 군대에 입은 피해는 실로 엄청난 것이었다. 다시 기록을 인용한다.

이해에 몽고 군사에게 포로로 잡혀간 남녀가 무려 20만 6천8백여 명, 죽음을 당한 자는 이루 헤아릴 수 없고 몽고군이 거쳐 간 마을은 모두 잿더미가 되었다. 몽고군의 난이 있은 뒤로 이보다 더 심한 때는 없었다.

물론 고려의 저항도 만만치 않았다. 이때부터 백성들과 함께 별초군이 항쟁의 주역으로 부상한다. 별초군은 기습작전을 펴면서 몽고군에 심대한 타격을 입혔다. 그러나 도대체 누구를, 무엇을 위한 항전인가. 육체의 피비린내 나는 전쟁만이 남았고 그 육체들이 생명을 잃고 썩어갔다. 기록이 이어진다.

이듬해 3월 여러 도 고을들이 난리를 겪어 황폐해졌으므로 잡세를 면제하고 산성과 섬에 들어갔던 자들을 모두 나오게 하였다. 산성에 들어간 백성들 중 굶주려 죽는 자가 매우 많았고, 늙은이와 어린아이가 길가에서 죽었다. 심지어 아이를 나무에 붙잡아 매고 가는 자도 있었다……

말을 탄 채 활을 쏘는 사람의 솜씨는 몽고 군대의 성공에 결정적인 역할을 했다.

4월, 도로가 비로소 통하였다. 병란과 흉년이 든 이래 해골이 들에 덮이고 포로가 되었다가 도망쳐 귀경하는 백성이 줄을 이었다. 도병마사가 하루에 쌀 한 되씩을 주어 구제했지만 죽는 자를 헤아릴 수가 없었다.

무의미

몽고군이 받은 타격을 회복할 겸 해서 자랄타이가 일단 철수했던 1255년도의 상황이다. 자랄타이의 요구는 하나 더 늘어난 상태였다. 고려 왕과 신하는 모두 몽고식으로 머리를 깎을 것. 그 안하무인의 요구가 아니었더라면 고려 조정은 1254년에 적당한 절차를 밟아 항복했을 것이다.

자랄타이가 구사한 전략은 이른바 조수작전(潮水作戰), 즉 밀물처럼 몰려왔다가 썰물처럼 퇴각하는 작전이었다. 고려에서 답이 없자 1356년 다시 고려를 공략한다. 이번에는 서해안 지역을 집중 공략했는데, 수전이라 고려군의 분전에 몽고군이 오히려 많은 타격을 입었다. 몽고군은 외교적 명분을 챙기고 다시 철수한다. 그러나 아주 잠깐이다. 아니, 오며가는 것이 이제 무슨 의미가 있는가. 몽고군이 공략을 개시했을 때 민심은 이렇게 참담한 지경에 달해 있었다.

……몽고 군사 때문에 6도 별감 파견을 중지했는데 그때 왕명을 받고 대신 파견된 자들이 백성들에게 공물을 무리하게 거두어들였다. 상부에 바치기 위해서였다. 백성들이 매우 괴롭게 여겨 도리어 몽고 군사가 오는 것을 기뻐하였다.

그러나 이 참담함조차 무슨 소용인가. 몽고군이 잠시 철수한 1556년 12월 상황은 이렇다.

눈이 내리지 않고 굶주림과 돌림병이 서로 겹쳐 시체가 길을 덮었다. 은 한 근에 쌀 두 섬이었다.

어쨌거나 이런 와중에 최항이 사망하고 그의 아들 최의가 정권을 인계받는다. 그러나 무신정권은 자해를 거쳐 자살소동까지 다 끝낸 상태이다.
비유컨대 최의에게는 괴로운 신음뿐 유언할 시간조차 없었다.

최의(? ~1258년), 그후
최의는 최항과 여종 사이의 소생이다. 용모가 아름답고 성품이 조용하고 부끄럼을 많이 탔다. 1257년 최항이 죽자 야별초와 신의군(神

義軍, 몽고에 포로로 잡혀갔다 도망쳐 나온 사람들로 만든 군대), 그리고 서방·도방에 의해 옹립되었다.

그 또한 집권 직후 민심수습 행각을 벌였다. 그러나 해를 넘기자마자 횡포를 자행하기 시작한다. 아니, 그전에도 문제가 있었다. 그의 아버지가 창기 출신이고, 그 또한 천비 출신인 것에 그는 병적인 열등감을 느꼈다. 사람들은 그 앞에서 책을 읽다가도 '창기' 혹은 '천비' 같은 표현이 나오면 피해가야 했다. 정적을 제거하고 싶으면 최의에게 '그가 당신 외가를 천하다고 했다'고 참소하면 되었다. 그는 나이가 젊은데다 어리석고 용렬하여 잡스러운 무리를 상대했을 뿐 현사들을 예우하지 않았다.

기근이 들었는데도 곡식을 내지 않은 것이 결정적으로 인심을 잃게 된 계기였다. 최의는 집권 이듬해 대사성 유경, 별장 김준, 낭장 임연 등에 의해 피살되었다. 김준은 노예 출신인데 최항이 야별초 별장으로 삼은 바 있었다. 이공주와 최양백도 마찬가지 경우였다. 그러나 최의는 더욱 높은 직위를 남발, 이공주를 낭장으로 임명했다. 결과적으로 김준은 따돌림을 당한 셈이 되었고 그것이 최의 살해를 음모하는 동기로 작용했던 듯하다. 최의 살해에는 야별초가 동원되었다.

최의의 짧은 집권기간중 몽고의 마지막 침략, 즉 7차 침입이 발발한다. 그러나 문헌기록상 최의는 7차 침입과 아무런 연관도 없다! 최의도 물론 국왕 친조와 출륙환도를 지연시켰겠다. 그러나 몽고 7차 침입의 더 직접적인 계기는 고려가 몽고에 바치는 공물마저 중단한 것인데, 그가 지시했다는 자료는 전혀 남아 있지 않다. 이미 죽은 무신정권의 '유령'이 한 짓인가? 7차 침입은 1257년 6월. 역시 자랄타이가 이끄는 몽고군이었다. 이번에는 양상이 좀 달랐다. 황해·경기·충청도를 되는 대로 약탈하는 한편, 고려에 요구조건을 완화, 왕의 친조를 태자의 입조로 바꾸었다.

유령

고려는 이것을 받아들이는 듯했지만 태자 대신 왕자를 입조시켰고 그것이 빌미가 되어 몽고는 다시 공격해왔다. 그런 와중에 최의가 피살되고 최씨 정권이 완전히 무너졌다. 아니, 무너지는 것은 육체뿐이다. 그뒤로 이어지는 김준·임연·임유무의 정권 또한 무신정권인데, 더 정확히 말하면 이것은 최씨 무신정권의 유령인 것이다.

아니, 유령에 '불과하다'는 표현이 더 맞는가? 어쨌거나 김준은 최의를 죽인 후 유경이 실권을 쥐자 고종으로 하여금 그를 파면케 함과 동시에 그 일당을 참살하고 빠른 속도로 실권을 거머쥐었다. 몽고와의 화의교섭은 그것과 관계없이 급속도로 진행되었다.

최의가 피살된 해 5월에 고종이 강화에서 나와 승천부에서 몽고 사신을 맞았다. 그리고 12월에는 사신을 몽고로 보내 최의 제거를 알리고 출륙환도와 태자 입조를 약속했다. 그리고 이듬해인 1259년 3월 태자 전을 실제로 몽고에 파견했다. 이로써 28년 동안 계속된 고려와 몽고의 전쟁은 완전히 끝나게 된다. 물론 몽고난은 이제 시작이지만.

화의내용은 일방적인 항복과 좀 달랐다. 고려는 태자 입조의 대가로 1)고려의 풍속을 바꾸지 말 것 2)몽고 사신의 빈번한 왕래를 자제할 것 3)개경환도를 재촉하지 말 것 4)몽고군을 철수시킬 것 5)다루가치를 두지 말 것 등을 요구조건으로 관철시켰다. 이것은 대단한 성과이다. 지켜질 수만 있었다면. 그러나 이 요구조건은 유야무야, 다시 유령의 영역에 속하게 된다. 그것도 고려 왕조의 자의반 타의반에 의해서.

고종(1213~1259년)

몽고와 화의가 성립된 직후 고종은 숨을 거두었다. 마치 고난을 감당하는 것이 자신의 운명이었다는 듯이. 그러나 그 또한 개인적으로도 엄연한 '전범'이었다. 그가 사망한 해에 쓰여진 기록을 비교해보면 그 사실은 극명하게 드러난다.

몽고가 성주(평남 선천) 기암성을 치니 야별초가 성 안 사람들을 거느리고 함께 싸워 크게 이겼다. 성 안에 식량이 바닥난 지 오래라서 사람이 서로 잡아먹었다.(그해 정월)

연등절에…… 잔치를 베풀었는데…… '박수로써 나의 즐거움을 도우라'고 하였다. 술이 다했는데도 오히려 왕은 더욱 즐거워했고 여러 신하들은 손뼉을 치며 뛰놀아서 온몸에 땀이 흘렀다……

동북쪽은 모두 적의 소굴이 되고 서남쪽 사람들은 섬에 임시로 옮겨 살고, 죽은 시체가 길에 널렸고 창고가 모두 비었다……. 그런데 향락만 일삼으니.(그해 2월)

그리하여, 어떻게 되었는가?

여러 공신들이 새벽에 이르도록 강 밖에서 사냥하고 술을 마시며 풍악을 울렸다. 국상을 당했는데도 놀고 사냥하고 잔치하며 즐기니…….(그해 10월)

그는 46년 동안 재위하면서 몽고에 맞선 최씨 정권의 인질 노릇으로 일관했다. 최씨 정권이 무너지고 나서 그는 태자를 인질로 주었고 몽고병이 강화의 내성·외성을 헐게 했다. 그것이 유일한 업적이다.

웬 사치·방탕인가. 그의 죽음에 대한 군신들의 불경(不敬)을 그 스스로 자초한 것이다.

육체에 의한 육체의 자살

그러나 고려 왕실의 사치와 방탕, 그리고 문란은 고질적이고 또 본질적인 것이다. 무신정권은 어땠는가? 우리가 알다시피 무신정권은, '박정희 신화'와 달리 근검·절약하지 않았다. 그러나 혹시 엄격하고 강건한 도덕성을 갖고 있었던 것은 아닐까, 문신에 대한 열등감이 컸던 만큼? '혁명적 청년 장교'의 신화와 연관된 이 기대는 그러나 매우 헛된 것이다.

건강한 도덕이란 언제나 균형의 결과인 까닭이다. 문과 무 사이, 육체와 영혼 사이, 감성과 지성 사이, 본능과 이성 사이의 균형. 역사 발전이란 그 균형의 질이 높아져간다는 뜻이다.

1227년 윤4월 신기군의 인걸이 적 앞에서 용맹을 떨칠 기회가 없다는 이유로 반란을 일으켰다. 그리고 이듬해 6월 서리가 여죄수를 강간하여 죽게 하는 사건이 일어난다. 최충헌이 죽고 최우가 집권한

막스 베크만, 〈지옥, 밤〉.

시기에 일어난 이 두 사건은 매우 상징적이다. 고려 무신정권의 탄생·계승·멸망사는 매우 피비린내 나고 그 간의 남녀상열지사(史, 事)는 고려 왕실 못지않게 육체·포르노적이면서 동시에 매우 천민적이다.

최항과 최의가 노예출신에게 관작을 주고 최의가 그 노예출신 관리로부터 죽임을 당하는 것은 사실 육체에 의한 육체의 자살 같은 것이다. 육체가 스스로 엉망진창의 잔명을 견딜 수 없었던 것일까? 최씨 정권이 자행한 정욕과 피비린내의 향연을 다 모을 수는 없다. 몇 개의 단면을 이어본다. 나머지는 상상하라.

동남(童男)과 동녀(童女)

최충헌이 대저택을 지으며 백성들을 부역시켰다. 이때 매우 흉한 소문이 돌았다. 비밀리에 동남·동녀를 잡아다가 5색 옷을 입혀서 집터 동서남북 네 귀퉁이에 생매장하면 토목의 재앙을 물리칠 수 있다……. 난리가 났다. 사람들은 자기 아이를 깊숙이 감추었고 심지어 먼 곳으로 도망가는 자까지 있었다.

더욱 가관인 것은 민심이 흉흉한 것을 악용하여 무뢰배들이 아이를 끌고 가는 척하면서 부모들에게 많은 재물을 받고서야 풀어주는 것이었다. 최충헌은 그 말을 듣고 방까지 붙였다. '만약 어린아이를 붙잡아가는 자가 있으면 관아에 고발하라…….' 그후 소문은 사라지고 어린애를 인질로 삼는 무뢰배의 소행도 자취를 감추었다.

그러나 이 요언(妖言)의 뜻은 최충헌의 무신정권이야말로 재앙이라는 것이겠다. 그리고 동남·동녀……. 벌써 요언에 몽고풍(風)이 왔던가. 물론 그럴 수도 있다. 그러나 동남·동녀에 대한 우리나라 사상 초유의 이 '수요'(?)는 무신정권의 내적 성적 문란의 조짐이기도 하다.

최씨 정권도, 몽고도 모두 무신정권이었다. '동남·동녀'는 그토록 적대적이었던 두 축의 공통점을 암시하는 기이한 상징이라 할 것이다. 그래서 어떻게 되는가? 몽고의 '숭한' 풍속을 능가하는 짓이 벌어진다.

여종 동화

최충헌의 여종 동화는 용모가 매우 아름다웠다. 그녀는 매우 헤프기도 했던 듯하다. 마을 사람들이 그녀와 두루 사통했고 최충헌도 역시 그랬다. 하루는 최충헌이 그녀에게 농을 던졌다. '너는 누구를 남편으로 삼겠느냐?' 동화가 최준문을 지목하자 최충헌은 곧장 최준문을 불러 집에 두다가 대장으로 임명해 후에 대장군 벼슬까지 주었다.

이 이야기에는 서막과 결론이 있다. 최충헌은 병석에 누우면서 아들 최우에게 이렇게 말했다. '내 병이 낫지 못할 터인데 형제 간에 싸움이 생길까 걱정되니 너는 다시는 내게 오지 마라……' 그때부터 최우는 병을 핑계로 가지 않았다.

동화 덕분에 출세길에 오른 최준문은 최충헌 집 옆에 자기 집을 크게 짓고 용맹한 무관들과 교분을 맺었다. 그는 최충헌이 병들자 모의를 꾸몄다. '주인이 죽으면 최우가 반드시 우리를 죽일 것이다……' 그들은 최충헌의 병이 위독하다는 말을 최우에게 전달, 그가 오면 그 자리에서 죽일 작정이었다.

그러나 최우는 최충헌 말대로 그 전달을 받고도 가지 않았다. 전달은 재차 삼차 왔고, 최우는 그럴수록 의심이 들어 가지 않았다. 일촉즉발의 긴장이 계속되는데 최준문 쪽에서 배반자가 났다. 그것을 모르는 최준문과 지윤심은 직접 최우에게 가는 쪽을 택했다. '노대감이 위독하니 속히 가서 보시오……' 둘은 즉석에서 체포되었고 일당은 귀양보내졌다.

최준문은 귀양길에서 암살당했다. 동화는 어떻게 되었을까? 기록에 없다. 그러나 자운선의 예를 보건대, 최우가 첩실로 들였다고 한들 하등 이상할 것이 없다.

육체의 최후

최의는 김준 등의 거사계획을 미리 알았다. 최량백의 밀고가 들어왔던 것이다. 날이 저물 때였다. 급히 최의에게 불려들어온 심복 유능은 '어두운 밤이니 내일 새벽 이일휴를 불러 군사를 동원하자'고 했고 최의는 그 말을 따랐다.

그런데 그 일이 다시 김준 일당에게 보고되었다. '일이 급하니 속히 손을 쓰자······.' 김준은 야별초 대장 한종궤를 잡아죽이고 삼별초를 불러모으고는 최의가 한종궤를 죽였다고 동네방네 떠들고 다니게 하니 그 이야기를 듣고 사람들이 모여들었다.

김준은 밀고자 최량백을 불러들였다. 최량백은 마루에 오르기도 전에 별초병이 횃불로 입술을 지져 죽였다. 임연은 이일휴 집을 습격, 그 자리에서 이일휴를 죽였다.

김준은 최의 집 문지기 군사에게 밤시각을 알리지 말도록 조치했다. 광장에서 관솔불을 대낮처럼 밝히고 대오를 정비하며 시끌벅적했지만 안개가 매우 짙어서 최의의 가병(家兵)은 그 일을 짐작도 하지 못했다. 동틀 무렵 야별초들이 최의 집 벽을 허물고 들어갔다. 그러나 최의의 직속 호위병 원발은 힘이 천하장사였다. 그가 칼을 쳐들고 떡 버티고 서니 들어갈 도리가 없었다. 하지만 원발은 결국 혼자서 이기지 못할 것을 깨닫고 최의를 업고 도망치려 했다.

그러나 육체의 과잉이다. 최의가 너무 살이 찌고 무거워서 원발의 힘으로도 홀로 업을 수가 없었다. 원발은 최의를 부축해서 으슥한 방에 옮겨놓고 돌아와 문을 막아서려 했다. 그때 틈이 보였다. 오수산이 뛰어들며 원발의 이마를 칼로 내리쳤다. 원발은 담을 넘어 도망가다가 별초군에게 살해되었다. 최의와 유능도 난자당하여 죽었다.

최씨 정권은 몽고가 아니라 육체의 과잉에 의해 죽었다. 육체의 방종을 자주라 부른다면 모를까, 무신정권이 자주적이었다는 주장은 별 근거가 없다. 무신정권은 한마디로, '뒤집힌 몽고'였다. 몽고가 육체의 가학이었다면 고려 무신정권은 피학 혹은 자학이었다.

그후의 수난과 치욕 1 15장

왕족과 삼별초, 일본원정, 백성들

몽고는 강대국이었다. 그 강대국에 침략을 당하고 국토 전체를 짓밟힌 것은 물론 자랑할 일은 아니지만 그것 자체로 부끄러워할 일도 아니다. 그러나 분명 고려 조정은 수치스러운 대응으로 일관했고 백성들은 가장 용맹하게 맞섰다. 이 장은 몽고 지배의 장이다. 그것은 앞장보다 더 처참한 수난과 치욕의 장이다. 그것에 대응하는 왕족과 군신, 그리고 백성들 각각의 방식이 서로 다른 것임을 우리는 미리 유념하자.

원종(1259~1274년)/김준(? ~1268년)과 임연(? ~1270년)/회화화와 거대한 비극/반전(反 轉)/대이동/민심/김방경/
격전/아, 제주도/수난(의 시각) 속으로/약소국의 왕/더 큰 세 나라, 실종된 나라

원종(1259~1274년)

원종은 15년 간 재위한다. 그러나 3배 이상 재위했던 선왕 고종 때의 상황이 호전되지 않고 고스란히 역전된다. 무신정권이 완전히 정리되고 고려가 명실공히 원의 속국으로 되는 것이다. 그래서 원(元)종인가. 인질 신분으로 원나라에 보내졌던 그가 처음부터 친원파였을 리는 없다. 고려의 처지가 그에게 그것을 갈수록 강요했을 것이다.

고종이 세상을 떠났을 때 그는 원 세조 쿠빌라이칸을 만나고 있었다. 그는 급거 귀국하여 왕위에 올랐다. 김준은 그 와중에 자신의 벼슬을 한 등급 올리고 권력기반을 다졌다. 김준은 강화도 정부를 계속 유지하고 대몽항전도 계속할 작정이었다. 그에게는, 아니 그에게도 선택의 여지가 없었다. 원종은 1261년 태자를 몽고에 보내 아리패가의 평정을 축하하는 등 몽고와의 관계개선에 주력하고, 같은 해 서울에 동서학당을 설치하는 등 개경환도 의지를 분명히 했다. 그리고

1263년에는 홍저와 곽왕부 등을 일본에 보내어 일본 해적이 고려에 침범하는 것을 단속해달라고 청했다.

이러한 '평화를 지향하는' 행위와 조처들이 왕권을 어느 정도 높이고, 김준의 무신정권과의 알력을 조장했을 것이다. 그런데 1294년 왕권에 결정적으로 유리한 사태가 빚어진다. 원나라가 다시 국왕의 친조를 요구한 것이다. 김준의 무신정권은 그것을 막을 만큼 강력하지는 못했다. 김준은 왕을 보내는 대신 자신의 직급을 교정별감으로 확정했다. 그리고 왕이 귀국하자마자 자신을 시중에 임명하고 해양후에 책봉케 하였다.

김준(?~1268년)과 임연(?~1270년)

형식상으로는 최우 못지않은 권력의 절정이었다. 하지만 원의 뒷받침을 받은 원종의 세력이 최우 때와는 달리 강화되어갔다.

반면 절정에 오른 김준과 일족들이 탐학을 일삼으며 백성들을 괴롭혔고, 심지어 궁실에 바치는 내선(內繕)까지 중간에 가로챘다. 일촉즉발의 위기인데, 몽고에서 지원이 온다. 1268년 몽고는 징병조서를 전하면서 김준 부자 및 그 아우의 입조를 요구한다. 두려움을 느낀 김준이 몽고 사신을 죽이고 원종마저 제거할 것을 모의하지만, 아우 충의 반대로 이루지 못했다. 이때 원종이 모의사실을 알고 김준을 먼저 치는데, 이때 동원된 것은 무신정권의 제2인자 임연.

임연은 또 김준만 못한 인물이었다. 그는 대장군 송언상의 종이었는데 고향에 있다가 몽고군을 물리친 공으로 대정(隊正)에 임명되었다. 그후 김준의 눈에 들어 승승장구했고 최의 정권을 무너뜨릴 때 다시 결정적인 공을 세우고 일약 고려 조정의 제2인자로 부상한다.

김준을 제거한 후 권력을 손에 넣은 임연은 횡포가 김준보다 더했다. 그는 김준 제거 때 힘을 합쳤던 무리들을 차례로 제거하고 왕과의 사이가 벌어지자 급기야 왕의 폐립까지 도모한다.

김준 집정시절인 1267년 신종·희종·강종 3대의 실록을 편찬케 하여 왕권강화를 도모했던 원종은 1268년 개성에 출배도감(出排都監)을 설치, 개경환도를 구체적으로 준비하기 시작했다. 그리고 이듬해에는 태자 심을 다시 몽고에 파견, 친몽정책을 굳건히 한다.

임연은 삼별초와 육번도방을 거느리고 '항몽·자주'를 논하며 군신들을 위협, 원종을 폐위케 하고 원종의 동생 창을 옹립하고 자신은 교정도감에 올랐다. 그러나 그는 뒷심이 약했다. 아니, 몽고의 후원을 업은 왕권이 그만큼 강했던 것일 게다.

태자가 고려로 돌아오다가 그 소식을 듣고는 다시 원으로 발길을 돌린다. 임연은 절일사(節日使)를 보내어 태자를 데려오게 하였지만 절일사가 오히려 왕의 폐립 전모를 원 세조에게 고해바쳤다.

희화화와 거대한 비극

원이 병부시랑 등을 보내 힐문하니 임연은 할 수 없이 원종을 복위시켰다. 실로 어정쩡한 조처라 하지 않을 수 없다. 이듬해 원종이 다시 원에 입조하러 들어간다. 절호의 기회였겠으나 임연은 전전긍긍만 일삼았고, 때마침 최탄이란 자가 조정에 반기를 들고 북쪽 50여 성을 몽고에 바치고 귀속을 청했다. 명분은 원종의 폐위. 임연은 화를 이기지 못하고 등창이 터져 사망했다.

뒤를 이은 것은 아들 임유무. 그는 아버지보다는 결단력이 있었지만, 왕이 선수를 쳤고 그는 이미 늦은 만용으로 끝났다. 원종은 상장군 장자려를 보내어 그에게 개경환도를 명했다. 그는 고관들을 모아 의논했지만 대세는 이미 환도 쪽으로 기울어져 있었다. 분노한 그는 여러 도에 무관들을 보내어 수로와 산성을 지키게 하였다. 왕명을 거역한 것이다. 그러나 여의치 않았다. 그의 직속부대 역할을 하던 야

원나라 전기의 대표적인 화가인 조맹부의 〈작화추색도권〉 부분.

별초의 작전이 속속 관리들에 의해 차단당했고, 장인 이응렬과 추밀
원부사 송군비에 대해 자형 홍문계와 직문하성 송송례가 반감을 갖
는 등 임유무의 최측근 내부에서조차 내분이 일었다.

원종이 그 내분을 활용한다. 홍문계와 송송례는 원종의 손짓에 호
응, 삼별초를 모아 사직을 호위하자 선동하여 임유무를 습격, 그 일
당을 분쇄하였다. 이것이 무신정권 최후의 장면이다. 물론 희화화이
다. 그러나 그것은 이후의 기나긴, 그리고 거대한 비극을 예고하는
희화화이다. 그리고 이 희화화가 다행스럽게도 이후 고려에서 일어
나는 모든 일에서 무신정권과의 연루를 소멸시켜버린다.

그렇다. 무신정권이 자주적이었던 것이 아니고 이 희화화가 무신
정권을 정말 어이없이 소멸시키므로 그 이후 일련의 사태들을 장렬
한 항쟁과 숭고한 수난의 차원으로 승화시키는 것이다.

반전(反轉)

원종은 몽고의 군대와 함께 귀국했다. 임유무가 죽고 개경환도가

이루어질 즈음 원이 고려 내정을 간섭할 토대는 이미 확고한 상태였다. 그러나 그후 벌어진 삼별초의 봉기가 원에 대한 고려의 예속을 더욱 강화시킨다. 몽고군의 지원으로써 고려 조정은 삼별초의 봉기를 진압할 수 있었기 때문이다. 삼별초? 삼별초라……

삼별초는 최씨 정권의 사병 특수부대인 좌별초와 우별초, 그리고 신의군을 통칭하여 부르는 명칭이다. 야별초가 둘로 나뉘어 좌·우별초가 되었다. 야별초는 애당초 야간순찰대로서 도둑을 잡기 위한 것이었고 신의군은 몽고에 포로로 잡혔다가 탈출한 자로 구성했음은 앞서 밝혔다.

야별초가 설치된 것은 최우 정권 때. 그리고 삼별초로 형성되는 것은 최씨 정권 말기이다. 야별초·삼별초는 전투와 경찰, 그리고 형옥(刑獄)까지 담당하는 매우 강력하고 유능한 특수 군대였다. 수도경비대·친위대·경찰대·전위대에 의장대 역할까지 했던 것이다.

1253년 왕이 몽고 사신을 만나러 승천부로 향할 때 야별초 80명이 평복 속에 갑옷을 갖추어 입고 뒤를 따랐다. 1254년 몽고 자랄타이 침입 때 최씨 정권은 경상도와 전라도 야별초 각 80명을 가려 도성을 수비케 했다. 1260년 원종이 몽고에서 귀국할 때 그를 맞이한 호위대도 삼별초이다. 사실 1253년부터는 정부 정규군의 활동이 거의 없어진다. 강화된 삼별초가 강화 정부의 사수 및 몽고군 야습·복병·협격작전을 도맡아 하는 것이다.

강화성을 사수하고 전 국토를 몽고군의 말발굽 아래 내맡겨버리는 '작전'의 당연한 결과이겠다. 그러나 삼별초의 가장 큰 역할은 호위대. 그들은 점차 권력을 지키는 이리떼로 변해간다. 권력을 잡으려면 그들을 키워야 했고 잡고 나서는 그들을 강화시켜야 했다.

최의·김준·임연으로 이어지는 정변은 그 무력적 기반이 예외 없이 삼별초이다. 그러나 이러한 성격은 삼별초 봉기가 진행되면서 반전된다. 그들이 가장 숭고하고 치열한 항몽전쟁을 담당하게 되는 것이다.

대이동

동기가 처음부터 순수하다고는 볼 수 없었다. 개경환도는 삼별초 세력의 근거를 없애는 것이었다. 더군다나 당시 개경은 몽고 병력이 장악하고 있었다. 환도 자체가 곧바로 삼별초의 해체를 뜻하는 것일 수도 있었다. 더군다나 삼별초가 반항의 기미를 보이자 원종은 상장군 정자여를 보내어 타이르게 했지만 듣지 않자, 다시 장군 김지저를 보내어 명부를 압수하게 했는데, 이것이 삼별초의 불안을 극도로 자극했다. 그 명부가 몽고군 수중에 넘어가면 보복작전이 전개될 때 전원 몰살될 가능성도 있었던 까닭이다. 삼별초는 마침내 반란군으로 변하게 된다. 지휘관은 배중손과 노영희. 기치는 반몽고 · 반정부의 자주 · 독립 수호.

1270년 6월 1일 삼별초는 자기들의 정부를 강화도에 세웠다. 왕족인 승화후 온이 왕으로 추대되었다. 그러나 처음에는 여의치 않았다. 전쟁에 시달린 백성들이 하나 둘 강화를 빠져나가기 시작한다. 병사들 중에서도 그런 자가 속출했다. 그러나 삼별초는 반란 3일 후 강화를 포기한다. 장기전으로 가기에는 강화가 적당치 않다. 바다 속으로 더 깊이 가야 한다…… 배중손의 그런 주장은 타당했다. 그리고 옮길 곳은 진도가 적당했다.

진도는 강화보다 육지에서 멀고 또 면적이 넓다. 게다가 바다에는 울돌목 물살이 매우 험하다. 이곳에다 강력한 군사기지를 건설하고 제해권(制海權)을 장악한다면, 해전에 약한 몽고가 맥을 못 출 것이다. 삼별초는 공사 재물을 접수하고 귀족 · 고관의 가족들을 인질로 삼았다. 그리고 배 1천여 척을 동원하여 진도로 대장정을 감행했다.

총 인원이 2만 명에 달했다.

삼별초는 진도 도내에 성곽을 구축하고 웅장한 궁궐을 구축, 장기 항전 태세를 굳혔다. 그리고 얼마 안 가서 전라도 일대를 장악한다.

민심

그렇다. 민심이 다시 대몽항쟁 쪽으로 기울고 있었고, 그것이 삼별초의 성격을 정화(靜化)시키고 반란의 성격을 숭고하게 만든다. 전라·경상도 주민과 멀리 개경의 관노들이 이에 호응하여 동조했다. 1271년 1월에 밀성(경남 밀양)에서 방보·박평 등이 봉기, 수령을 죽였고, 개성 관노 숭겸과 공덕 등이 봉기, 다루가치와 관리를 죽이고 삼별초 합류를 꾀했다. 그리고 그 다음달 대부도에서 약탈하는 몽고병을 주민들이 쳐죽였다. 숭겸의 난에 자극받은 것이었다. 그리고 한 달 후 양주(강원 양양)에서 장세·김세 등이 수령과 아전들을 죽이려다 실패하고 처형당하는 사건이 터졌다.

삼별초는 해안뿐 아니라 내륙까지 장악해갔다. 전주·나주 등 내륙 대도시가 삼별초에 포위되었고, 정부가 파견한 관리들이 개경으로 도망치기 일쑤였다. 1270년 9월 고려 조정은 고려·몽고 연합군으로 삼별초를 치게 한다. 이때 고려군 총지휘관은 추밀부사 김방경. 이 사람의 생애에 우리는 앞으로 주목하자. 그는 명장이었으나 불행한 군인이었다.

아해(阿海)를 원수로 한 몽고군과 김방경이 이끄는 고려군의 연합작전은 주효했지만 내륙(內陸) 지향적이었다.

삼별초는 남으로 밀려나는 듯싶더니 경상도의 남해·거제·합포(마산)·동래·김주(김해) 등 해안지역을 활동범위로 삼으며 남방 제해권을 장악한다. 그리고 11월, 마침내 탐라(제주도)가 삼별초의 수중에 들어간다.

막스 베크만, 〈가장무도회 전(前)〉.

김방경

그러나 삼별초의 탐라 점령은 원 세조를 크게 자극했다. 원 세조가 일본 원정의 거점을 탐라로 내정하고 있었던 까닭이다. 전라·경상도의 해운이 차단되어 고려 정부 또한 재정적 타격이 컸다. 그러나 고려·몽고 연합군의 수차례에 걸친 진도 공격은 별 성과가 없었다.

아해는 툭하면 후퇴작전을 택했다. 하지만 아마, 김방경이 더욱 미온적이었을 것이다. 그가 누군가. 어려서부터 조금이라도 자기 뜻에 맞지 않으면 땅바닥에 나뒹굴며 울었는데 마소가 그런 그를 피해갔다. 벼슬에 올라서는 충성스럽고 직언을 서슴지 않았다.

그는 1248년 서북면 병마판관(判官) 때 몽고가 침략하자 위도로 들어가 진을 쳤는데, 해조를 막기 위해 제방을 쌓고는 10여 리의 평탄한 지형을 농사에 이용케 하여 상당한 수확을 올렸다. 또 빗물을 모아 우물을 만들었다. 그는 반몽정신이 투철한 동시에 전시에도 농

업을 장려한 평화주의자로서 당시로는 드문 인물이었다. 몽고와의
전쟁이 끝나자 그는 난국의 지도자로 추대되었다. 당연한 일이었다.
그랬건만, 그런 그가 몽고군과 함께 삼별초 진압에 나서게 된 것이었
다. 그는 함락 직전의 나주·전주를 구했다. 그러나 진도 토벌 중 개
경에 압송되기도 하였다. 물론 '반역' 운운은 무고였다.

격전

그러나 어쨌거나, 그가 삼별초 진압 자체에 미온적이었을 것은 미
루어 짐작할 수 있다. 그는 곧 석방되어 다시 상장군으로 진도에 파
견된다.

몽고도 지휘관을 더욱 호전적인 인물인 홍다구와 흔도로 교체했
다. 그렇게 심기일전한 고려·몽고 연합군이 진도에 총공세를 펼치
고 가까스로 삼별초 본부를 무너뜨렸다. 승화후 온은 홍다구의 손에
죽었다. 그리고 배중손은 이 싸움에서 전사했다. 이때 고려·몽고 연
합군에게 사로잡힌 포로는 남녀 1만 명. 이중에는 인질로 잡혀갔던
귀족·고관의 가족들도 있었다.

삼별초는 진도 함락으로 망하지 않는다. 제주도로 그 근거지를 옮
겨 2년을 더 버티는 것이다. 이때의 주역은 김통정. 그러나 우리는
여기서 배중손에게 간략하게나마 예의를 표하자.

그는 임연 부자 계열에 속하는 무인이었다. 그는 가장 유력한 삼별
초 지휘관이었고 강화도에 있던 몽고인을 모조리 목베어버리는 등
가장 단호한 항전파였다. 원 세조는 흔도를 통해 배중손에게 항복할
것을 권유했다. 그는 몽고군이 철수하면 전라도를 영토로 삼아 몽고
에 귀속할 것이라고 대답하였다. 이는 물론 지연전술이었을 것이다.
그러나 그의 상상력이 자못 흥미롭다. 그는 삼별초 봉기가 성공할 경
우 전라도 공화국을 꿈꾸었던 것일까? 아니, 그는 장보고만한 그릇

은 못 되었던 것 아닐까? 그렇다. 그는, 그의 세계관은, 무신정권의 희생자이다.

아, 제주도

제주도는 대대로 관리들의 탐학이 악명 높은 곳이었다. 제주도 수령으로 한 재산 챙기지 못하면 오히려 의외의 취급을 받았을 정도이다. 그런 제주도에 삼별초가 진주한다. 백성들의 호응은 컸다. 진도에서 관군에게 입은 피해는 심대하고 또 치명적이었지만 김통정은 일약 제주도의 영웅으로 부상했다.

제주도로 이동한 해에는 방어진지의 구축에 바빴다. 그러나 그 이듬해에 삼별초는 다시 본토 공격을 감행한다. 전라·경상도의 요지가 큰 피해를 입었다. 이해 11월이면 삼별초는 안남도호부(경기도 부천)까지 습격, 부사와 그 처를 납치해간다. 합포(마산)에 출몰하여 전함 20척을 태우는 전과도 올렸다. 어쨌거나 고려 조정은 남도의 세공을 번번이 삼별초에게 빼앗겼다.

그러나 탐라는 일본 원정의 기지. 원 세조는 고려 조정에 적극적인 탐라 공격을 독촉하고, 1273년 2월 김방경·흔도·홍다구의 고려·몽고 연합군 1만 명(이중 고려군 6천 명)이 병선 160척에 실려 제주도로 향하게 된다. 김통정이 맞설 수 있는 규모가 아니었다. 그러나 그는 끝까지 항전. 최후의 70명을 이끌고 산에 들어가 목을 매어 죽었다. 나머지 70명도 모두 참살당했다.

그는 순수한 저항의 화신이었다. 홍다구가 김통정의 조카인 낭장 김찬과 이소 등을 보내어 회유했지만 김통정은 김찬을 억류하고 나머지는 다 죽여버렸다. 그리고 그의 죽음을 매개로 우리는 비로소 무신정권의 악령에서 해방된다.

파울 클레, 〈레스토랑 장면〉.

수난(의 시각) 속으로

삼별초가 정치적인 자주의식을 가졌다고는 볼 수 없다. 아니, 삼별초 봉기는 결과적으로 원에 대한 고려의 예속을 더욱 강화시켰다. 그리고 삼별초는 끝까지 '세계관을 열지' 못했다. 그러나 세계 최강의 제국 몽고에 맞선 3년에 걸친 항쟁은 삼별초 봉기를 어떤, '참혹한 수난 속의 위대한 희망'으로 전화시켜낸다. 동시에 역사를 보는 시각 자체가 '수난화'된다. 장렬한 산화(散華).

장렬한 산화? 계백 장군? 그렇다. 역사의식 자체가 '백제화'되고 고려는 그렇게 '압도당한 세계관'을 조선시대로 넘겨주게 된다. 그것이 고려가 한반도 유교정치 철학의 미래에 입힌 가장 큰 폐해이겠다.

아니, 우리 자신은 어떠한가? 우리 자신은 그 수난의 미학에서 벗어나 있는가? 사실 우리 민족은 어느 거대한 제국보다 오래 살아남았다. 그리고 삼국시대 이래로 딱히 이민족과의 전쟁에 져서 나라가 망한 일은 없다. 그런 점에서 우리나라는 로마제국보다 끈질기다.

임진왜란은 조선이 이긴 전쟁이다. 그리고 6·25는 동족상잔이었다. 그런데 왜 그 모든 것이 단지 거대하고 참혹한 수난으로만 느껴지는가. 이제 정말, 수난사가 펼쳐질 것이다. 그러나 우리는 수난의 역사의식·미학에 젖어들어서는 안 된다. 텔레비전으로 '이산가족 상봉'을 보는 것과는 다르게 보아야 한다.

약소국의 왕

삼별초 봉기 중 고려는 사실상 몽고군의 '군정치하'였다. 다루가치는 임유무가 피살당하던 해에 다시 부활되었다. 고려와 몽고의 전쟁 중에 설치된 동북면 쌍성총관부와 서북면 동녕부 외에, 삼별초 진압 이후 제주도에 탐라 총관부까지 설치되어 고려의 영역이 실질적으로 축소된다.

고려 왕실에는 이미 몽고풍이 완연했다. 1271년 태자는 원나라로 가서 세조에게 결혼 허락을 받았고, 고려는 그때부터 실질적으로 '원의 사위국'이 되었다. 이듬해 그가 귀국할 때는 몽고풍의 변발과 호복(胡服)을 하여 고려인들이 탄식하고 목놓아 울었다 한다. 그리고 그가 곧 '쌍화점'의 충렬왕으로 즉위하게 될 것이다. 사실 삼별초에 대한 고려 백성들의 성원 자체가, 몽고에 예속'되어가는' 왕실에 대한 반발이었다.

삼별초가 궤멸되자마자 몽고는 마각의 본능을 전면적으로 드러냈다. 원나라의 사신이 와서 '남편이 없는' 부녀자 140명을 요구한다. 기가 막힐 노릇이었다. 원종은 결혼도감을 설치하고 민간인 독녀(獨女)와 역적의 처, 그리고 종의 딸 등을 뽑아 보냈다. 백성의 원성이 높았음은 물론이다. 얼마 안 있어 원종은 사망했다. 백번 잘한 일이었겠다. 그뒤로 고려 왕은 더 끔찍하고 흉한 일을 겪게 되므로.

제국대장공주

태자는 1274년 5월 원에 있으면서 원 세조의 딸 홀도로게리미실과 혼인하였다. 그녀가 제국대장공주이다. 이로써 우리나라 왕실과 중국

왕실 사이에 최초로 혼인관계가 맺어진다. 고려는 원의 명실상부한 부마국이 되었다. 그해 원종이 죽자 태자는 제국대장공주를 데리고 고려로 돌아와 왕위에 올랐다. 그가 충렬왕이다.

주지하다시피 이 혼인관계는 갈수록, 아니 급속도로 그 굴욕의 도가 심해졌다. 즉위 이듬해 고려의 모든 직제가 원보다 한 급씩 낮아졌다. 고려는 '조(祖)'와 '종(宗)' 대신 '왕(王)'을 칭하고 원에 대한 충성의 뜻으로 '충(忠)'자를 꼭 왕명 앞에 붙여야 했다. '선지(宣旨)'는 '왕지(王旨)'로, '짐(朕)'은 '고(孤)'로, '사(赦)'는 '유(宥)'로, '폐하(陛下)'는 '전하(殿下)'로, '태자'는 '세자'로 고쳐 불러야 했다. 이쯤 하자. 왕실에 국한시키더라도 사례는 매우 길게 이어진다.

그런데 제국대장공주는 남편에게 어떤 존재였을까? 남편에 대한 사랑이 대자대비로 발현, 그렇게 몽고형 중국의 아름다움이 약소국의 슬픔을 감싸주었을까? 아니다. 왕비는 완전한 몽고풍 생활을 고집했고 사사로이 부리는 사람도 모두 원나라에서 데려왔다. 고려 왕실에는 몽고의 풍속과 언어가 만연하게 되었다. 거기서 끝나지 않는다. 제국대장공주는 불교를 미신화하고 광신하면서 재정낭비가 많았다. 그 과정에서 제국대장공주의 '아름다움'은 아름다움의 비극도, 관음보살도 아닌, '쌍화점'의 포르노를 잉태하게 된다. 다른 무엇보다도 몽고풍이 고려에 치명적이었던 까닭이다. 이야기를 처음부터 다시 시작하자.

더 큰 세 나라, 실종된 나라

몽고와의 전쟁으로 가장 심각한 타격을 받은 것은 국토였다. 거의 황폐화되었던 것이다. 그러한데 충렬왕이 즉위하던 바로 그해 원 세조는 숨쉴 틈을 주지 않고 대규모 일본 원정을 강행한다. 몽고군 원정대는 충렬왕이 즉위하기 전에 이미 들어와 있었다. 고려 군대가 대대적으로 징발된 것은 물론이다. 이때 지휘관은 역시 김방경.

송은 양자강을 방패삼아 저항하고 있었다. 원은 고려를 기지삼아 먼저 일본을 친 다음 송을 친다는 계획이었다. 이것은 세계 제국다운 발상이지만 '더 큰 세 나라' 간의 전통적인 역학관계를 재현하는 것이기도 하다. 다만 그 '더 큰 세 나라' 속에 한반도가 없는 것이다!

실종된 나라 고려. 그 나라의 명장 김방경. 원 세조는 그의 덕과 용맹을 몹시 아꼈다. 탐라를 평정한 1273년 가을 원 세조는 그를 원으로 불러 환대했다. 그의 비운은 언제까지 이어질 것인가.

초근목피로 겨우 연명하는 고려 농민 3만 5백 명이 선박 건조에 동원되었다. 일본 원정에 동원된 고려 군사는 8천 명. 도원수 흔도가 총지휘한 여·몽 연합군 3만 4천 명은 합포(마산)를 떠나 쓰시마 등 일련의 섬을 잇따라 점령하고 본토에 상륙, 하카타(후쿠오카) 등 해안 지방을 휩쓸었다.

하카타는 고대 일본의 3대 무역항 중 하나. 이때의 수훈갑은 역시 김방경이었다. 그런데 흔도가 진격을 멈추고 군선으로 되돌아갈 것을 명한다. 김방경의 공을 시기한 것이었다. 이 무렵, 예의 태풍이 해안에 몰아친다. 이 태풍에 여·몽 연합군은 군사 1만 3천5백 명, 군선 2백여 척을 잃고 합포로 돌아왔다. 자, 이 와중에 우리는 다시 장을 바꾸자.

그후의 수난과 치욕 2

16장

'충(忠)'의 왕과 만백성

누구의 대응이 가장 타당했는가? 물론 여기서도 2분
법은 처음부터 추방되어야 한다. 그리고 그 거대한 육
체의 치욕이 남긴 유구한 정신적 상처를 치유하는 길
을 지금에라도 찾아야 한다. 이 장에서 우리는 어쩔
수 없이, 역대 전쟁이 남긴 수난, 혹은 치욕의 성격을
비교 분석케 될 것이다.

약소국의 장수/홍다구(1244~1291년)/충렬왕(1274~1308년)/농장(農莊)/사소한 외환(外患)과 국토회복/쌍회점, 불
륜의 불화(不和)?/충선왕(1298~1308년)/부자/여생/충숙왕(1313~1330년, 1332~1339년)/매국노와 황음(荒淫)/친원
파/기황후와 왜구

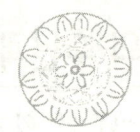

약소국의 장수

원 세조는 여·몽군의 일본 원정 실패에 노발대발했지만 김방경의 전공은 높이 사서 그에게 호두금패를 내렸다. 자, 우리는 여기서 김방경과 일본 원정의 그후 이야기를 계속해보자. 원 세조는 일본 원정에 혈안이 된다.

1277년(충렬왕 3년), 그는 탐라에 목마장을 설치하고 몽고인을 파견하여 전쟁에 쓸 말을 기르게 했다. 그리고 고려에 정동행중서성을 설치했는데, 일본 정벌 준비총국이다. 그 정동행중서성이 수많은 목수와 농민을 동원, 선박을 제조하게 했고 고려 군사들을 훈련시켰다.

김방경은 제1차 일본 원정의 '공'으로 벼슬이 높아졌다. 1276년에는 원에 성절사로 다녀오기도 했다. 물론 원 세조의 환대가 있었다. 그러나 그는 고려의 일본 원정 준비를 매우 못마땅하게 여겼다. 1277년 그가 돌연 구금되어 홍다구에게 참혹한 고문을 받고 유배되었다가 다시 원으로 이송된다. 원 세조는 충렬왕의 상소로써 무죄를 확인하고 그를 풀어주었다. 그가 고려·몽고에 반역했을 가능성은 이번에도 없다. 그러나 그가 정벌 준비에 미온적이었음은 이번에도 분명하다. 그후 그는 수상직에 임명되지만 1280년 벼슬에서 물러날 것을 청한다. 이듬해 강행될 일본 원정 책임을 피하고자 한 것이었다. 그의 청은 받아들여지지 않았다. 원 세조는 그에게 벼슬을 내리고 다시 일본 원정을 명한다.

제2차 일본 원정군은 그 규모가 1차 때보다 훨씬 컸다. 군사 14만 명, 군선 4천4백 척의 대군단이었던 것이다. 고려는 전선 9백 척, 군사 1만 명, 배꾼 1만 5백 명, 군량 11만 석을 징발당했다. 이 대군은 60여 일 동안 하카타 상륙작전을 벌이다가 다시 태풍을 만났다. 손실은 10만여 군사와 전선 2천여 척. 과연 일본을 지키는 신풍(神風)이라 할 만했다.

김방경은 어떻게 되었는가? 원정 실패에도 불구하고 그는 처벌받지 않았다. 그는 곧 갑옷을 벗고 벼슬에서 물러나 백성들을 위해 좋은 일을 하다가 1300년(충렬왕 26년)에 사망한다. 만년이 제일 행복했을 것이다. 그렇다. 그는 분명 미온적인 인간이었다. 그러나 그는 사라진 나라의 명장이었으므로, 더 큰 세 나라의 전쟁 속에서 미온적일 수밖에 없었다. 무엇보다 그는 전쟁이 끝난 후 총칼을 녹여 보습을 만들 만큼 드문 능력과 용기와 덕이 있었다. 아까운 일이다.

홍다구(1244~1291년)

김방경과 극명한 대조를 이루는 것이 홍다구이다. 그는 몽고군 지휘관으로서 진도와 제주도에서 삼별초를 진압했고 일본 원정에 참여했으며 김방경을 참혹하게 고문했다.

놀랍게도 그는 고종 때 몽고에 투항하여 길 안내를 자처했던 홍복원의 아들이다. 할아버지 홍대선도 몽고 투항자. 그는 몽고에서 출생

하고 그곳에서 성장했다. 그는 어려서부터 종군하며 용맹을 떨쳤고,
그 또한 원 세조의 총애를 받았다. 그는 1261년 아버지의 몽고 관직
을 이어받았고 1263년 몽고내 고려 군민에 대한 관령권(官領權)을
고려 왕족 준에게서 빼앗았다. 참소를 통해서였다. 그는 임연을 제거
하기 위해 원종이 원에 요청한 군대 지휘관으로 와서 고려내 원 부
역세력의 중심이 되었다.

　1274년 일본 정벌을 위한 군량조달과 선박건조를 감독하고 직접
일본 원정에 참여했으나 원정이 실패로 끝난 후 원으로 돌아갔다. 그
는 그곳에서 제2차 일본 원정을 기다렸는데 이때 지로와대라는 자가
난을 일으켜 상도(上都)를 점령하는 사건이 벌어졌다. 그는 관군에
가담, 상도를 공략하는 데 공을 세웠다. 김방경에 대한 '무고'가 들어
온 것이 바로 이때이다. 그는 직접 고려로 들어와 김방경을 고문하면

조르주 루오, 〈전쟁과 비참〉.

서 사건을 확대시키려고 기를 썼다. 고려를 난처하게 만들기 위해서였다. 이때 그가 노린 것은 고려 자체에 대한 관령권이었으리라.

하지만 그는 충렬왕의 적극적인 외교에 밀려 원나라로 소환된다. 그는 몽고내에서의 일로 이미 고려 왕실과 사이가 좋지 않았다. 그러나 1279년 원이 다시 일본 원정을 추진할 때 그가 원정군 지휘를 자청한다. 고려에서는 거세게 반대했지만 그는 원하는 대로 원정에 지휘관으로 참가했다.

이 원정도 실패하면서 그는 원으로 돌아갔고, 다시는 고려로 오지 않았다. 원에서는 관운(官運)과 무운(武運)이 여전히 좋았다. 1284년에도 일본 원정군 지휘관으로 임명되었고(이 원정계획은 무산되었지만), 1287년에는 내안의 난을 진압하는 데 공을 세웠다. 1290년 병으로 사직했다가, 그해 내안의 잔당인 합단이 고려를 침략하자 다시 기용되었다. 그러나 이듬해 병사했다. 그가 고려로 다시 오지 않은 것이 참 다행이다. 하지만 그의 명복도 빌어주자. 그는 다만 어려서부터 몽고인이었을 뿐이다. 자, 이제 왕의 이야기를 잇자. 그러나 이 왕조사는 만백성의 신음사이다.

충렬왕(1274~1308년)

몽고가 요구하는 '몽고 군사의 아내로 삼을 여자'의 숫자는 점점 늘어났다. 즉위년에 140명이던 것이 그 이듬해에 5백 명……. 그리고 16년 뒤에는 정2품 벼슬아치 두 명을 귀양보내는데 그 이유가 정말 기가 막히다. 몽고에 보낼 양가의 처녀를 선발하기 위해 나라에서 금혼령을 내렸는데 이 두 대신이 그것을 어기고 자녀를 결혼시켰다는 것이다. 하긴 대신을 동정할 것도 없겠다. 더 한심한 일이 충렬왕 즉위 이듬해에 대신에 의해 자행된다.

여자들이 북쪽으로 유출되는 것을 막기 위해 일부다처제를 도입하자⋯⋯. 이것은 이미 만연된 고관들의 축첩행위를 이 국난·여성수난기를 틈타 합법화하자는 후안무치의 얕은 꾀인 것이다. 충렬왕 24년이면 이런 기록이 남게 된다.

백관으로 하여금 딸 둔 집을 비밀리에 알아보아 주무 당국에 투서케 했다. 원한을 산 집은 비록 딸이 없어도 투서를 당했다. 몰래 사위를 들이는 자가 상당히 많았다.

조혼의 풍습은 그렇게 생겨났다. 하긴 유부녀를 데려가지 않은 것만도 다행인지 모른다.

몽고 직제의 영향으로 새로운 관직들이 생겨났다. 몽고식 기병이 야간순찰을 도는 순마소(巡馬所), 매 잡는 일을 맡는 응방(鷹坊), 귀족자제로 원에 인질로 있다가 순번제로 숙위 임무를 맡는 홀치, 몽고어를 가르치는 통문관⋯⋯.

공주가 데려온 자들은 따로 겁령구라 했다.

농장(農莊)

이들 관청에 속하는 무리들이 점차 새로운 세력가로 부상한다. 이들은 원 세력을 배경으로 온갖 불법을 자행, 특권적으로 땅을 하사받는 한편, 도망가는 양민들을 모아 농장을 경영하며 주세를 가로챘다. 농장은 무신정권기에 생겨났지만 이 시기에 더욱 확대된다. 그리고 잔존 무신들과 친원파 무리들이 향후 권문세가의 주축을 이루게 되는 것이다. 충렬왕 치세 기록은 농장에 대한 왕실의 시혜와 백성의 원망으로 가득 차 있다.

제국대장공주의 겁령구가 전답을 하사받는 것은 충렬왕 3년. 그 이듬해 처간, 즉 예속농민에 대한 기록이 나온다. 충렬왕 11년에는 권문세가가 백성의 토지를 빼앗고 간사한 백성은 권세가에 붙어 부역을 면한다고 되어 있다. 그리고 4년 뒤에는 왕이 서해도에서 사냥을 하다 환관과 권력 귀족층에게 많게는 2천, 3천 결씩 토지를 나누어준다. 그리고 6년 후에는 어떻게 되는가?

세자가 왕을 뵈러 나서는데 많은 선비와 서민들이 길을 막아서 말이 앞으로 나가지 못했다. 모두 억울함을 호소하려는 사람들이었다. 내용은 세력가들에게 토지와 인민을 강탈당했다는 것이 대부분이었다……

그러나 고려 조정은 그것에 대해 방관적이었다. 아니, 속수무책이었다. 봉건제는 고려를 흥하게 한 것이 아니라, 망하게 하는 쪽으로 존재해갔던가? 그렇게 몽고풍이 점차 아래로 번졌다. 부녀자들이 외출할 때 족두리를 쓰는 것, 혼인하는 색시가 연지를 찍는 것이 다 몽고 풍속이다.

왕은 어떤가? 거의 몽고인이었다. 대대로 원에 볼모로 가서 왕이 될 때까지 그곳에서 자랐던 것이다. 그렇다. 그들은 홍다구에 가까웠고, 홍다구가 고려 왕 자리를 노린 것은 당연했다.

사소한 외환(外患)과 국토회복

1290년 두만강을 넘어온 내안의 잔당 합단의 군대는 양근·원주를 함락하고 충주를 거쳐 연기에까지 침입했다. 충렬왕은 원에 군대과병과 강화천도를 요청했고 실제로 강화로 천도했다. 합단의 군대는 일년 반 만에 원병의 협력으로 격퇴되었다. 결코 사소하지 않은 이 사건은 언뜻 매우 사소해 보인다. 왜 그렇지? 어차피 고려가 원의 속국이므로, 아니면 합단의 무리가 패잔병에 불과했으므로? 아니다.

원과 왕실 상부층이 고려에 끼친 '정신적·물질적인' 폐해가 너무 거대했기 때문이다.

원의 공물요구는 갈수록 가혹해졌다. 주둔군 비용도 엄청났다. 원종 12년에 '숫자를 정해' 낸 농우가 1천10두, 농기구가 1천3백 벌, 종자는 1천5백 석이었다. 이때 이미 이런 절규가 솟구친다.

우리나라의 백성도 모두 당신의 백성이다. 이들에게서 농우·농기구·종자를 모조리 빼앗아…… 백성들이 반드시 굶어죽게 될 것이다…….

굶주림과 곤란만 없다면, 백성들이 어찌 역적인들 반대하겠는가? 그러던 것이 충렬왕 3년에 이르면 고려 조정이 다음과 같은 글을 원에 보내게 된다.

지원 7년(원종 11년) 이래 진도·탐라·일본 정벌 때마다 대군의 식량을 모두 백성에게 부과·징수하였으며…….

주둔군 식량으로 일년에 도합 1만 8천6백29석 2두를, 마소의 사료로 3만 2천9백52석 6두씩을 지불하였는데 이번에 파견된 둔전군 2천과…… 그들의 식량과 사료는 도대체 어디에서 구해내란 말입니까?

그러나 더 치명적이고 상징적인 것은 몽고 출신 왕비의 민중 수탈이었겠다. 제국대장공주는 환관을 각 도에 보내어 인삼과 잣을 대대적으로 거두어들이고 그것을 중국에다 비싼 값에 팔아넘겼는데, 산지도 아닌 곳에 할당량을 주어 고혈을 짰던 것이다.

일본 국내정세가 개편되면서 왜구 침입이 잦았지만 김방경이 잘 막았다. 이것도 사소해 보인다. 충렬왕은 최탄이 몽고에 바쳤던 땅 중 자비령 이북과 탐라를 1290년과 1294년에 각각 돌려받았다. 철령 이북의 땅은 돌려받지 못했다. 그러나 이도저도 사소해 보인다. 아, 정말 큰일이다.

데이비드 시퀘이로스, 〈한 비명의 메아리〉.

쌍화점, 불륜의 불화(不和)?

엄청난 양의 금·은·인삼·비단이 몽고로 실려갔다. 고려 처녀들이 대대적으로 몽고에 끌려갔다. 그런 판에 지방에 자주 파견되는 별감(別監)들이 지방민에게 극심한 피해를 입히고 돌아다녔다. 그러나 정말 개판인 것은 왕 자체이다. 충렬왕은 사냥에 탐닉, 국고를 탕진했고 매를 관리하는 응방의 적폐가 특히 극악무도하였다. 오죽하면 그 악명 높은 제국대장공주가 보다못해 간곡히 말리고 나왔겠는가. 물론 효과는 없었다.

이 책 첫장의 '쌍화점' 공연은 1279년. 그러니까 2차 일본 원정 직전이다. 몽고와의 육체적·전쟁적 만남은 그렇게 극도로 피곤한 심신에 자포자기적인 포르노 지향을 심었던 것일까? 아니, 제국대장공주가 의미하는 몽고·미신불교를 매개로 한 육체의 반란이 바로 포르노였던 것일까? 연회에서뿐만이 아니다. 총애를 믿고 날뛰던 궁녀 무비(無比) 일당이 세자에게 주살당하자 충렬왕은 정치에 염증을 느껴 세자에게 왕위를 양위하고 자신은 태상왕으로 올라섰다.

그런데 그뒤로 고약하고 남사스러운 일의 연속이다. 충선왕비 계
국대장공주(원나라 진왕의 딸)가 질투에 불타 충선왕을 원에 무고하고
원은 충선왕을 강제 소환했다. 충렬왕이 다시 왕노릇을 한다. 그는
정사를 돌보지 않고 사냥 및 '쌍화점' 같은 가무와 음주에만 골똘하
였다. 이러는 동안 부자 사이를 이간질시킨 것은 바로 '쌍화점' 총연
출자였다.

충렬왕은 이간질에 넘어가 왕위를 충선왕이 아닌 서홍후 전에게
계승하고 계국대장공주를 개가(改嫁)시키려고 1305년에 직접 원으로
가기까지 한다. 이때 그의 나이 70세. 이 노추(老醜)는 육욕의, 치정
(痴情)으로 인한 질투로밖에는 해석할 길이 없다. 그렇다면 '쌍화점'
총연출자가 쓴 이간질의 수단, 충렬왕과 충선왕이 서로 증오하게 되
는 원인은 혹시 '부자 간 혼음(混淫)'이 아니었을까? 그 혼음의 대상
이 계국대장공주였던 것 아닐까? 여기서 시점을 충선왕으로 옮겨보
자.

충선왕(1298~1308년)

충렬왕의 큰아들. 어머니가 원 세조의 딸 제국대장공주이다. 이 사
실을 명심하는 것이 좋을지 모르겠다. 그는 반만 고려 사람이다. 몽
고명은 이지리부카. 그는 어려서부터 총명했고 학식이 남달랐다. 아
버지의 과도한 사냥행각을 눈물로 말렸다고 한다. 1295년 3개월 간
왕권대행을 맡았을 때는 세력가들이 빼앗은 땅을 백성들에게 돌려주
기도 하였다.

문제는 그가 결혼하고부터 발생한다. 원에서 벌어진 결혼식에 참
석하고 귀국한 제국대장공주가 죽자 문상차 원에서 온 그는 왕의 만
류에도 불구하고 궁녀 무비 일당 40여 명을 참살하거나 유배시켰다.

그들의 저주 때문에 모후가 죽었다는 것이다.

이듬해인 1298년 정월, 그는 정치에 뜻을 잃은 충렬왕에게 왕위를 물려받는다. 즉위 직후 그가 발표한 30여 항의 교서는 매우 혁신적인 것이었다. 합단 침입을 물리친 유공자에 대한 포상, 공신 자손들에 대한 배려, 모든 관리의 일 계급 승진, 중죄를 지은 자를 제외한 모든 관리의 복권, 지방 은둔 선비의 채용. 이것은 국내파들을 위한 배려였다.

그리고 친원파 세력가에 대한 조처가 열거된다. 5품직에서 3품직 이상 특진자, 세력가 자제로서 공 없이 관직을 받은 자, 왕호위대로 원에 다녀온 것을 공삼아 공신으로 분류된 자들을 '법대로' 처리한다 하였다. 별감이 끼치는 민폐를 금했고 지방장관들이 세도가에게 바치는 은·쌀·포를 금했고 홀치·응방·아가치·순마 등 원풍(元風) 관원들이 증여를 받는 것도 일체 금했다. 세력가의 농장과 땅을 환수하고 세력가들의 소금세 및 외관노비 탈취를 금했다. 하긴 더 이상 미룰 수도 없는 조치였다. 응방을 이용하고 몽고어를 익혀 재상이 된 자, 몽고 출신 왕비의 겁령구 혹은 환관으로서 원에 보내졌다가 사신 자격으로 귀국했다는 것만으로 재상이 된 자, 군공으로써 재상이 된 자들이 설쳤고 신분질서를 어지럽혔다.

정말로 반원적인 것은 관제개혁. 그는 원의 강요로 고친 관제를 대부분 이전 형태로 복구했다. 특히 혁신적인 것은 사림원이었다. 사림원은 정방의 인사행정과 승지방의 왕명출납을 합친 권력기관인데, 신진학자인 4학사(學士)가 관장했던 것이다.

그러나 이때 원 출신 왕비가 질투에 불타 충선왕의 또 다른 비 조씨를 무고하는 사건이 빚어진다. 그 질투가 원의 간섭을 끌어들이고 충선왕은 즉위 8년, 원에 의해 강제 폐위되어 원으로 불려가게 되었다. 충렬왕이 다시 왕위에 오르는 것이 이때이다.

부자

충선왕은 이후 10년 동안 원나라에 머무르게 된다. 그는 핍박을 당하지는 않았다. 그러나 웬일인지 그 10년 동안 계국대장공주는 충선왕과의 관계를 개선시키려 노력하지 않고 오히려 고려에 머무르면서 충렬왕과 가까워진다. 부자간의 불화는 점점 골이 깊어진다.

이 골은 1299년 충선왕파로 보이는 쪽의 반란사건이 벌어지고(무고인지도 모른다), 그에 맞서 충렬왕파가 부자 사이를 더욱 이간시키면서 급기야 계국대장공주를 충선왕의 동생인 서흥후 전에게 개가시키고 왕위도 그에게 물려주려는 패륜지경으로 발전했다. 우리의 의심과 흥미를 돋우는 대목이다.

충렬왕은 1305년 자신이 직접 충선왕 폐위를 건의하러 원으로 갔다. 그러나 불행 중 다행으로 원의 정세가 충선왕에게 유리한 쪽으로 바뀐 터였다. 원 성종이 후계 없이 죽었으므로 황위쟁탈전이 벌어졌는데, 충선왕이 도운 하이산이 황제자리에 올랐던 것이다. 원에서 위치가 막강해진 충선왕은 충렬왕파 일당을 목 베고 고려 국정의 실권을 쥐었다. 그는 1308년 심양왕에 봉해졌고 그해 7월 충렬왕이 죽자 고려로 귀국, 다시 왕위에 올랐다.

그는 곧 즉위교서에 필적하는 내용의 교서를 발표했다. 그러나 그의 혁신은 애초부터 '원나라 사람의 반원'이라는 모순을 품고 있었다. 그는 복위한 지 두 달도 안 되어 제안대군 숙에게 왕권대행을 맡기고 자신은 원나라로 돌아가 그후 재위기간중 한 번도 귀국하지 않았다.

물론 연경에서 교서를 전하는 방법으로 국정에 관여하기는 했다. 소금전매법을 만들어 국고수입을 늘렸다. 토지제도와 관제의 개혁을 다시 시도했다. 하지만 효과는 없었다. 토지개혁은 귀족의 반대로 무산되었고 관제개혁은 원의 간섭으로 실패했다. 뭐, 애당초 그의 개혁

천명은 공염불이었다.

그는 원에서, 원나라 사람으로서 학자연
하는 것이 더 어울렸고, 그렇게 되지 못해서
오히려 커다란 문제였던 경우이다. 고려 왕의
원나라 살림을 위해 해마다 포 10만 필, 쌀 4
천 곡 등 헤아릴 수 없는 물자가 운반되
어 그 폐해가 극심했던 것이다.

본국 신하들이 귀국을 간청하고 원에
서도 귀국명령을 내렸지만 그는 막무
가내로 듣지 않다가 1313년 둘째 아들
에게 왕위를 물려주었다. 이때 잠깐 귀
국했다가 다시 원으로 돌아간 후 그는 영
영 돌아오지 않는다.

12세기 철유 화병.

여생

특이한 것은 그의 여생이다. 그는 연경
자기 집에다 만권당(萬卷堂)을 세우고 많은 서적을 수집했다. 그리고
요수·염복·원명선·조맹부 등 원의 명유들을 불러 경사(經史)를
연구시키는 한편, 고려에서 이제현 등 유학자들을 불러 서로 교류하
게 했다. 이들을 통해 이루어진 문화교류는 그 영향이 매우 컸다. 특
히 조맹부의 글씨와 서법이 고려에 크게 번졌다.

그러나 그에 의해 주도된 문화교류는, 개인적인 것은 차치하고서
라도 전체적으로 뭔가 색(色)적이다. 쌍화점 탓인가, 아니 원래 몽고
가 쌍화점이었던가? 물론 둘 다일 것이다.

더 흥미로운 충선왕의 여생이 이어진다. 그는 불교에도 많은 관심
을 쏟아서 본국의 수령전을 절로 만들기도 했다. 모후에 대한 그의

사랑이 매우 병적이었음을 암시하는 대목이다. 특히 1316년 심양왕 자리를 조카에게 물려준 후 그는 티베트 승려를 불러 계율을 받고 멀리 보타산까지 가서 불공을 들였다.

그러나 그의 여생도 역사와 현실정치로부터 완전히 자유롭지는 못했다. 1320년 원 인종이 죽자 고려 출신 환관의 모략에 빠져 그는 토번에 유배되었다. 1323년 태정제가 즉위하면서 유배는 풀렸지만 그의 생애가 다했다. 그는 원으로 돌아온 지 2년 후 사망한다. 그의 '해외거주' 치세 동안 고려의 나라 꼴은 말이 아니었다.

충숙왕(1313~1330년, 1332~1339년)

다음 두 왕의 치세는 전대보다 더욱 복잡하게 또 지저분하게 뒤섞인다. 충숙왕은 충선왕의 둘째 아들이다. 그의 비는 원 출신만 세 명이다. 영왕의 딸 복국장공주, 위왕의 딸 조국장공주, 그리고 몽고인 경화공주. 이것이 고려 왕실의 높아진 위상을 뜻하는 것은 물론 아니다. 고려 왕실 자체가 몽고 규모의 쌍화점 속으로 침몰해버린 것이다. 그는 원에서 주자학을 배우고 돌아온 백이정을 등용하고 태조 이래 실록을 약식으로나마 편찬케 하고, 또 지방행정을 정비하고 각도 명칭을 가다듬는 등 정치에 의욕을 보였다.

그러나 그 이듬해 원의 강요로 그는 귀천(貴賤) 복색을 정하고 과거제도도 고쳤다. 그리고 1316년 상왕인 충선왕이 종손 고에게 심양왕 자리를 물려주었는데, 고는 원 왕실의 대우를 받으면서 끊임없이 고려 왕 자리를 넘보며 충숙왕을 괴롭힌다.

1316년, 즉 충숙왕 3년 서해도에 도망친 백성들이 늘어나 고을이 텅텅 비었다. 1318년 제주도 백성 사용과 김성 등이 봉기, 수령을 내쫓았으나 왕은 사태를 원만하게 수습했다. 같은 해 왕은 폐단이 많던 사심관 제도를 폐했고, 권세가가 점령한 전민(田民)을 색출, 원래 주인에게 돌려주었다. 채무에 있어 이자가 원금을 상회하면 정지시켰고 성리학자 안향을 문묘에 배향시켰다. 농민·백성의 생계에 대한 그의 관심은 구체적이고 컸다. 그는 또 세공을 삭감하고 공녀와 환관의 징발을 중지토록 하는 청원을 원에 올려 관철시켰다. 여기에 백성을 대신한 그 애절하고 피눈물나는 청원문을 적는다.

고려 사람들은 딸을 낳으면 곧 감추고 이웃사람에게도 보여주지 않는다. 중국 사신이 올 때마다 '무엇 때문에 왔을까, 처녀를 잡으러, 아내와 첩을 데려가려고 온 것 아닐까?' 한다. 얼마 후 군리가 사방으로 쏟아져 집집마다 뒤지고 찾는데, 만약 여자를 감춘 것을 알면 그 이웃까지 잡아들이고 친족을 가두고 매질하여 기어이 찾아내고야 만다…….

처녀를 모아놓고 선발하는데…… 혹 사신에게 바쳐서 그 욕심을 충족시켜주면 비록 여자가 잘생겼다 하더라도 또 다른 여자를 찾는다. 한 여자를 데려갈 때마다 수백 집을 뒤지는데…… 이미 선발에 뽑히면 그 부모나 일가친척들이 서로 모여 통곡하고 밤낮으로 곡성이 끊이지 않았다……. 슬프고 원통하여 우물에 몸을 던져 죽는 자도 있고 스스로 목매달아 죽는 자도 있으며, 기절하는 자, 피눈물을 쏟아 눈이 먼 자도 있다…….

매국노와 황음(荒淫)

어찌 이 지경을, 백성은 당했다 치고 한 나라의 지배계층이 이제까지 견뎌왔을까? 그러나 지배계급의 정신적 파탄은 여기서 끝나지 않는다. 충숙왕만 해도 괜찮은 왕이 될 수 있었을 것이다. 그러나 원의 간섭에 심양왕 고의 무고가 겹쳐 그는 5년 동안 원에 불려가 머무르게 된다. 고는 고려 국호를 폐하고 원에 편입시켜 달라고 청원한 완전한 매국노. 정치에 싫증이 난 충숙왕은 차라리 고에게 왕위를 물려주려다가 신하들의 반대로 그냥 세자에게 양위했다.

그것이 충혜왕(1330~1332년, 1339~1344년). 그러나 그의 황음무도는 한마디로 원까지 경악시킬 정도였다. 충혜왕은 2년 만에 폐위되고 충숙왕이 다시 복위한다. 하지만 충숙왕의 '정치'는 이미 끝난 상태였다.

원에서 돌아온 충숙왕은 정치에 싫증을 내며 조신 접견조차 끊었다. 아까운 일이다. 아니, 어쩔 수 없는 일이다. 그가 죽자 심양왕 고를 왕으로 옹립하려는 음모와 반란이 있었지만 실패하고 충혜왕이 다시 뒤를 이었다. 이도저도 못 하고 한숨만 나올 일이다.

충혜왕은 온전한 고려인이다. 어머니가 고려인 명덕태후 홍씨인 것이다. 그러나 그는 누구보다 철저한 몽고 기질의 소유자였다. 성품이 호협방탕하여 주색과 사냥을 일삼고 정사를 돌보지 않았다. 그는 후궁만도 1백여 명에 달했다. 1343년 그가 주위의 반대를 무릅쓰고 삼현에 새로 궁궐을 지었는데, 다시 요상한 소문이 돈다. '왕이 민가의 어린이 수십 명을 잡아 새 궁궐 주춧돌 밑에 묻고자 한다……'

집집마다 아이를 안고 도망하고 숨는 등 소란이 일었다. 이 반복은 무슨 뜻인가? 그렇다. 그 요언으로 몽고가 예감되었고 그 요언으로 몽고가 실현된 것이다. 그리고, 그렇다. 원인은 고려 내부의 육체의 반란에도 있었다.

친원파

왕은 영특한 성품을 악용하여 사(私)무역과 무리한 세금징수를 통해 사사로이 재물을 모았고 유흥에 탕진했다. 백성들의 토지와 노비를 약탈하여 보흥고(寶興庫)에 소속시켰다. 그렇게 황음과 폐정, 그리고 흉흉한 소문으로 고려를 초토화(?)시킨 충혜왕은 원나라에 있

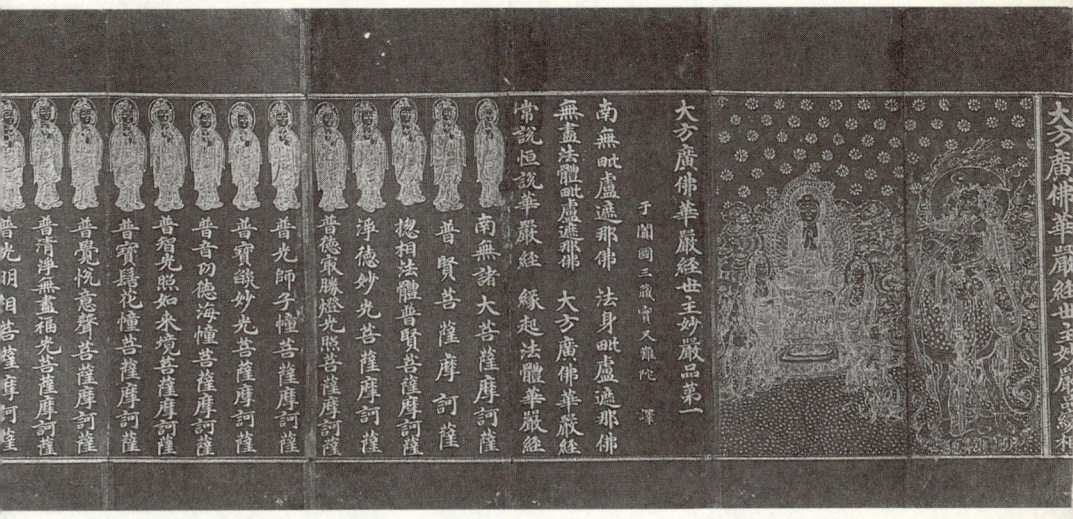

화엄경변상도(華嚴經世主妙嚴品變相圖)(뒤), 충정왕 2년.

던 이운·기철 등의 상소로 원에 끌려가 유배지로 향하다가 죽었다. 다행이다. 그러나 기철은 악명 높은 친원파로서 그 행악이 충혜왕을 능가하게 된다.

충혜왕을 이은 것은 충목왕(1344~1348년)과 충정왕(1348~1351년). 충목왕은 충혜왕의 맏아들로 8세의 어린 나이에 즉위했으나 매우 총명했다. 원 순제가 그의 왕위계승을 인정했던 것도 그 총명함 때문이었다.

그는 왕위에 오르자마자 폐정을 개혁하고 백성들을 위무·구휼했고 선왕 때의 아첨배들을 귀양보냈다. 무엇보다 그는 작은아버지 기를 등용하는데, 그가 후에 공민왕이다. 충목왕은 여러 모로 공민왕 개혁정치의 터를 닦아준 셈이다.

보홍고며 응방 등 대표적인 민폐기관이 이제현 등의 상소로 폐지되었고 선왕의 신궁(新宮)이 헐리고 그 자리에 숭문관(崇文館)이 세워졌다. 권신에게 빼앗겼던 전밭이 원래 주인에게 돌아갔다.

1346년 왕은 이제현 등에게 실록을 편찬·증수케 했고 1347년에는 마침내 토지조사의 대장정을 계획한다. 그러나 여기까지이다. 친원파의 간섭이 거세게 들어왔다.

기황후와 왜구

원에 끌려간 고려 처녀들은 대궐에 들어가 후궁이나 궁녀가 되거나 귀족의 종이 되었다. 그런데 이중에 주인의 총애를 받아 높은 신분에 오른 사람도 있었다. 기황후가 대표적인 사례이다. 그녀는 다름아닌 원 황제(순제)의 총애를 받았다.

1335년 그녀를 박대하던 정비 다니시리의 일족이 축출되자 그녀를 황후로 책봉하려는 움직임이 있었지만 무산되었다. 그러나 1339년 황자를 낳으면서 그녀는 제2황후로 책봉되고, 강력한 권력을 행사한다. 그녀는 어떤 아름다움이었던가? 그녀는 한마디로 원과 고려의 부정부패를 잉태하는 썩은 자궁이었다. 공민왕(1351~1374년)에 의해 처결될 때까지 기황후의 친척들은 고려라는 '시체'의 살점을 하이에나처럼 물어뜯었던 것이다.

충정왕(1348~1351년)은 충혜왕의 서자이다. 이때부터 왜구가 기승을 부리기 시작한다. 왜구는 1350년 고성·죽림·거제 등에 침입했다가 합포(마산)의 최선에게 격퇴당하자 더욱 기승을 부리기 시작, 순천부·합포·장흥·동래 등지를 아귀처럼 휩쓸었다. 조정은 어쩔 수 없이 진도현을 육지 안으로 옮겼다. 외척 윤시우와 배전 등의 전횡으로 내정 또한 문란했다. 1351년 왜구는 자연도(인천), 나양 등지까지 침략해왔다. 이해 윤택과 이승로 등이 어린 왕의 폐위를 원에 청한다.

그뒤를 잇는 것이 바로 공민왕. 그렇다. '충' 자 왕은 충정왕으로 끝나고 공민왕은 대대적인 개혁을 시도했다. 그러나 동시에 왜구의 위협적인 침략은 이성계를 영웅으로 부상시킨다. 이제 그 이야기가 전개될 것이다. 그러나 그전에, 우리는 이제까지의 이야기를 문화 · 예술 · 철학의 측면에서 다시 재정리해보자.

충정왕은 폐위된 후 강화에 보내졌다. 그리고 이듬해 독살당했다. 이때 그의 나이 15세. 더 살고 싶지도 않았으리라.

지는 나라와 발전하는 과학문명   17장

팔만대장경, 기타

팔만대장경은 이를테면 단말마의 고통에 처한 불교가 남긴 위대한 유언이다. 이때 불교는 기울어가는 고려 전체를 대표한다. 팔만대장경의 경위와 과정을 좇아가며 당시의 정치·사회적 배경을 중첩시키는 일은, 망해가는 고려의 전모(全貌)를 숨결로 느끼는 것에 다름 아니다. 그것에 병행하여, 발전하는 과학문명도 살펴본다. 그리고   의학발전 과정을 본초학적 측면에서 더듬어보자.

무신의 불교

묘청의 '의사(擬似)' 혁명성은 고려 불교의 변질을 보여주는 대표적인 첫 사례였다. 불교와 '허무'주의의 역동적인 결합이나 상호심화가 아니라 절충이었고 '색'의 '지방색화'였던 것이다. 고려 불교는 그런 현상과 정반대의 현상, 즉 선(禪) 속으로의 은둔 사이를 대체로 오락가락하면서 방탕·사치·부패를 확대 재생산했다. 지눌에 의해 확립된 조계종·선종은 무신정권의 후원 아래 성장했다.

지눌의 뒤를 이은 혜심(1178~1234년)은 더욱 최씨 정권의 비호를 받았다. 그는 고려 선가(禪家)의 위치를 더욱 굳혔다. 물론 그는 세속적 명예에 눈이 어두워 서로 헐뜯는 승려들에게 경종을 울렸고 고려 왕실 주변의 '미신적인' 불교신앙 풍조를 타파하는 데 힘을 쏟았다.

그러나 그는 50년 동안 한 번도 서울을 밟지 않았다. 정치적 영향력과 극단적인 은둔의 결합. 이것은 무슨 뜻일까? 그후 선종은 대몽항쟁기의 호국승병(僧兵) 불교로 급변한다. 이것은 발전일까, 아니면 퇴보일까? 그의 난해한 선문답을 일반 불교도들은 알아듣지 못했다. 그리고 곧 몽고지배기가 온다. 그리고 어떻게 되는가? 정도전은 이렇게 썼다.

농민은 농사에 힘쓰고 상인은 상인대로…… 그런데 중들은 농사와 길쌈도 하지 않고…… 왕들처럼 좋은 음식을 먹고 광대한 농장과 수많은 노비를 거느려 문서장부가 어느 관청보다 높다. 한 차례의 불사(佛事)에 평민 열 집의 재산을 허비한다. 실로 인류의 적일 뿐 아니라 천지의 거대한 좀이다.

이것은 물론 몽고의 참화로 인한 불교의 참화이다. 몽고 침입으로 불교개혁은 중도에 차단되고 만다. 그러나 자체적인 문제는 없었던 것일까? 이것은 '단절'의 결과일 뿐 아니라 이어짐의 결과이기도 한 것이 아닐까?

대장경(大藏經)과 미신

대장경은 불교 관계 성전을 총칭하는 말로, 삼장경이라고도 한다. 석가모니는 자신의 가르침을 책으로 남기지는 않았고 그가 죽은 후 제자들이 그의 가르침을 집대성했다. '삼장'이란 세 개의 광주리라는 뜻. 경장·율장·논장의 세 불전을 나뭇잎에 새겨 광주리에 보관한 데서 유래한 것이다.

인도에 대승불교가 일어나면서 새로운 '삼장'들이 많이 등장한다. 이것들이 체계적으로 집대성되는 데는 많은 시간이 걸렸고 다른 나라를 요했다. 불교가 전파되면서 요구되었던 역경(譯經)작업이 거꾸로 집대성의 의욕을 부채질했던 것이다. 그 나라는 물론 중국이다.

중국의 왕과 신하들은 다투어 역경사업을 후원했고, 오랜 세월에 걸쳐 이 불경들을 거의 모두 한역하기에 이른다. 그리고 730년 지승(智昇)이 당시로서는 가장 체계적인 불전편저인 《개원석교록》을 간행했다.

그리고 물론 영구보존 노력이 병행되었다. 돌이나 목판에 새기는 것이 가장 좋았다. 이렇게 해서 최초로 만들어진 것이 북송의 관판대장경이다. 이 관판대장경에는 《개원석교록》에 수록된 불전 1,076부 5,048권이 13만 개의 목판에 새겨져 있다.

그런데 이 경판은 1125년 금나라가 침략해 들어왔을 때 자취를 감추었다. 북송도 고려와 같은 처지였나? 아니다. 세계 두 번째로 제작된 고려의 초조대장경은 똑같이 거란이 개입되어 있지만, 그 발상이 다르다. '국난시기 미신'의 성격이 짙은 것이다. 그리고 고려 조정의 미신이 백성들의 수난의 미학을 매개로, 엄청난 업적으로 화하는 것이다.

미신과 수난의 미학

1011년(현종 2년), 거란 침입 때 현종은 난을 피하여 남행했다. 송악을 점령한 거란군은 좀체 물러날 기미가 없었다. 이에 왕이 크게 서원한다. '거란군을 물리쳐주시면 대장경판을 새기겠습니다……' 그러자 곧 거란군이 물러났다. 왕은 약속을 지켰다. 초조대장경은 1011년에서 1087년까지 무려 76년에 걸쳐 새겨졌다. 팔만대장경보다 다섯 배나 더 시간이 걸린 것이다. 물론 긴박감이 덜해서 그렇기도 했겠다. '위기 중'이 아니라 '위기 후'였으므로.

내용은 북송본(本)을 참조했지만 탈락된 것을 보충했고 내용 교정을 철저히 했으며 독자적으로 판하본(板下本)을 마련했다. 《대반야경》 6백 권과 3본 《화엄경》 《금광명경》 《묘법연화경》, 그리고 별도로

《반야경보》를 만들어 널리 퍼뜨렸다. 이 대장경 또한 몽고 침입 때 소진되었으나 인쇄본 일부가 국내와 일본에 일부 남아 있는데 팔만대장경보다 글씨에 힘이 있고 도각(刀刻)이 오히려 더 정교하다. 그리고 독자적인 판각인쇄술을 보여준다.

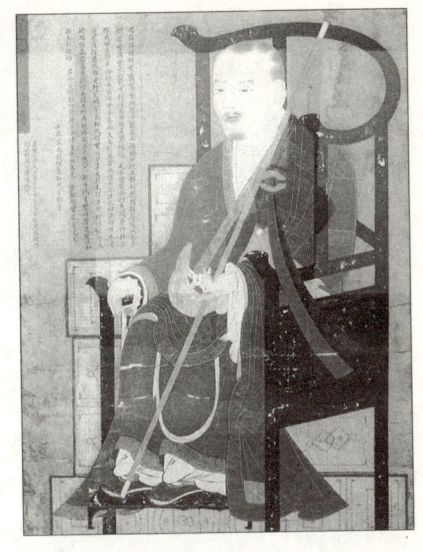

대각국사 의천 진영, 선암사 소장.

어쨌거나 이 초조대장경이 만들어진 후 거란도 대장경을 만들었는데, 그것은 고려의 초조대장경을 토대로 하고 거기에 거란내에 있던 불전을 덧붙인 것이다. 1063년 거란의 도종이 대장경 전질을 고려에 보내온다.

그러나 고려는 다시 《속장경(續藏經)》을 간행했다. 그것을 주도한 것은 의천. 그것은 미신과 수난의 미학의 고리를 끊으려는 안간힘이 아니었을까? 전쟁기 기복의 대장경이 아니라 평화기 철학의 대장경을 염원하는 불교의, 고려 왕실의, 교종의 마지막 안간힘이 아니었을까? 그렇다면 미신과 수난의 미학은 선종이 방관한 속세의 운명이자, 선종 자체의 동전의 양면이 아니었을까?

속장경(續藏經)

속장경 간행은 불교사상 최대의 독창적인 사업이었다. 고금의 여러 장소(章疏), 중국과 우리나라 여러 선사들의 저술들을 총망라했던 것이다.

이미 말했듯이 의천은 문종의 넷째 아들로서 일년 2개월 동안 송나라 각지를 돌아다니며 3천여에 달하는 문헌을 수집했고 왕은 귀국한 그를 위해 흥황사에 교장도감(敎藏都監)을 설치해주었다. 의천의 도서수집 행각은 그후로도 계속되어 국내는 물론 요와 일본에까지 미쳤다. 특히 우리나라 남부지방을 이잡듯이 뒤졌다고 한다. 그가 주도한 속장경 작업은 1092년에 시작, 9년 동안 계속되면서 1,010부 4,740여 권의 고서가 새겨졌다.

그런데 희한한 일이다. 이 속장경판이 어디에 봉안되어 있었고 또 언제 자취를 감추었는지는 알 수가 없다. 무신정권의 교종 탄압이 그토록 무지막지했던 것일까? 이것만은 분명하다. 이 속장경은 팔만대장경을 만들 때까지는 남아 있었고 팔만대장경 판각에 중요한 자료 구실을 했다.

초조대장경은 1232년, 고종 19년 몽고 침입 때 불탔다. 그리고 팔만대장경은 대몽항쟁기에 제작되었다. 초조대장경이 불타버린 것은 물론 매우 안타까운 일이다. 그러나 그렇지 않았다면, 팔만대장경은 존재할 수 없었으리라. 왜냐하면 팔만대장경은 더 거대한 국난에 직면한 고려 조정과 무신정권의 더 우매한 미신에서 비롯되어 더 긴박하고 더 위대한 수난의 미학이 전화된 결과인 것이다.

8만이라는 숫자

사실 강화를 제외한 전 국토가 몽고군에게 짓밟혀 허허벌판으로 변하고 있던 이 시기에 이 무슨 해괴한 국력낭비란 말인가! 그러나 그것이 위대한 예술과 종교, 그리고 학문정신의 총화로 전화된다. 그리고 그후 팔만대장경이 해낸 정신적 역할은, 불교 자체보다 오히려 강했다고 해도 과언이 아니다.

독실한 불교신자였던 이규보가 쓴 대장각판 군신기고문(君臣祈告

조르주 브라크, 〈사라진 마차〉.

文)은 몽고의 침입을 불력(佛力)으로써 물리치고자 하는 염원을 절절하게 또 노골적으로 드러낸다.

팔만대장경은 재조대장경이라고도 한다. 그리고 가장 정확한 명칭은 해인사 고려대장도감각(刻)판이다. 그러나 가장 대중적인 이름은 역시 팔만대장경인데, 그것은 그 '8만'이라는 숫자가 이 대장경의 진가와 규모를 한눈에 알게 해주기 때문이다.

이 대장경은 경판 매수가 8만에 달한다. 그리고 그 경판에 8만 4천 번뇌에 맞춘 8만 4천 법문을 수록하였다. 팔만대장경은 세계에서 가장 완벽한 대장경이다. 이 대장경판을 통해서 우리는 초조대장경뿐 아니라 북송판 대장경, 그리고 거란판 대장경의 내용을 알 수 있다. 당시 세계 불교 전체를 알 수 있는 것이다.

16년이라는 단기간 동안, 더군다나 그 참혹한 전란기에 어떻게 이런 일이 가능했을까? 최우의 거의 광적인 뒷받침이 있었고 백성들의 염원이 한 자 한 자에 정성으로 박혔다. 내용 교정을 본 것은 승통(僧統) 수기.

경판을 새기려면 전체 계획을 세워야 한다. 산지에서 나무를 베어진을 빼고 판각을 위해 적당한 크기로 잘라 다듬고 하려면 그 준비가 여간 치밀하지 않아서는 불가능했을 것이다.

선종과 유교

세상의 전쟁과 평화, 국난과 번영의 '정신'을 둘러싼 선종 불교와 유교와의 싸움은 불교의 기권에 의한 유교의 부전승으로 귀결된다. 이때의 부전(不戰)은 속세·육체의 그것과 달리, 양자의 정신건강을 약화시켰다. 육체의 전쟁이 그토록 참혹했던 시기에……. 역시 대장경 또한 선종의 반영인가. 그러나 그후 이 팔만대장경은 강력한 법력의 상징으로 작용한다.

대장경을 간행한 최초의 기록은 고려 말기 이색과 연관이 있다. 그는 신륵사에 대장각을 짓고 1383년 대장경 1부를 인출(印出), 봉안했다. 아버지의 소원을 대신해준 것이었다. 고려 말 '유교'의 처지를 대변해주는 장면이라 하겠다.

조선 왕조는 억불숭유 정책을 폈지만 대장경 인출은 계속되었다. 정적들의 피로 손을 물들인 태종(1400~1418년)은 경기·황해·충청 등 3도 관찰사에게 경전 인쇄용 종이 267묶음을 염출, 경상도로 보내게 한다. 그리고 인쇄에 종사한 승려 2백 명에게 응분의 보수를 주었다. 속죄의 뜻이었다.

그러나 조선의 대장경 인쇄는 일본의 요구에 의한 것이 가장 많았다. 대대로 불교를 신봉한 일본의 왕들은, 조선 국시가 억불숭유임을 내세우면서 대장경을 자신들에게 넘기면 왜구의 침입을 막아주고 납치당한 조선인들을 돌려주겠노라고 수차례 청원·요구했다.

1389년부터 1509년까지 그 요구 횟수는 83회에 이른다. 조선은 통틀어 63부의 대장경 인쇄본을 보내주었다. 1423년(세종 5년)에는 일본이 사신 규주를 보내어 대장경판 자체의 하사를 간청하였다 한다.

세종은 정말 대장경판을 줄 생각이었다. '명군' 세종의 색다른 모습이겠다. 다행히 유신들이 반대하여 세종은 뜻을 거두었는데, 그 반대 이유가 정말 천박하다.

그후

'경전 자체는 아깝지 않지만, 그것을 주고 나면 그뒤 대일 교섭에서 이롭지 못하다……'

더 기가 막힌 것은 일본의 태도이다. 사신 규주는 세종이 뜻을 바꾼 것에 항의, 수일 동안 단식소동을 벌이더니 대마도와 연락, 무력을 동원하여 대장경판을 강제 탈취코자 했지만 무위로 끝났다.

'피비린내 나는 손'의 또 다른 소유자 세조가 다시 '속죄'를 위해 대장경판을 찍는다. 1435년에는 해인사 대장경을 50부 찍게 하여 각 도의 명산 거찰에 나누어 소장시키는 것이다. 연산군 때에도 대장경이 인쇄된다. 그리고 잠잠하다가 한말 고종 때 대장경 인쇄가 다시 활발해졌다.

1865년(고종 2년) 2부를 인쇄하여 월정사와 설악산 신흥사에 봉안했고 1898년에도 인쇄하더니, 1899년 상궁 최씨의 주도로 4부를 인쇄, 3보사찰(해인사·통도사·송광사)에 한 부씩 봉안하고 나머지 한 부는 쪼개어 13도 각 사찰에 골고루 나누어주었다. 이때 인쇄에 든 비용은 모두 7만 4천5백 냥. 두 차례 백일기도 후 정부기관과 신도들에게서 시주받은 것으로 충당했다 한다. 속죄와 국난극복의 발원이라……

고려 선종은 과도한 색화(色化)에 이은 과도한 공화(空化)였다. 대장경은 수난의 민중이 이룬 위대한 총체의 정화였다. 그런데 불교가 산 속으로 은둔해 들어간 동안 대장경이 불교를 대신하면서, 그 운명이 갈수록 영광에서 수난 쪽으로 기운다.

일제강점기인 1915년 당시 총독 데라우치가 대장경을 인쇄한다. 일본 교토 소재 천용사에 봉안하기 위해서였다. 이 인쇄본은 동경제국대학에 기증되었다가 1923년 동경 대지진 때 불타버리고 만다. 1935년에는 조선총독부가 만주국 황제를 위해 대장경을 인쇄했다. 아하, 모든 것으로부터의 위축을 택했던, (고구려가 아니라) 발해의 후예 고려의 한을 대장경이 이리 뒤늦게, 뒤집힌 방식으로 풀어주는 것인가.

상정고금예문(祥定古今禮文) — 인쇄술

고려 인종은 최윤의 등 17명에게 명하여 동서고금의 예의를 수집, 고증케 했다. 그리하여 총 50권으로 편찬된 것이 바로 《상정고금예문》이다. 이 책은 내용만 전하는데 역대 조종(祖宗)의 헌장이 수록되어 있고, 당과 우리나라의 예의를 참작하여 위로는 왕실 의례와 아래로는 백관의 장복(章服)까지 상술되어 있었다.

상정고금예문. 고려시대에 고금의 예문을 모아 편찬한 책.

오랜 세월을 거치는 사이 이 《상정고금예문》은 책장이 너덜너덜하고 글씨가 이지러졌다. 그것을 깁게 한 것은 최충헌. 그는 2부를 작성한 후 1부는 예관에, 1부는 자기 집에 두었다. 그런데 몽고 침입 때 예관본이 소실된다. 최충헌은 하나 남은 소장본을 281부 인쇄하여 여러 관사에 나누어 보관시켰다.

그런데 이때 사용된 활자가 금속활자이다. 이 금속활자는 서양인

구텐베르크의 것보다 무려 2백년이나 앞선 것이었다. 그런데 고려의 금속활자 사용은 사실 이보다 더 전이다. 이때는 전란중이었으므로 새로운 기술을 '발명'할 겨를이 없었던 까닭이다. 활자, 움직이는 글자뿐만이 아니다. 조판기술은 언제 발명했고, 또 인쇄에 쓰는 기름·먹물은 그 겨를에 언제 고안했단 말인가.

인쇄술이야말로 고려 과학·기술의 절정이다. 고려 조정은 건국 초기부터 개경과 서경에 도서관을 설치했다. 많은 책들이 수집·보관되었을 뿐 아니라, 인쇄되었다. 물론 목판인쇄가 먼저 발달했다. 그러나 여러 가지 책을 소량으로 인쇄하는 경우가 많았던 만큼 활판인쇄도 매우 빠르게 발전했다. 1377년에 간행된 《직지심경》 또한 금속활자로 인쇄된 것인데, 이것은 남아 있다. 이것으로 우리는 우리의 금속활자가 서양보다 150년 이상 앞섰다는 것을 세계적으로 공인받게 되었다.

유교정치와 과학

절망한 불교가 팔만대장경(의 역사)에서 보듯, 절망의 찬란한 아름다움을 남길 수밖에 없었다면, 불구의 유학은 《상정고금예문》에서 보듯, 소박한 희망을 과학·기술의 발전에 기댈 수밖에 없었다. 그러나 유교 '정치학'은 유독 기술학을 잡학이라고 천시한다. 고려에서 유교와 기술학 사이의 동병상련(同病相憐)은 없었다. 그러나 고려의 경제와 백성의 생활이 찬란한 기술 발전을 이룩했다.

물론 국자감에서 유학 이외에 율학·서학·산학을 가르쳤고 과거 응시 과목에도 의(醫)·복(卜)·지리·율·서·산 등이 설치되기는 했다. 그러나 이것들은 모두 '잡학'·'잡과'로 분류되었고, 그만큼 천대받았다. 그러므로 고려의 과학·기술 발전은 엄연히 하부구조의 성과인 것이다.

농업기술의 경우 고려대에 소를 부려 땅을 깊게 파는 심경법(牛深耕法)이 확립된다. 2년3작의 윤작법도 시행되었다. 후기에는 농업 기술이 더욱 발전하여 농업생산력이 증가하고 벼 재배도 보급되었다. 이암이 원나라 농서(農書)《농상집요(農桑輯要)》를 널리 소개한 것이 이때이다. 고려 말 문익점이 목화씨를 원에서 밀반입해온 후 우리나라 의복은 커다란 전기를 맞게 되었다. 문익점 이야기는 뒤로 미루자.

천문·역법은 아직 점성술이 우위였고 천인감응설(天人感應說)이 주류였다. 그러나 그런 채로, 천문계산표의 개선이 역법의 발전을 가져오게 된다. 여기서도 하부가 상부를 규정짓는다. 최무선이 화약제조법을 중국에서 배워왔지만, 그도 뒤로 미룬다.

향약(鄕藥) ─ 의학

의학은 고려대에 의미심장한 변화와 발전을 이룩했다. 궁중의술의 테두리를 벗어나 평민의술로 개방되면서 동시에 독자적인, 한국적인 의학으로 심화되는 것이다.

의학 발전의 경우는 정부정책이 상당한 역할을 했다. 고려 초까지는 궁중의학이다가 963년(광종 15년) 서민층 치료 담당기관 제위보(濟危寶)가 설치되고 989년(성종 9년) 문관 5품, 무관 4품 이상에게 의관(醫官) 왕진이 실시된다. 이런 조치들이 국자감 및 과거제도상의 의(醫)과 설치와 함께, 의학 발달의 기반이 되었을 것은 당연하다. 그러나 고려 의학의 발전과 토착화·민주화에 결정적인 영향을 끼친 것은 역시 전란(戰亂)이다.

송의 것을 답습하던 고려 의학이 점차 전통적인 의약을 개발하게 된다. 고려인이 독자적으로 저술한 의학서들이 역사상 최초로 발간되기 시작한다. 현존 최고(最古)의 의학서적은 1236년(고종 23년) 대장도감에서 첫 간행한 《향약구급방(鄕藥救急方)》. 그런데 이 서적이 벌써 중국 약재를 한국산 약재(향약)로 충당하려는 의도를 갖고 있다.

이것은 분명 전란을 겪는 백성의 고통, 즉 하부구조가 의학을 결정적으로 발전시킨다는 것을 의미하는 것이다. 고려 말에 이르면 이 같은 경향은 더욱 강해진다. 향약에 대한 지식이 축적되고 종합되면서 매우 자주적인 본초학으로 결실을 맺게 되는 것이다.

본초란 무엇인가? 천연물 중에 특히 약용으로 쓰이는 전초(全草)·근(根)·목(木)·피(皮)·과실·종자가 좁은 의미의 '본초'이다. 넓은 의미의 본초에는 동물·광물 등의 천연산물도 포함된다. 결국 의학에서 최초로 진정한 '고려의 자주'가 달성되는 셈인가. 육체와 직접 연관된 의학의 자주성. 아, 육체의 시대가 도대체 언제 끝날 것인가. 하지만 한탄은 끊고, 우리는 여기서 우리나라 본초학의 역사를 훑어보자.

천연의 약

원시 인류, 에덴의 인류는 풀뿌리와 나무열매를 먹고 살았다. 그중에는 음식이 되는 것도 있고 독이 되는 것도 있었다. 독초를 먹고 즉사하는 경우도 있었으리라. 그리고 남자보다 여자가 더 많이 죽었을 것이다. 월경·임신과 연관된 여자 육체의 신비가 많은 '약초'의 '시험'을 유혹했을 터. 그 경험은 축적되고 계승되었다. 동시에 사람이 자기가 사는 토양과 기후에 길들여져가기도 했을 것이다. 주술신앙이 과학을 대치했던 만큼 영험초와 과학적 약초의 구분이 뚜렷하지 않았다.

우리나라도 물론 그 과정을 하나도 빠짐없이 겪었다. 그리고 문헌상으로는 최초로 마늘과 쑥이 인간으로 만들어주는 영약으로 등장한다. 여기서의 마늘은 오늘날의 것과 다르고 부추에 가깝다. 어쨌거나 야생마늘의 줄기는 오늘날에도 외상(外傷)·종기·해독·감기·두통·설사에 사용된다.

동양에서 가장 오래된 의약서는 중국의 《신농(神農)본초경》. 원전 고증은 불가능하다. 신농씨는 중국 고대문헌에 등장하는 전설상의 인물로서 농사와 상업을 사람에게 처음으로 가르쳐주고, 특히 하루에 1백 가지씩 약초의 효과를 결정하였다고 한다. 방법은 완전한 생체실험이었다. 그는 몸소 맛을 보았고 매일 70여 회나 약물중독을 일으켰다는 것이다. 이 신농씨의 생애는 인류의 '약초 생체실험사' 전체를 집약한 것에 다름 아니다. 《신농본초경》은 여러 부분으로 뜯어져나갔고 복원본이 여러 종류이다.

한방(漢方)의 원전격인 장중경의 《상한론(傷寒論)》은 전한(前漢) 말에야 비로소 집필되기 시작했지만 이 역시 《신농본초경》과 연관이 있다. 《신농본초경》은 일년 일수에 상응하는 365가지의 약을 상·중·하 세 개로 나누어 구분한다. 상약은 군(君)이다. 천(天)에 응하고 독성이 없어 오래 복용하여도 인체에 해가 없고 몸을 가볍게 해주며, 정신을 깨끗하게 해주고, 그렇게 인간의 수명을 연장시켜주는 보약이다.

중약은 신(臣). 사람에 따라 독성이 있기도 하고 없기도 하며 병후 허약해진 몸을 보하고 원기를 북돋는 보약 겸 치료약이다. 하약은 좌사(左使). 독성 생약으로 질병 치료용이며 장기복용하면 안 된다.

자국산(自國産)

《신농본초경》에는 우리나라에서도 나는 약초가 많았다. 식물성 생약 중 상약에 속하는 것만도 창포·국화·인삼·오미자 등 24종, 중약이 갈근·음양곽·오가피 등 18종, 하약이 도라지 등 3종, 광물성

윌슨, 〈해변의 아인슈타인〉 무대장치.

생약이 자석 · 석고 · 운모 · 활석 등 8종……. 동물성 생약이 사향 · 웅담 · 아교 · 지네 · 거머리 · 굼벵이…….

이 자국산을 응용하면서 우리나라 본초 연구가 비약적으로 발전했을 것이다. 고구려인의 본초 지식은 매우 높았고 그것이 신라 · 백제에까지 영향을 미쳤다. 중국의 숱한 의약서적이 고구려에 도입되었고 고구려는 그것을 이용, 자국산 야생약초를 질병치료에 이용했다. 특히 중요한 것은 산삼.

양(梁)의 도홍경이 편찬한 《신농본초경 집주》에는 중국 황하 북쪽 다싱(大行) 산맥에서 나는 산삼이 가장 품질이 우수하며, 그 다음으로 고구려 · 백제 · 신라 순으로 질이 양호하다고 기록하였다. 이것은 중량의 문제일 뿐, 아직 몇 년생을 논하지는 않으므로 여기서 '질(質)'은 별 의미가 없다.

고구려는 또 중국보다 발달된 금 정련법으로 금설 · 은설 등 광물 생약을 제조했다.

백제는 고구려보다 늦지만 특별히 채약사라는 관직을 두어 약초를 체계적으로 감별하고 채취했다. 채취시기도 연구했던 것으로 보인다. 이는 물론 계룡산·지리산 등에 생약자원이 많았던 까닭이겠다. 그러나 또한, 백제가 전쟁의 가해자라기보다는 피해자이고 백성의 수난처였기 때문에 그렇기도 하다. 본초학은 처음부터 백성의 수난을 먹고 발전하는 학문인 것이다. 신라는 중국과 멀리 떨어져서 본초학 발전의 조건이 불리했다. 하지만 바로 그렇기 때문에 신라 고유의 약초가 오히려 발달한 측면도 있었다. 통일신라 때 간행된 《신라법사방》이 바로 그 사례인데, 이 책은 약을 복용할 때 외울 주문과 취할 몸가짐까지 적고 있다. 그것에 이은 《신라법사비밀방》에는 말벌의 벌집이 나오는데 요즈음에도 이것은 유선염(乳腺炎) 치료에 쓰인다. 신라 양지(양기름)도 진귀한 생약이었다.

통일신라에 이르면 당 의학이 전면적으로 들어온다. 의학이 급속도로 발전했다. 그러나 본초학의 성격상 자주성은 훼손되지 않고 오히려 더 풍부해졌다. 산삼·우황·위령선·백부자·남등근·국(菊)·박하·석발·가자·곤포·대엽조·해송자·진자·온눌제(해구신)·담라 등이 통일신라산 약재로 기록에 남아 있다.

향약구급방

고려 초기의 의료제도는 당의 문물을 기초로 한 통일신라 방식을 그대로 답습했다. 그러나 곧 송과의 접촉이 시작되고 특히 《본초강목》과는 비교가 안 될 정도로 원전의 면모를 갖춘 《대관본초》가 수입되면서 고려의 본초 지식이 점차 중국에 접근하게 된다.

이것 또한 고려 본초학의 자주성을 강화시켜주었다. 고려는 송에 산삼·유황·솔방울·향유 등을 주었고, 정향·침향·목향 등 방향성 향약과 희귀한 열대 아시아산인 서각·육두구·몰약 등을 받았다. 별로로 '하사'한 동물·광물 생약은 우황·사향·용뇌·주사 등이다.

앞서 말했듯이 고려 본초학은 중기·후반기에 전통적인 향약에 눈을 뜨게 되면서 자주적인 시각을 완성시켰다. 그 현현이 바로 《향약구급방》.《향약구급방》에는 향약 180종이 기재되어 있고 각각의 생약별로 속명·효능·독성 여부·채취시기·건조방법 등이 상세하게 붙어 있다. 고려 말경에는 치료에 대한 처방집들이 쏟아져 나온다.

본초학의 역사는 무엇보다 고통받는 민초들의 역사이다. 그것이 고려 '최초의' 진정한 자주를 이루는 것은 당연하다 하겠다. 본초학은 이후 허준의 《동의보감》, 그리고 이제마의 《사상의학(四象醫學)》으로 발전해갔다. 그 이야기는 뒤에 하게 될 것이다. 아니 그 이야기는 '민중의 역사'가 끝나지 않는 한 계속 이어진다.

자, 이제 각도와 시간규모를 '형이상학' 쪽으로 재조정하여 무신정권과 대몽항쟁기에 다시 한 번 접근해보자.

이규보와 안향 18장

고려 중-후기의 문학과 유교

다시, 려-몽 연합군이 일본 원정을 떠난다. 망국의
시기다. 그 전에 불세출의 문사 이규보는 내·외세의
무력 철권 통치 앞에 아무 힘도 못 쓰는 붓의 존재의
의에 대해 깊이 좌절했고 평생 보신(保身)을 위해 재
능을 쏟아부었다. 그후에 안향은 유교 확립에 힘썼다.
그는 미신을 타파했고 문교(文敎) 진흥에 힘썼고, 주
자학을 고려에 도입했다. 둘을 비교하고 그 둘을 기둥
삼아 고려 중·후기의 문학과 유교를 정리한다.

이중(二重)의 인간

여기서 '이중'은 비난을 위한 것이 아니고 우선 '복잡함'을 강조하려 함이다. 그렇다. 이규보는 복잡한 사람이다. 그는 이른바 신동(神童)으로 9세에 중국 고전을 두루 읽고 문재(文才)를 보였다. 그리고 14세에 이르면 시를 빨리 지어 선배 문사한테 기재(奇才)로 불린다. 그런데 신동이라 그랬던지, 가치관은 비교적 일찍부터 줄곧 입신출세 지향형이었다.

정중부 등의 무신정변 때 그는 3세였다. 그의 만년은 몽고 침입으로 얼룩졌다. 그러한 시기에 그의 표현대로, '문한직(文翰職)에 있으면서 문명(文名)을 날린다……?' 그건 언뜻 우리에게 매우 실망스러운 희망으로 들릴 것이다.

그러나 이규보를 정치 일방적으로만 평가해서는 안 된다. 무엇보다 그는 후세에 그렇게 평가받기를 원하지 않았다. 그리고 고난의 시대일수록 그 고난이 잉태해내는 위대한 예술은 정치적인 고난 혹은 패배보다 더 큰 희망을 담지한다.

이규보는 무엇을 보았을까? 이규보가 본 것은 정말 더 위대한 것이었을까? 우리는 정치 우위의 시대를 살았고 그 마감을 이제 지켜보고 있다. 문학·예술의 본질은 무엇인가? 문학·예술은 사회에 어떤 방식으로 기여하는가? 아니, 더 근본적으로, 예술의 세계관 혹은 세계관의 예술로서 이 세계관 자체의 위기를 극복할 수는 없는 것일까? 그런 20세기말적인 질문에 우리는 봉착해 있다. 이규보의 시대에는 예술가에게 어떤 문제가 있었고 그는 그것을 어떻게 풀었을까? 자, 그의 삶과 문학 속으로 들어가보자.

죽림고회(竹林高會)

그에게도 젊은 날의 방황은 있었다. 그때에도, 또 그후 조선시대에도 과거는 한마디로 문학 위주의 인문과학 시험이었다. 그런데 이 불세출의 문재가 과거에 연속 낙방하는 것이다. 그에게 과거는 지금의 신춘문예 같은 것이었을까? 그의 글은 기존의 틀을 벗어난 것이었을까? 둘 다 맞을 것이다. 과거시험은 소인배의 지엽적인 모범답안을 요구했고 그의 글은 자유분방했다.

문학의 소양을 갖춘 사람이 관리가 되는 것은 매우 바람직한 일이다. 그러나 문학에 '모범답안'이 존재한다는 것은 문학뿐 아니라 관료사회에도 매우 위험한 일이다. 과거제도는 그 위험을 내내 벗지 못했다. 이규보는 그 위험 속으로 들어가기를 거부했던 것이다.

16세부터 4~5년 간 그는 죽림고회 인원들과 문학적으로 어울리며 산다. 죽림고회는 정중부 무신정권 시절 이인로·임춘·오세재·조통·황보 항·함순·이담지 등 일곱 문인이 구성한 시회(詩會). 중국 위나라 때 세속정치를 피해 산 속으로 들어갔던 완적·혜강 등의 죽림칠현의 별명이 강좌칠현(江左七賢)이었던 것에 빗대어 해좌칠현(海

左七賢)이라고도 한다. 이른바 기성문인이었던 이들은 서로 만나 술을 마시며 시를 짓고 호탕하게 즐겼다.

취흥이 너무 도도하여 세인의 비난을 산 적도 있었다. 그런 식으로 무신정권에 대한 울분을 토했던 것일까? 그런 점도 있었을 것이다. 그러나 설령 그랬더라도 그 울분의 정치적 힘은 매우 미약했고, 문학적 힘은 매우 자해·타협적이었다.

더 정확하게는 무신정권이 스스로 숨통을 트기 위해 눈감아준 여유였으리라. 이규보는 그들과 기맥이 상통하는 것을 느꼈다. 그는 특히 35년 연상의 오세재를 마음 깊이 존경했다. 아니, 이것은 젊은 날의 방황이 아닐지도 모른다.

그의 생애 전체가, 또한 무신정권이 스스로 트는 숨통 속에서 연명되었던 것이다. 그의 문학도 그랬을까? 그렇게 우리는 그의 젊은 날과 연관된 두 사람을 먼저 만나보자.

오세재(1133~?년)

오세재는 명종 때 과거에 급제했지만 성격이 호방하고 거리낌이 없어 관료사회가 그를 받아들이지 않았다. 친우 이인로가 세 번이나 추천했지만 그는 끝내 벼슬에 오르지 못한다. 이규보가 그를 만난 것은 18세 때. 53세의 오세재는 그에게 '망년지교(忘年之交)'를 허락하였고 실제로 그를 진정한 벗으로 대우했다.

유학 경전에 대한 그의 식견은 높았다. 그는 《주역》을 암송했고 다른 육경 서적에도 달통했다. 시작품의 수준도 뛰어났고 서예솜씨는 대가급이었다. 말년에 그는 역마를 타고 외할아버지 출생지인 경주로 가서는 돌아오지 않고 가난에 시달리다 죽었다.

이규보는 그의 삶을 애석히 여겨 〈오선생덕전애사〉를 지어 추모하였는데, 여기서 그는 오세재의 문하(門下)를 자처하고 있다. 오세

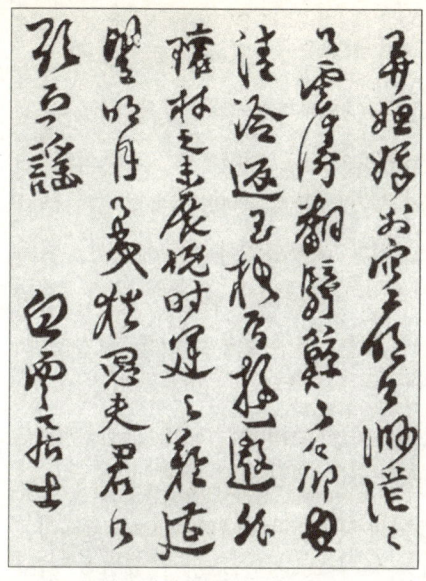

이규보 글씨, 초서체 시.

재는 무신정권의 현실과 타협 · 조화하지 못했지만 그렇다고 항거한 것도 아니다. 또한 그에게 문학은 탐닉의 대상이었지 현실보다 우월한 어떤 대자아(大自我)를 실현하는 매개가 아니었다.

그는 이규보에게 어떤 영향을 미쳤을까? 오세재가 죽은 후 이담지가 이규보에게 가입을 권하자 이규보는 '칠현 중 핵심이 될 인물이 누구인지 모르겠다'고 답했다고 한다. 이것은 무슨 뜻이었을까? 물론 일차적으로는 '오세재가 죽었는데 나머지 사람 중 누가 그만한가?'라는 질책이고, 그러므로 가입 거부의 뜻이다. 실제로 나머지 6인은 그 답을 듣고 심히 부끄러워했다고 한다. 그러나 다른 의미도 담겨 있다.

'칠현이 다 무슨 소용인가?'라는, 이제 젊은 날의 방황을 끝내겠다는 의미도 담고 있는 것이다. 그렇다. 오세재는 이규보에게 그 정도의 영향밖에 주지 못했다.

이인로(1152~1220년)

이규보의 답변 해석은 곧장 이인로에게로 이어진다. 일차적인 해석에 머문다면 이규보는 이인로를 오세재보다 못한 인물로 평가했다는 이야기가 된다. 물론 실제로 그렇게 해석되기를 이규보는 그 당시 바랐을 것이다. 그리고 이인로는 분명 부끄러워하던 좌중 중 한 명이었다. 그러나 이규보는 사실 이인로를, 이인로의 위치를 선망했다. 그리고 후에 그의 길을 밟게 된다.

이인로가 누구인가? 그는 무신난 이전 고려 전기 3대 문벌가문 중 하나였던 경원 이씨 출신이다. 이자겸의 난 여파인지 그는 일찍이 부모를 여의고 고아가 되었는데 화엄승통 요일이 거두어 기르면서 유교와 제자백가서를 두루 섭렵시켰다. 그를 승려로 만들 생각은 없었던 것이다.

일찍부터 시문과 글씨에 뛰어난 솜씨를 보이던 그는 1170년 정중부 무신난의 '씨를 남기지 마라' 운운의 문신 절멸 구호에 떠밀려 불문(拂門) 안으로 도피하지만 문신 학살이 다소 잠잠해지자 환속했다.

그리고 25세 때 태학에 들어가 육경을 두루 학습하더니 4년 만에 진사과에 장원급제, 명성을 날렸다. 그리고 2년 후 서장관(書狀官) 자격으로 사신을 따라 금에 다녀온 이래 비교적 평탄한 벼슬길을 밟는다.

이듬해 계양군 서기에 임명됐고 다시 '무신의 문신' 문극겸의 추천으로 한림원 사소(詞疏) 담당직을 맡았다. 이 한림원에서 고원(誥院)에 이르는 14년 기간 동안이 바로 죽림고회 기간이다. 실제로 그는 죽림고회의 물주(物主) 혹은 배경(背景)이었던 셈이다.

이삭 라비노비치, 프로코피에
프 오페라 〈세 개의 오렌지를
위한 사랑〉 무대 의상.

그는 조칙(詔勅)을 짓는 중에 틈틈이 시사(詩詞)를 지었는데 전혀
막힘이 없었다 한다. 청년 이규보는 그를 보고 무엇을 배웠을까? 그
의 처지를 부러워하면서 또 질투하면서, 사실은 그의 문학을 염탐했
을 것이다.

파한집(破閑集)

이인로는 성미가 괴팍하고 편협해서 크게 쓰이지는 못하였다. 아
들 세황에 의하면 그는 자신의 문장 역량에 대한 자부심이 컸고, 그

럼에도 과거시험관이 되지 못한 것을 평소에 한스러워했다. 마침내 시험관으로 임명받았지만 시석(試席)을 채 열어보지도 못하고 세상을 떴다.

이규보는 이인로의 생애가 보여주는 이상과 현실 간의, 기대와 현실 간의 거리에 점점 젖어들어갔던 것이 아닐까? 그 현실과 괴리된, 자존심이 상한 이인로 문학사상의 요체는 이렇다. 문학은 본질적으로 독자적인 가치를 갖는다. 빈부와 귀천으로 높낮이를 정할 수 없는 것은 문장뿐이다. 그러나 동시에 문학의 내용은 자체 구속성을 면할 수 없다. 임춘의 구슬픔은 신분과 연관된 것이다.

시에 담겨야 할 내용은 충의지절(忠義之節). 그러나 동시에 두보의 경우처럼, 그것은 옥질(玉質)의 형상화를 거쳐야 한다…… 이인로적인 절충은 작법(作法)에서도 그대로 관철된다. 어의구묘(語意俱妙), 말과 뜻에서 절묘한 것을 구현해야 한다. 말의 절묘함은 다듬은 흔적이 없는 경지이고 뜻의 절묘함은 새로움의 경지이다. 온고지신(溫古知新)과 순수주의 미학의 결합? 아니, 절충이다.

이인로의 문학은 이규보에게 무엇이었는가? 우리가 이미 보았듯이 이규보의 글은 현실참여적이었다. 그러나 그것은 어의(語意)의 절묘성이 없는, 즉 감각적 깊이가 결여된 평면적인 현실참여였다. 이것은 이인로 문학의 정반대이면서, 이인로적인 절충의 계승이다. 이 절충은 점차 좀더 복잡한 절충으로 변주된다. 그 점을 우리는 앞으로 찬찬히 보게 될 것이다. 그의 생애와 문학에서, 그리고 둘 사이의 관계에서.

어쨌거나 이인로는 세 권의 저술을 남겼다고 한다. 현재 남아 있는 것은 《파한집》뿐이다. 심심파적으로 썼다는 뜻이겠다. 이것은 겸손의 말이자 순수주의 문학관의 암시겠다. 《파한집》은 우리나라 최초의 시화집이다.

백운거사의 동명왕

이규보는 1189년 네 차례 응시 끝에 수석으로 합격한 이듬해 급제까지 했지만 관직에 나가지는 못하게 되었다. 이때 그는 개경 천마산에 들어가 세상을 관조하며 시문을 짓고 세상 번거로움을 초탈한 장자(莊子)의 경지를 동경하기도 했다. 무위자연(無爲自然)의 노자를 요란굉장한 비유로써 형상화한 장자의 예술관이 이규보의 '조급한' 은둔에 들어맞았는가 보다.《백운거사전》은 도연명의《오류선생전》을 본딴 것으로 술과 시를 벗하며 안빈낙도(安貧樂道)하는 자신을 그린 일종의 자서전이다.

그러나 그는 이듬해 개경으로 돌아왔고 빈궁에 쪼들리면서 수년 동안 관직에 오르지 못한 신세를 한탄하는 쪽으로 기운다. 나라는 엉망이었다. 남부지방 농민폭동은 10년 동안 빈발했고 왕정의 부패와 무능, 관리들의 방탕과 관기의 문란은 갈수록 악화되었다.

이때 그는 〈동명왕편〉과 〈개원천보영사시〉를 지었다. 〈동명왕편〉은 해모수와 유화가 만나는 장면에서 시작, 주몽의 탄생과 성장, 그리고 고구려 건국을 거쳐 왕자 유리의 왕위계승까지를 장장 141운 282구에 걸쳐 써내려간 민족 대서사시이다. 문장은 화려하다. 그러나 세계관은 초탈연(超脫然)하다가 돌연 자신의 처지에 비분강개하는 그 돌변의 소인배 근성이 강요하는 누추(陋醜)를 어쩔 수 없이 뒤집어쓰고 있다. 스스로 도연명을 칭했으되 열린 자주로 나가지 못하는 까닭이다.

43수로 구성된 〈개원천보영사시〉는 안녹산의 난으로 사직을 거의 망칠 뻔했던 당 현종의 유적을 읊었다. 일관된 주제의 심화·발전 없이 그때그때마다 소재를 탕진하는 이규보 문학의 특징과 한계(아마도 치명적인)는 이렇게 초기부터 공고해졌다.

1197년 그는 그런 채로, '마침내' 최충헌 정권의 요직자들에게 관직을 애원하는 편지를 쓴다. 그 동안 문인들이 많이 기용되었건만 본인은 어릴 때부터 문학에 조예를 쌓아왔음에도 30세에 이르기까지 이토록 불우하니 일개 지방관리로라도 제발……. 그리고 2년 후 최충헌 초청시회에서 그를 국가적인 대공로자로 칭송하는 시를 읊고나서야 이규보는 비로소 관직을 얻게 되었다.

체념과 집착

그런데 정말 지방의 말단 관리직이었다. 봉록은 형편없고 행정잡무가 번거롭고 상관은 게으르고, 게다가 동료는 비방을 일삼는다. 그리고 그 비방이 통하여 그는 1년 4개월 만에 면관(免官)된다. 다행이었을까? 아니다. 그는 자조하고 체념하다가 결국 타율적인 규제를 자기 삶의 운명으로 받아들였다.

1202년 그는 농민반란 진압군에 자원 종군, 1년 3개월 동안 현지

그랜트 우드, 〈미국식 고딕〉.

에서 각종 제문·격문·건의문을 도맡아 썼다. 그러나 은근히 기대했던 포상은 이루어지지 않았다. 이때 그가 구호문학의 한계에 대해 깨달았다면 좋았으리라. 그러나 불행하게도 그는 문필행위의 중요성 자체에 대해 심각하게 회의한다. 이 회의는 그 문학을 절망으로든 희망으로든 심화시키는 데 별 도움을 주지 않았다.

1207년, 기회가 왔다. 그가 이인로 등과 문재를 겨룬 장에서 이인로를 누르고 최충헌의 눈에 들었던 것이다. 그는 다시 문명(文名)과 관명(官名)을 일치시킬 희망을 갖는다. 그 희망은 어느 정도 실현되었다. 1217년까지 그는 출세가도를 내달으며 문명 또한 휘날린다.

그러나 그는 학식은 풍부했지만 문학적인 고뇌의 깊이가 부재했다. 그때그때 떠오르는 것이 그대로 표출될 뿐이다. 1217년 그는 무고로 좌천되었다가 면직되는데, 이 일을 기화로 전통적인 관리의 규범마저 버리고 오로지 보신(保身)에만 몰두하게 된다. 그러면서 문학의 규율과 사상적 뼈대도 허물어졌다. 최우 덕분에 중벌을 면하고 박봉의 관직을 겨우 챙겼을 때 쓰여진 글들은 민중의 '추한' 생활상에 대한 불쾌감과 중앙에서의 풍족하고 쾌적한 문관생활에 대한 그리움으로 가득 차 있다.

최우가 집권하고 그는 상경한다. 그러나 이후 그는 일체의 주관을 버리고 문필기예를 군주의 뜻에 복무시키게 된다. 그리고 약 10년간 최씨 정권이 번창하면서 그의 지위도 높아졌고 확고해졌다. 1230년 한 사건에 휘말려 위도로 유배되었을 때 그는 자신의 보신능력 부족을 한탄할 만큼 전도된 가치관을 보인다.

이때쯤이면 그는 문학을 체념하고 직위에 집착한 지 이미 오래임을 숨기지 않는 것이다. 그는 8개월 만에 풀려나와 몽고에 전할 국서 작성을 담당했다. 65세 때 복직되고 1237년 관직을 물러나면서 그는 자신의 생애가 훌륭하게 완결되었다며 승리감에 잠긴다.

뼈만 남은 영혼

만년에 그는 몽고 침략에 괴로워했지만, 불평 이상의 것이 되지 못했다. 최우가 그의 문집인 《동국이상국집(東國李相國集)》 발간을 명한 것이 몸져 누운 그에게 생애 최대의 감격이었다.

그럴 만도 하다. 문집발간은 그의 문학의 보신마저 보장해주는 것이었으므로. 그러나 그는 위대한 문학의 전망과 세계를, 그 예감이라도 보기는 본 것일까? 아마 그렇지 않을 것이다. 그는 무신정권의 뼈만 남은 영혼이다. 그의 문학은 기록으로서는 영구보존되겠지만, 작품으로서 불멸성에는 크게 미치지 못한다. 그의 영혼이 있다면 자신의 보신주의를 비난하는 사람들의 구설(口舌)이 오히려 '영원' 지옥 속이리라.

그는 보신·출세주의라서 비난받아야 마땅한 것이 아니다. 그는 무신정권 시대 일반 문한직 관리층의 한 전형이었을 뿐이다. 문제는 자신과 자신의 생애, 그리고 그의 사회가 삼위일체로 잉태했던 위대한 문학의 가능성을 스스로 말살시켜버렸다는 점이다.

그는 타고난 문재가 있었고 불운했으며, 역경을 딛고 일어나 좋은 환경을 쟁취했다. 시대상황은, 문학에서의 고려대장경 혹은 상감청자를 가능케 하고 또 요구하고 있었다. 그는 그러한 역사와 문학의 위대한 부름에 가장 가까이 있었지만 응하지 않았고, 오히려 가능성 자체를 차단해버렸다.

그의 사상 '들'은 흔들림의 '일관성'이 없다는 점에서 편력 수준에도 미치지 못한다. 그의 문학은 소외당한 자의 비분강개 시절말고는 도무지 총체적으로 파악하려는 노력 자체를 우롱할 정도로 파편적이다.

《국선생전(鞠先生傳)》은 술을 의인화하여 술과 인간의 관계를 재미나게 엮은 작품이다. 《청강사자현부전(淸江使者玄夫傳)》은 거북을 의 인화한 작품. 이 가전체(假傳體) 문학작품들은 우리 문학사에서 설화와 소설의 교량 역할을 한 것으로 평가된다. 그러나 이규보가 지녔던 위대한 가능성에 비하면 얼마나 미비한가.

그렇다. 그는 문학의 세계를 이루지 못하고 시대의 전형적인 등장인물로 끝났다. 그의 자포자기로 인해 고려의 중·후기 문학은 정말 지식인의 우국충정시 몇 수와, '쌍화점'(육욕)과 청산별곡(은둔욕) 사이의 속요로 낙착되고 만다.

희망적

이제 유교 쪽으로 눈을 돌려보자. 고려 유교를 새로운 사상의 빛으로 전화시켜낸 것은 안향이다. 그는 1243년 몽고의 계속된 침입이 고려 국토를 황폐화시키고 강화도에서는 고려대장경이 새겨지고 있던 해에 태어났다. 이규보는? 사망한 지 2년 되었다. 그 공백 2년이 강력한 공(空)으로 작용하기를…….

고려 유교는 세 단계를 거쳐 미래를 위한 정치경제학으로 거듭난다. 철학·교육·정치의 단계이다. 물론 그 단계는 복잡하게 서로 뒤섞여 있다. 안향은 유교를 철학으로 재인식, 유교의 혁명적인 당대화를 이룩했다. 백이정(1247~1323년)은 그것을 더욱 체계적으로 정리하고 심화시키면서 후진 양성에 힘써 많은 문하를 배출했다.

그 문하 중 한 사람인 이제현(1287~1367년)은 가장 개혁적인 정치가 중 한 사람으로서 고려의 대미를 장식한다. 이 세 단계를 거치면서 유교는 미래의 정치·경제 권력을 정신적으로 담지하게 되는 것이다.

다만 이들의 유학은 조선에 '학통'으로 이어졌을 뿐 조선의 권력을 직접 관장하지는 못했다. 고려에서 조선으로 이어지는 과정은 하부구조의 압박에 의한 상부구조상의 격변일 뿐 아니라 엄연한 전쟁이었던 까닭이다.

이제현의 학풍은 '고려 신하' 이색에게 이어졌고 그것이 다시 '조선 신하' 권근에게, 변계량에게 이어졌다. 권근은 '떠오르는' 조선 왕조에 자신의 미래를 맡겼다. 그러나 그의 유학이 조선 초기의 정치·경제 건설을 주도했던 것은 아니다. 그것은 정치·경제학을 단순한 학문이 아니라 정치투쟁의 혁명적인 무기로 변화시켰던 정도전·조준 등에 의해 주도되었다. 당연한 일이다. 그 이야기는 후에 다시 하자.

성리학(性理學)과 주자학(朱子學)

성리학은 성명의리지학(性名義理之學)의 준말이다. 주자학은 그 성리학을 주자가 특히 발전시킨 데서 붙여진 명칭으로, 고려 시대의 경우 성리학과 같은 말이라 해도 별 상관이 없다.

성리학은 이를테면 불교·도교의 문란에 맞선 유교의, 정치철학으로의 자체 정화(靜化)의 결과물이다. 안록산의 난 이후 많은 민란에 의해 당의 귀족사회가 붕괴되는 것을 본 당시 사대부(士大夫, 관료학자)·유학자들은 그 혼란을 유교를 위한 절호의 기회로 전화시킨다. 이 혼란의 원인을 불교와 도교, 특히 불교의 약점에서 찾고 그 대안으로 유학을 내세웠던 것이다.

그들은 불교를 '무부·무군(無父·無君)'의 사상, 즉 '애비도 모르고 임금도 모르는' 사상이라 몰아치면서 유교 자체를 '임금(국가)·정치학/부모(가정)·예(禮)' 개념으로 재편·강화·결집시켰다.

유교를 불교의 개인·초탈·아나키에 맞선 국가·가정·집단 지향의 정치 이데올로기로 전화시킨 것이다. 유교 자체에 그런 가능성이 내포되어 있었다. 수신제가치국평천하(修身齊家治國平天下) 사상과 삼강오륜이 그렇다. 그러나 이러한 정치적 전화는 기존 유교의 균형에

안향, 경북 영주 소수서원 소장.

상당한 충격을 가했고 성리학은 곧 새로운 균형을 지향한다.

그 내용은 무엇인가. 이번에는 불교·도교의 철학적 장점의 섭취이다. 그 결과 성리학에서 인성에 대한 본체론·형이상학적 탐구가 매우 강해지는 것이다. 그러므로 물론 성리학에도 그 철학이 실제 정치와 유리되어 공론(空論)화할 위험이 애당초 존재한다. 그러나 이 위험은 도교·불교에 비해 그 정치적 질이 한 단계 높아진 위험이다.

불교·도교는 현실정치에 대해 훈계하거나 종교·예술적 감화를 매개로 지도하는 방식이었다. 유교정치학은 전혀 다르다. 유학자·관료들은 정치권력을 놓고, 또 목숨을 걸고 상호 논쟁하는 것이다. 그리고 이분화·공론화의 '위기'라고 했거니와 이것은 불교·도교 자체의 모순만으로 그런 것이 아니라 하부·경제구조의 반영으로서 그런 면이 더 결정적이다.

즉 하부·경제구조가 진보적이며 역동적일 때 불교의 이분화도 유교의 공론화도 이루어지지 않는다. 불교는 하부·경제구조의 역동성의 반영으로, 또 그것에 힙입어 역동적인 균형을 갖게 되고, 유교 또한 그렇다. 그리고 위기의 질적 발전 또한 그렇다. 하부·경제구조발전의 반영이 더 결정적인 것이다.

주자학 이전

당(唐) 말기와 유사한 혼란현상이 고려에 빚어졌을 때 성리학은 우리나라에 유입되었다.

그것이 우리나라로는 인종 치세를 전후한 11~12세기이고 북송에서 성리학이 발흥할 무렵이다. 모처럼 고려의 필요에 의해 중국 문화가 수입되는 대목이다.

고려는 송의 서적을 적극적으로 수입했다. 소동파가 걱정할 정도였다. 김양감·윤언이(윤관의 아들!) 같은 대학자가 서적수집 임무를 띠고 사신으로 송에 파견되었다. 고려에 중국 유학생이, 중국에 고려 유학생이 많았다.

최충이 설립한 구재학당 과목이 벌써, 성리학자들이 특히 중요시한 경전 《중용》의 언어(率成·誠明·大中 등)로 되어 있다. 예종 때 왕의 임석하에 행해진 중신들의 경론 강론 분위기는 '삼강오상의 교(敎)와 성명도덕의 리(理)가 만당에 가득'했다고 한다.

그러나 중국에서 성리학은 주희(주자)의 학문적 공헌 덕분에 주자학으로 탄생되면서 대성되었고, 고려에서 발전한 것도 바로 이 주자학이다. 그리고 이 주자학·성리학을 고려에 도입한 사람이 바로 안향이다.

그는 고종 30년에 태어나 충렬왕 32년에 죽었다. 원종 1년 문과에 급제하여 벼슬길에 올랐고 삼별초 난 때 강화도에 억류되었다가 탈출, 새삼 원종의 신임을 받았다.

1272년 감찰어사, 1275년(충렬왕 1년) 상주판관. 이때 그는 백성들을 현혹시키는 무당을 엄중히 다스리며 미신 타파와 민간풍속 쇄신에 힘을 기울였다.

그의 벼슬은 점점 높아졌다. 충렬왕의 몽고풍과 음탕이 극에 달했는데 그가 그것에 저항했다는 기록은 없다. 이것 또한 이규보와 같은 이야기인가? 아니다. 그는 정치에 가까이 있었을 뿐 기본적으로 철학자였다는 뜻이다.

교육자

1289년 그는 그 악명 높은 정동행성의 원외랑(員外郞)을 제수받았다. 그러나 곧 유학연구를 담당하는 직책을 맡는다. 이때부터 철학자 안향의 삶이 전개된다. 같은 해 그는 왕과 왕후를 호종하여 원에 가서 주자서를 손수 베끼고 공자와 주자의 화상을 얻어 이듬해 돌아왔다. 벼슬이 과거관리관으로 바뀌었다가 지밀직사자, 다시 밀직사자로 승진하였다.

1296년 왕과 왕후를 다시 호종, 돌아온 후에는 집 뒤에 정사(精舍)를 짓고 공자와 주자의 화상을 모셨다.

충선왕 개혁 때 그는 별 좌천을 겪지 않았다. 아니, 오히려 그는 충선왕을 따라 또다시 원에 들어간다. 그해 충렬왕이 복위했지만, 안향은 전혀 외풍을 타지 않았다. 그의 성리학은 발톱을 감춘 독수리였던가, 아니면 방탕한 불교의 온실에서 자란 난초였던가.

1303년 그는 국학학정(國學學正)을 중국 강남(난경)에 보내어 공자와 70제자의 화상, 문묘에 사용할 제기와 악기, 그리고 육경, 제자, 사서, 주자서 등을 본격적으로 구해오게 한다. 그는 또 6품 이상의 문무백관에게 각각 은 1근씩을, 7품 이하의 문무백관에게는 교육세로 포를 거두어 양현고를 짓자고 왕에게 건의, 관철시켰다.

이때의 그는 완연히 교육자이자 교육기관 행정가이다. 그러나 그는 철학·유학자로서 가장 커다란 업적을 남겼다. 그는 우리나라 최초의 주자학자일 뿐 아니라 최초의 실천적인 정치철학자였다.

그럴 수밖에 없었으리라. 그 전란 통에 어떻게 제도가 왕성했겠는가. 정신이 심화될 수 있었을 뿐이다. 또 거꾸로, 고려의 성리학이 전란을 극복하면서 크지 못하고 오히려 전란을 빌미로 혹은 피해가며 완성에 달했다는 약점은 앞으로도 내내 부정적으로 작용할 것이다.

철학자

주자학이 성행하게 된 사정 또한 남송과 고려가 비슷하다. 남송은 원의 침입 앞에 국가적 위기를 맞고 있었다. 고려는 무신정권·불교 선종이 의미하는 정치 불안정 및 부패, 무속의 성행, 몽고 침탈 등으로 국내외적 위기를 맞고 있었다.

주자학은 민족주의 및 춘추대의(春秋大義)·명분주의, 주지적인 수양론을 강조했고 안향은 그 점을 고려적으로 수용하려 했던 것이다. 원의 학관들은 그를 '동방의 주자'로 칭송했다. 왕명으로 제작된 그의 화상은 문묘에 배향되어 있다.

1542년 그를 위해 백운동서원을 세운 풍기 군수 주세붕은 이런 탄식을 남겼다.

고려의 사관은 주자학의 도(道)나 리(理) 따위의 말을 몰랐기 때문에 그의 공적은 말할 수 있어도 그의 학문을 밝혀낼 줄은 몰랐다……

역사는 그가 섬학전을 설치하고 사후 문묘에 배향된 사실만을 들먹이는데, 식견이 이렇게 비루할 수 있는가……

  자, 이쯤에서 장을 공민왕 치세로 옮겨, 안향의 철학이 미래를 위한 정치·경제학으로 계승·발전되는 과정을 이어보자.

공민왕과 노국공주, 그리고 승려 신돈 19장

이제현과 부패한 상상력

이 세 사람 이야기는 고려 역사 중 가장 흥미진진한 대목이다. 그러나 그 이야기들을 둘러싸고 있는 것은 상부구조로서 부패해가는 불교의 상상력이다. 그것을 걷어낼 수 없을까? 그 현실과 환상을 가려내고, 거짓을 지워버리고, 부패한 상상력 대신 역사·예술적인 상상력으로 남겨진 진실의 조각들을 재결합해낼 수 없을까? 이 장의 문제의식이다.

백이정/철학정치가/역옹패설/온건개혁의 길/권문세족과 신흥사대부(士大夫)/가장 진취적인 왕/전민변전도감(田民辨正都監), 최영/쌍성총관부, 이자춘, 이성계/왜구와 홍건적/만남과 고립, 그리고 모사/친원파와 반원파/쇠락과 강건/사랑의 영역과 육체의 영역

백이정

백이정(1247~1323년)은 고종 34년에 태어나 충숙왕 10년에 죽었다. 안향보다 4년 후에 태어났고 17년을 더 살았다. 그의 진정한 후계자가 되기에 적절한 숫자이다. 그 17년은 또 특히 충선왕의 개혁, 성리학의 현실정치 진출과 연관되는 기간이다. 그는 안향이 상주 판관으로 무당을 엄중히 다스리던 1275년(충렬왕 1년) 문과에 급제, 충선왕 때 상당군(上黨君)에 봉해졌다.

1298년 원이 사신을 보내어 세자를 왕으로 봉하고 충선왕을 원으로 호출했을 때 그는 왕을 호종하며 연경에서 10년 동안 살았다. 성리학에 심취하게 된 것이 바로 이때이다. 그는 정주의 성리학 서적과 주자의 《가례(家禮)》를 갖고 귀국했다. 그리고 후진양성에 온갖 노력을 기울인다. 그의 문하에서 이제현·박충좌·이곡·이인복·백문보 등 쟁쟁한 문인들이 배출된다.

그의 연구와 교육을 통해 우리나라 성리학은 비로소 체계와 일가를 이루게 된다. 이중 안향과 백이정의 성리학을 정통으로 이어받은 것은 이제현(1287~1367년). 충렬왕 13년에 태어나 공민왕 16년에 죽은 그는 학자이면서 매우 개혁적인 정치가였다. 그렇게 고려 성리학의 정치경제학화는 그를 통해 일차 완성된다. 그는 백이정의 제자였을 뿐 아니라 《사서집주(四書集註)》 간행자인 권보의 문생이고 사위였다. 그리고 이곡·이색 부자의 스승이었다.

그는 여러 모로 행복한 학자이자 정치가이다. 실천적 정치·경제학으로의 변환이 그의 유학을 결코 천박하게 하지 않고, 오히려 심화시켰던 것이다. '충'의 왕들의 치세, 그리고 공민왕 개혁(실패)은 그의 생애를 배경으로 볼 때 더욱 그 비극적인 전모가 명징하게 드러난다.

철학정치가

그는 어려서부터 작가기질을 보이다가 1301년 성균관시에 1등으로 합격하고 곧이어 과거에도 합격했다. 권보의 딸을 아내로 맞은 것은 이때이다. 그의 출세가도는 순탄했다.

1314년 그의 학문적 생애에 큰 전기가 온다. 연경에 있던 상왕이 그를 불러 만권당에 머무르게 한 것이다. 만권당에서 그의 성리학체계는 심오하고 또 다양해졌다. 그리고 중국 오지(奧地)로 여행할 기회를 세 번이나 갖게 된다. 이것은 일찍이 우리나라 사람에게 없었던 행운으로 그의 견문을 크게 넓혔다. 그가 실천으로써 학문을 심화시키는 매개가 아마 이때 마련되었을 것이다.

그는 원에만 머무르지 않고 과거를 주재하는 등 고려에서의 활동도 많았다. 그리고 어쨌거나 충선왕이 참소를 당해 유배지로 떠나면서 그의 원 생활은 끝이 나고 그의 '정치활동'이 서서히 시작된다. 때는 바야흐로 고려를 원의 한 성(省)으로 복속시키자는 매국노들의

'입성책동'이 한창이던 시기. 충숙왕을 내몰고 왕위를 차지하려는 심양왕 고의 준동도 격화되었다. 이제현은 1321년 부친상을 치르고 1323년 원으로 들어가 입성반대 상서를 올리고 토번으로 유배된 충선왕의 방환운동도 벌였다. 효과가 매우 커서 오래지 않아 입성책동이 저지되고 충선왕은 타사마로 옮겨졌다. 그의 벼슬이 크게 올랐다.

충숙왕·충혜왕의 어지러운 중조황음(重祚荒淫)의 시기에는 그의 활동이 크게 드러나지 않는다. 그러나 1339년 심양왕 고를 옹립하려는 조적의 난이 수습된 후 충혜왕이 원에 붙잡혀갔을 때 사태를 수습하고 왕을 복위시키는 데 큰 역할을 했다.

그후 수년 간 그는 두문불출한다. 심양왕 고의 무리들이 아직 강했던 까닭이다. 그러나 그 몇 년 동안 그는 집필에 전념,《역옹패설(櫟翁稗說)》을 남겼다. '역옹패설'은 비루한 선비의 열매 없는 피와 같은 잡문이라는 뜻이지만 이 문집은 그 역사적 의의가 매우 크다.

역옹패설

여기서 그는 부당한 사대주의를 비판하는 한편 '삼별초' 정권을 민심에 기반하지 않았다는 이유로 통매하고 있다. 백성을 협박하고 부녀를 강제로 끌어들인 비상정부라는 것이다. 균형감각이 상당하다고 하지 않을 수 없다.

그는 이어 무신정권의 반문화적(反文化的) 폐해를 고발하고 있다. 학자는 산 속으로 들어가 중이 되고 글을 배우려는 학생은 그 학자 중을 찾아 다시 산 속으로 들어간다. 그리하여 수식을 일삼는 무리는 많고 경전공부와 심신수련에 열중하는 자는 극소수이다…… 그의 무신정권 비판이야말로 고려 유학이 정치적인 건강을 회복하고 있다는 징표일 것이다.

《역옹패설》에는 또 고려 말기 문학론 중 용사론(用事論)과 신의론

이제현. 당대의 명문장가로 정주학(程朱學)의 기초를 확립하였고, 조맹부의 서체를 도입하여 유행시켰다.

(新意論) 현황을 알려주는 좋은 자료가 수록되어 있다. 그는 한유 · 이백 등 당(唐)대 시인들, 그리고 정지상 등 우리나라 거의 모든 시인을 망라하며 시비평을 행하고 있다. 그는 시어의 현실성을 특히 강조하였지만 중용의 현실주의자답게 극단적인 배척이나 악평은 삼가고 있다. 그의 문학관은 이규보다 균형잡혀 있고 또 건강하다.

그가 다시 정치의 전면에 등장하는 것은 1344년 충목왕이 즉위하면서부터이다. 그는 판삼사사(判三司事)에 임명되면서 여러 항목에 걸친 개혁안을 올렸다. 이 개혁안은 격물치지(格物致知)와 성의정심(誠意正心)의 도를 강조하는, 성리학의 깊은 경지를 구현하는 것이었다. 그러나 1348년 충목왕이 사망한다. 그는 왕기(공민왕)를 왕에 추대하려 노력했지만 일단 실패했다. 여기서 그의 정치적 생명은 다하는 것 같았다.

그러나 3년 후 왕기가 정말 왕위에 오르면서 그의 가장 화려한 정치생활이 전개된다. 그는 공민왕의 개혁정치를 총괄하는 정승에 임명되었다. 그리고 그후 네 번씩이나 수상 자리에 올랐다. 이제부터는 공민왕의 장으로 넘어가야 한다. 그러나 그전에, 이제현을 위해 몇 가지만 특기하자.

온건개혁의 길

1353년 계림부원군으로서 그는 생애 두 번째로 과거를 주재했는데 이때 뽑힌 것이 바로 이색이다. 1356년 기황후 친척으로 온갖 반민족행위를 자행하던 기철 일파를 처단하는 등 반원운동(反元運動)이 일어나자 그는 문하시중에 올라 사태수습을 주도했다. 하지만 그 일로 이듬해 관직에서 아주 물러나게 된다. 그뒤에는 국가 중대사에 그가 자문하였고, 홍건적에 의해 개경이 함락당하자 상주로 피난간 왕을 배알하고 호종하기도 하였다.

그의 정치사상은 매우 현실적이다. 그는 고려가 원의 부마국이라는 현실을 받아들이고 그 테두리 안에서 국가존립과 사회모순의 타파를 위해 힘을 기울였다. 그는 온건개혁론자로서, 급격한 변화를 싫어했다. 그리고 당시의 복잡한 정세 속에 원과 고려를 넘나들었으면서도, 최고의 지위에 오르는 동안 화를 당하거나 유배된 적이 한 번도 없었다. 그는 훗날 성리학에만 몰두하지 않았다. 이 다양성이 그의 학문적 깊이를 훼손하지는 않았음은 물론이다.

특히 문학에서 그는 대가의 경지를 이루었다. 그의 시는 전아하고 웅혼하다. 그리고 사는 독보적인 경지를 열고 있다. 그는 고려의 한 문학을 세련되게 만들면서 한 단계 더 높은 수준으로 끌어올렸다. 한국문학사에서 그가 차지하는 위치는 매우 인상적이다. 그뿐인가. 그는 사학(史學)에도 많은 업적을 남겼다. 《본조편년강목》을 중수(重修)했고 실록편찬에도 참여했다. 그리고 만년에 《국사》 편찬 계획을 세웠지만 완성하지는 못했다. 그는 이를테면 이규보의 자체반성쯤 되는가.

아니다. 그는 왕과 세월을 잘 만난 '유학자' 이규보이다. 그의 온건 개혁론은 원이 쇠퇴하는 시대상황에 비추어 매우 복고적이기까지 하다. 혁명이 오면서 주도권은 혁명적 유교정치인들에게로 넘어가고 그는 수습책에 머무르게 된다. 이색은 그의 묘비명에 '도덕의 으뜸이요, 문장의 원조'라고 썼다. 그러나 이제현 성리학의 영향으로 이색은 결국 망국의 지식인으로밖에 남지 못했다.

권문세족과 신흥사대부(士大夫)

고려 후기를 지배한 권문세가는 크게 세 가지이다. 무신의 난 후 대두한 무반가문·친원세력, 그리고 전통적인 문벌가문. 김취려의 언양 김씨, 채송년의 평강 채씨, 그리고 후에 김방경의 안동 김씨가 대표적인 무반가문이었다. 친원세력은 역관 출신으로 성장한 조인규의 평양 조씨, 응방을 통해 입신출세한 윤수의 칠원 윤씨가 대표적이다.

그리고 이자겸의 인주 이씨, 정안 임씨, 경주 김씨, 파평 윤씨 등이 전통적인 문벌가문이었다. 문벌귀족은 실질적인 정치력이 그리 크지 못했다. 충선왕의 즉위연도 하교에는 왕실과 혼인할 수 있는 재상지종(宰相之宗)이 열거되어 있는데 그 숫자가 열다섯에 이른다.

관료로서 정권을 장악하고 고려 사회를 주름잡던 이들 권문세가들

존 제스런, 〈깊은 잠 - 영화 속에 갇힌 노년〉.

의 역사적 평판은 그리 명예롭지 못하다. 그들은 불법적인 대토지 소유자였고 대체로 친원세력이었으며, 문화적 소양과 거리가 멀었고 보수적인 관료주의 성향이 농후했다. 이들의 농장은 산천을 경계로 할 정도로 광대무변했고, 강력하고 사적인 지배력이 횡행했다. 그것을 유지하기 위해 이들은 첨의부와 밀직사의 재추(宰樞) 자리를 독점하고, 그 둘을 합쳐 도당(都堂)이라는 최고 권력기구를 구성한다. 이들에 의해 야기되는 정치 · 경제 · 사회적 혼란은 엄청났다.

그런 권문세가에 도전하는 새로운 사회세력이 고려 후기에 대두하기 시작한다. 그들은 권문세가들이 야기시킨 혼란을 혁파할 진보적인 개혁정치를 기치로 들고 나왔다. 그것이 형성되기 시작한 것은 최씨 정권 때부터이다. 무신정권은 학문과 행정능력을 보충해줄 학자와 관료가 필요했는데, 이 학자와 관료가 바로 사대부이다.

신흥사대부는 가문이 낮고 지방 향리층 출신이 많았다. 고려 후기 향리들은 중소지주로 성장하고 있었는데 이들은 자제들에게 문학소양을 쌓게 하고 과거를 통해 중앙 관직에 진출시켰다. 이 신흥사대부들이 기존의 권문세가와 점차 대립하게 되었을 것은 당연하다.

가장 진취적인 왕

보수와 진보 간 대격돌은 공민왕 때 이루어진다. 1298년 충선왕의 개혁정치를 주도한 것이 지방 출신의 신흥사대부들이었지만 원과 결탁한 권문세가의 벽을 깨기에는 역부족이었다. 오히려 충선왕이 퇴위당하는 사태에 이르렀다. 그러나 그후 신흥사대부는 꾸준한 성장을 거듭했다. 공민왕이 즉위할 때쯤 그들의 세력은 자못 성장하여, 본격적인 개혁운동을 벌이게 된다.

공민왕은 고려 역사상 가장 진취적인 왕이다. 그는 충숙왕과 명덕태후 사이에 난 둘째 아들이다. 비는 원 위왕의 딸 노국대장공주. 충목왕 즉위년에 강릉부원대군으로 봉해진 후 1349년 그녀와 결혼했고 그 2년 뒤에 왕에 올랐다. 원이 나이 어린 충정왕을 폐위시키고 그를 왕위에 앉힌 것이다.

왜 그랬을까? 2년 전 이제현이 원에서 벌였던 활동이 이제사 효과를 발한 것일까? 아니다. 원은 그를 노국대장공주와 결혼시키고 나서야 왕에 앉혔다. 공민왕은 그녀를 끔찍이도 사랑했고 그녀도 그랬다. 그 점이 원을 안심시켰을 것이다. 그러나 사랑과 정치를 혼동한 원의 판단은 앞으로 큰코 다치게 한다. 공민왕은 반원자주(反元自主) 운동으로 내달았고 노국대장공주는 그런 그를 사랑으로 뒷받침해주었다.

가장 진취적인 고려 왕에 이르러 호동왕자와 낙랑공주의 고구려 신화가 재현되려는 것일까? 아니다. 없는 사랑에의 갈망이 온갖 변태적 행위를 낳는다. 이 점에서도 고려는 고구려와 다르다. 정말, 고려는 고구려와 끝내 다를 것인가.

그는 중국 대륙에서 몽고족의 원이 쇠퇴하고 한족(漢族)의 명이 부상할 것이라는 확실한 예상이 있었던 것일까? 그렇지는 않았을지 모른다. 그러나 그는 매우 진취적이며 기민한 왕이었고, 원의 취약한 내부사정에 정통해 있었다. 원 황실은 사치와 방탕 일색이었다. 조정 대신들도 마찬가지였다. 높은 세금에 대한 백성들의 원성이 높아져 가고 있었다. 각지에서 한족의 반란이 들불처럼 번져가고 있었다. 그 정도면 그에게 절호의 기회였으리라.

전민변정도감(田民辨正都監), 최영

왕위에 오르자마자 그는 대대적인 원 배척운동을 준비한다. 그리고 즉위 이듬해인 1352년 그는 변발·호복 등 몽고 풍습을 폐지했다. 그리고 이제까지 인사행정을 주무르던 정방을 폐지했다. 이로써 신진사대부들이 관직에 진출할 길이 열린다.

또 전민변정도감(田民辨正都監)을 설치, 권문세가들이 불법 탈취한 토지를 원소유자에게 환원시키고 노비를 해방시켰다. 이것은 권문세가, 특히 친원파들의 정치·경제적 기반을 허무는 조처로서 친원파들에게 심대한 타격을 입혔고 신흥사대부들에게 큰 힘을 안겼다. 원은 그런 공민왕을 어쩔 수가 없었다. 국내 사정이 더 급했던 것이다. 아니, 1345년에는 거꾸로 원병을 요청한다. 강소성을 휩쓸고 있는 장사성의 반란군 토벌을 도와달라는 것이다. 그들이 '머리에 붉은 띠를 두른 도적떼', 즉 홍건적으로 한족 반란의 한 무리였다.

공민왕은 40여 명의 장군에 군사 2천을 딸려 원으로 보낸다. 이때 장수 중 한 사람이 최영이다. 공민왕의 속셈은 원 정탐이었다. 원의 세력이 말할 수 없이 약해졌다는 원정군의 보고를 받은 그는 좀더 근본적인 반원운동에 착수한다. 1356년 그는 몽고의 연호·관제를 폐지하고 문종 때의 관제를 복구했다. 그리고 원이 고려 내정을 간섭

공민왕, 〈천산대렵도〉.

하기 위해 세운 정동행중서성이문소를 폐지했다. 그리고 원 기황후
의 아우로서 권세가 하늘을 찌를 듯했던 기철을 목베고 기철 일파를
대대적으로 숙청했다.

이때 공민왕을 도운 것은 이제현·이인복·유인우 등의 신하들.
기철 사건 마무리에 '지원파(知元派)' 이제현이 방패 노릇을 해주었
음은 앞서 말했다. 공민왕은 여세를 몰아 쌍성총관부를 군사적으로
공격한다. 이것은 거의 원에 대한 선전포고였다.

쌍성총관부, 이자춘, 이성계

이때 고려군을 이끈 것은 유인우. 유인우의 고려군은 곧 난관에 봉
착한다. 성이 너무 튼튼했던 것이다. 이때 부하 장수가 귀띔을 한다.
'성 안에 이자춘이라는 고려인이 있다. 백성들의 신망을 받고 있으니
그와 손을 잡으시라……' 이자춘에게서 곧 회답이 왔다. '자정이 지
날 무렵 성문을 열어놓고 내 아들을 보낼 테니 그를 따라 들어오
라……'

유인우가 만반의 준비를 갖추고 기다리는데 과연 신호불이 오르면서 성문이 열렸다. 그 성문으로 한 젊은 장수가 나왔다. '누구요?' '이성계요!' 그 젊은 장수가 당당하고 우렁찬 목소리로 대답한다. 그렇다. 그렇게 이성계가 등장한다. 그리고, 그렇다. 벌써부터 최영과 이성계는 다르다. 최영은 원을 도우는 입장에 섰고 이성계는 원을 쳐부수는 입장에 섰다. 우리는 이 두 사람을 앞으로도 종종 대비하는 시각으로 살펴보자. 고려 멸망의 장을 이 두 사람의 한판 승부가 장식케 될 것이다.

이자춘과 이성계의 도움으로 고려군은 쌍성총관부를 비교적 쉽게 되찾을 수 있었다. 공민왕은 개경으로 올라온 이자춘과 이성계를 크게 치하하며 이자춘에게 동북면 병마사 벼슬을 내렸다. 곧 이자춘이 죽고 이성계가 그 자리를 물려받게 된다.

이후로도 공민왕의 개혁은 계속된다. 그러나 공민왕의 상승세는 크게 보아 거기까지이다. 그는 곧 왜구와 홍건적의 침입, 그리고 친원파의 반란에 내내 시달리게 된다. 그리고 왜구와 홍건적을 물리치면서 최영과 이성계가 역사의 두 축으로 부상한다.

그건 그렇고, 공민왕은 계속 영토를 넓혀 고려의 세력이 서북으로는 압록강 건너, 동북으로는 북청까지 미쳤다. 다루가치들은 모두 물러갔다. 원 순제는 고려의 사신을 잡아가두고 자기네 사신을 보내 위협하는 등 위협을 계속했다. 그러나 원은 세력이 다해가고 있었다. 고려내에 존재하는 친원파들이 차라리 더 위협적이었을 것이다. 그러던 중 1358년 왜구가 개경 근처 서해안 지방 각산술에 출몰한다.

왜구와 홍건적
고려·원나라 연합군이 일본 원정 때 왜구들의 근거지를 파괴한 이래 왜구들의 고려 해안 침입은 갈수록 극성스러워졌다. 그러나 개경 근처까지 출몰하는 것은 이번이 처음이었다. 조정은 즉시 각산술에 군사를 보냈다. 그러나 어느 틈에 왜구는 사라지고 잿더미가 된 마을에 남녀노소의 주검만 널브러져 있다. 보고를 받은 공민왕은 신하들을 불러모아 왜구를 발본색원할 대책을 세우게 한다.

'전담군대를 만드소서……' 다시 최영이다. 왕은 그 말을 좇아 왜구 전담부대를 창설하고 최영을 그 지휘관에 임명했다. 최영은 양광도(충청도)와 전라도를 지키는 한편 개경 바깥 성곽도 강화했다.

그리고 그 이듬해 홍건적 4만이 고려를 침략한다. 그들은 1355년 송을 세우고 세력을 확장하다가 그 일부가 만주지역으로 북진하여 요동을 점령했는데, 원의 반격에 쫓기게 되자 고려를 침범한 것이었다. 고려가 홍건적에 대한 대비를 안 했던 것은 아니다. 그러나 1359년 모거렴이 이끄는 4만 명의 홍건적 무리는 의주·정주·인주를 삽시간에 함락시켰다. 정부군이 파견되었지만 별무효과, 철주와 서경이 계속해서 홍건적 수중에 떨어졌다.

이듬해 2만 명의 고려군이 비로소 서경을 탈환하고 2월에는 이들을 모두 압록강 이북으로 몰아냈다. 그러나 홍건적은 물러난 것이 아니다. 그들은 해로를 이용하여 풍주·봉주·안악·황주·안주 등 해안지방을 노략질하더니 1361년 10월 반성·사유·관선생·주원수 등이 10만의 대군을 이끌고 다시 고려를 침략한다. 그들은 아예 파죽지세였다. 삭주·이성·무주(영변)·안주가 떨어지고 대군이 홍의역(우봉)에 이르니 개경이 지척이었다.

왕은 황급히 광주를 거쳐 복주(안동)로 파천한다. 홍건적은 왕의 행렬이 이천에 이르렀을 때 개경을 함락했다. 반격이 시작된 것은 12월. 복주에 재결집된 20만의 고려군이 이듬해 1월 개경으로 진격했다.

만남과 고립, 그리고 모사

관군이 개경을 에워쌌을 때 동북면 병마사 이성계가 5천의 군사를 이끌고 개경에 도착한다. 이때 최영은 서쪽 문을 맡고 있었다. 이성계는 동쪽을 맡았다. 그리고 그 둘을 선봉으로 진격이 개시되었다. 적은 삽시간에 대파되었다. 그후 재침은 없었다. 하긴 홍건적은 고려에 근거지 마련을 위해 온 것은 아니었다. 그들은 단지 행패를 부렸던 셈이다. 어쨌거나 이 홍건적 내침으로 최영과 이성계의 명성은 다시 한 번 높아졌다. 이때 두 사람은 처음으로 만났을 것이다. 원에 대한 서로 다른 경험을 배경으로.

둘은 서로를 어떻게 평가했을까? 그것은 아직 중요하지 않다. 이 전란은 무엇보다 공민왕의 자주정책을 고립시켰다. 아니, 홍건적의 존재가 이번에는 고려에게 원과의 제휴를 강제했다. 1차 침입을 물리친 후 정동행성이 다시 설치되었다. 그리고 2차 침입이 끝난 후 관제가 다시 1356년 이전 상태로 복원된다.

친원파가 다시 득세했다는 이야기이다. 그 친원파가 호시탐탐 공민왕을 몰아낼 기회를 노렸다. 그러나 친원파의 반란 전에 희대의 모사꾼 김용이 공민왕 군대의 중추신경을 마비시켜버린다. 개경 탈환의 주역이었던 최고 지휘관 네 명, 즉 정세운·안우·이방실·김득배 등이 그의 술수 때문에 목숨을 잃는 것이다.

그는 왕의 도장을 훔쳐 칙서를 위조, 안우·이방실·김득배에게 보낸다. '정세운이 그대들을 죽이려 하니 당하기 전에 먼저 죽이라……' 세 장수는 긴가민가했다. 김득배는 그럴 리 없다 했다. 그러나 왕명을 어떻게 거역한단 말인가…… 안우와 이방실이 정세운을 유인, 그의 목을 쳤다.

그러자 김용은 왕에게 안우·이방실·김득배가 반란을 일으키려고 정세운을 죽였다고 보고했고 격노한 왕은 세 장수를 모두 처형했다.

오펜하임, 〈히트곡을 위하여〉.

어떻게 이런 어처구니없는, 아니 꾸민 연극 같은 일이 실제로 벌어졌을까? 이제까지 김용의 전과를 보면 우리는 어처구니를 넘어 경악하게 된다.

그는 근무태만죄로 한 번, 그리고 왕의 유지를 고친 죄로 한 번 유배된 경력이 있는 자였다! 그는 공민왕의 총애를 받은 걸로 역사서에 기록되어 있다. 그러나 총애만으로 이 모든 일을 설명할 수 있을까? 이때 벌써 공민왕의 정신상태는 남색(男色)으로 왜곡되어 있던 것 아니었을까? 다른 신하는 아무 말도 못 했다. 오로지 한 신하가 공민왕에게 '역적' 김득배를 장사지내게 해달라며 간청, 김용의 간담을 서늘케 했다. 그가 정몽주이다. 그는 '멀쩡한' 공민왕의 총신이었던 것이다. 정몽주 이야기는 차차 하자.

친원파와 반원파

이즈음 동북쪽 변경으로 원의 군대가 쳐들어왔다. 이들을 맞은 것은 이성계. 아, 이성계의 반원(反元)은 그토록 운명적이었던가. 그렇다면 최영의 친원도 운명적이었던가. 나하추가 이끄는 원 군대는 두

만강을 건너 북청·홍원 방면으로 기세좋게 쳐들어왔지만 이성계의 유인전술에 휘말려 대패, 두만강 건너로 뿔뿔이 달아나고 원 침입은 이성계를 위한 해프닝으로 끝났다.

그런데 이 침입 와중에 김용과 원 기황후 간에 연대가 가시화된다. 네 장수를 죽인 공(?)으로 찬성사에 오른 그는 홍건적 침입 당시 저항 없이 항복하여 군으로 강등된 수원을 뇌물수수 후 제멋대로 다시 승격시켜주는 등 직권남용을 일삼더니 급기야 원의 기황후 세력과 손잡고 공민왕을 제거할 생각에까지 미친 것이다. 아우 기철이 공민왕에게 살해당한 후 기황후는 복수의 칼만 갈고 있었다. 여기에 고려 왕위를 노리는 덕흥군과 충정왕 때 고려 조정에 불만을 품고 원에 망명했던 최유가 가세한다. 공민왕 제거작전은 치고 때리기 방식으로 동시다발 전법으로 진행되었다. 날을 정해 김용이 왕을 습격하고 동시에 최유가 군대를 이끌고 고려로 들어온다는 것이다.

1363년 2월 왕이 불탄 대궐 대신 흥왕사에 들기로 한 날 공민왕을 죽이려던 김용의 계획은 수포로 돌아갔다. 이때의 공신은 최영. 그러나 더 기막힌 일이 벌어진다. 우정승 홍언박까지 살해한 김용은 난이 실패하자 도리어 난병을 죽이고 포로로 잡힌 자까지 살해, 비밀을 감쪽같이 유지했다. 그리고 난이 진압당한 후에는 오히려 1등공신에 봉해지는 것이다. 그러나 희대의 술수도 거기서 끝인가. 그의 음모는 곧 발각되어 유배에 처해졌고 얼마 안 되어 처형되었다.

최유의 군대 1만은 예정대로 원을 출발, 고려로 쳐들어왔다. 최영은 이성계와 함께 달천에서 그들을 물리쳤다. 이때 두 사람이 서로에게 느꼈던 감회는 어떤 것이었을까? 최유의 난은 별로 힘들지 않고 진압되었다. 이때 살아 돌아간 군사는 17명뿐이었다고 한다. 기황후도 더 이상 어쩔 수가 없었다. 그러나 그것은 이미 이성계와 최영의 힘이었을 뿐, 공민왕의 국력과 심신은 소진되고 지칠 대로 지친

상태였다.

쇠락과 강건

전란을 통한 사회적 혼란과 변화도 매우 컸다. 경기지방의 호적이
망실되고 국가 지배력이 약화되었다. 권문세가의 토지·인구〔田民〕
탈취가 다시 널리 행해지면서 신분제가 대혼란을 겪었다. 농장은 더
욱 발달했다. 그러나 정말 황폐해진 것은 공민왕의 정신상태였다.

개혁추진 시절 활력으로 작용했던 그의 예민한 예술가 기질이 이
제 정치의 중압감을 견디지 못하고, 유약·탐닉 쪽으로 쇠락한다. 이
러한 때에 그가 그토록 사랑하던 노국대장공주마저 아이를 낳다가
세상을 뜨고 말았다. 공민왕은 침식을 잊고 정신나간 사람처럼 멍하
니 앉아 하루종일 침전을 지켰다. 정사에는 털끝만치도 관심을 보이
지 않았다. 교동·강화까지 왜구가 침입해 들어왔지만 왕은 관심이
없었다. 왜구는 최영이 무찔렀다. 그러나 그는 멀뚱한 눈을 한 채 최
영의 승전보를 건성으로 흘려버릴 뿐이었다.

왕은 급기야 노국대장공주의 초상을 그려 벽에 걸어놓고는 하루종
일 그것에서 눈을 떼지 않았다. 왕이 미쳤다는 소문이 나라 안에 돌
기 시작했다. 신하들은 서둘러 왕비를 맞아들인다. 물론 노국대장공
주를 잊게 하기 위해서였다. 왕비로 들어온 사람은 덕풍군 왕의의
딸, 그녀가 익비이다. 그녀는 아무 소용도 되지 않았다. 아니, 후에
비극의 씨앗이 될 뿐이다. 왕은 첫날 밤에도 그녀를 찾지 않았다.

이제 중이 등장한다. 그는 요승(妖僧)이다. 편조. 공민왕은 처음 만
난 자리에서 편조에게 홀딱 반했다. 그리고 그날부터 항상 자기 곁에
있게 했다. 이것은 무슨 뜻일까? 공민왕의 정신상태가 유교·성리학
을 폐하고 비이성의 '요사한' 불교를 불러들였다는 뜻일까? 유교에는
사랑의, 또 죽음의 영역이 부재하다는 뜻? 아름다움은 요사스럽다는

뜻일까? 요승 편조, 즉 미신화된 불교는 무엇으로 공민왕의 마음을 사로잡았을까? 허무주의, 노국대장공주가 살아 있다는 환각 혹은 가상현실, 아니면 그 모든 것을 망각할 수 있을 정도의 아편적인 환락?

이제현의 성리학은 공민왕을 불렀다. 그러나 공민왕은 부패한 예술적 상상력의 품에 안기는 쪽을 택했다. 그 상상력이 요사한 불교를 부르고 그 요사한 불교가 고려의 멸망을 참으로 낯뜨거운 변태·음란 일색으로 물들인다.

사랑의 영역과 육체의 영역

하지만 무엇이 사랑의 영역을 감당할 것인가, 또 무엇이 그 속에 육체와 영혼의 영역을 뚜렷하게 구분하고 결합할 것인가! 역사적 건강성이 상실되면 정신과 육체가 합일될 가능성(의 착각)은 섹스에서 찾을 수밖에 없다.

노국대장공주가 살았을 때 이미 그랬던 것인가? 그리하여 그 결합의 없음이 그리 컸던 것인가? 그 공허가 다시 거대하고 황폐한, 그리고 편벽된 섹스 충동을 낳았던 것인가? 이때 요사한 불교는 그 자체로 변태의 섹스였던가? 북에서 몽고족과 한족이 최후의 용호상박을 전개하고 최후의 결전을 벌이고 해안에 왜구들이 여전히 들끓는데, 어쨌거나 그 사랑의 (가상)현실을 배경으로 고려에서는 이성계와 최영이 최후의 결전을 위해 부상한다.

공민왕은 나랏일을 거의 편조에게 맡기다시피 했다. 원래 종의 아들이었던 편조는 이름을 바꾼다. 신돈(辛旽). 그런데 이름 또한 요사하지 않은가. 그는 혹시 자신이 요사하다는 것을 인식했을 뿐만 아니라, 그것을 불교의 본질로 과시하려 했던 것이 아닐까? 그러나 거꾸로인지도 모른다.

우리는 공민왕의 마음속을 들여다보고 있는지도 모른다. 그 마음속에 요승이 나타나, 자신을 신돈이라고 소개한다. 그는 자신(공민왕)에게 노국대장공주를 되살려주고, 환락·환각을 주고 자기 대신 참신한 정치를 펴나간다. 환락·환각이 극할수록 정치의 참신이 극에 달한다. 그러나 마음 바깥은? 다르다. 공민왕이 신돈을 알게 된 것은 1358년. 그때부터 그는 김용처럼 왕의 총애를 받았다. 정세운은 그를 나라 망칠 요승이라 하여 죽이려 하나, 왕이 그를 피신시킨 적이 있다. 이제현은 신돈이 흉인(凶人)의 골상을 지녔음을 들어 천거하지 말기를 요청한 바 있다.

신돈은 이제현도 정세운도 김용도 사라진 후인 1364년 정식으로 궁 안에 들어와 국정을 자문했다. 왕은 그의 말을 따랐고 많은 추종자가 생겼다. 그가 전권을 장악한 것은 1365년 5월 노국대장공주 사망에 즈음하여 최영·이인복·이구수 등을 거세하면서부터이다.

공민왕의 정신착란은 분명 신돈이 정식으로 등장하기 오래 전부터이다. 어쨌거나 신돈은 족벌과 무관한 천민 출신이고 신진사대부와 달리 강기가 없었고 욕심이 적어 '보였으므로' 공민왕의 몽환적인 개혁성향에 어울렸을 것이다. 자, 그 다음 이야기는 현실의 이야기이다. 장을 넘기자.

멸망의 길과 건국의 길 20장

위화도 회군까지

이성계가 위화도 회군에 이르는 과정은 길다. 그러나 회군에서 건국에 이르는 길 또한 길다. 그러나 이성계에게는 그후가 그 앞의 심화·확대·발전이 아니었을까? 왜냐면 고려(왕조)는 그 전에 이미 망한 상태였다. 요는 최영 및 친원파와의 권력투쟁이었다. 위화도에 이르기까지의 온갖 정치·경제학적 논쟁이 회군 후 심화·확대·발전하면서 급기야 최영·친원파 세력과의 무력 대결로 폭발하는 것이다. 우리는, 우리도 이성계처럼, '위화도 회군'에서 고려의 권을 끝내자. 그후는 분명 조선 건국의 과정인 것이다. 그렇게, 멸망과 건국이 기나길게 뒤섞인 그 과정은 고려의 멸망이 통일신라 경우와 달리, 매우 근본적인 멸망이라는 것을 아주 자연스럽게 깨닫게 해줄 것이다. 화약을 만든 최무선(? ~1395년), 쓰시마 섬을 정벌한 박위(? ~1398년), 목화씨를 몰래 들여온 문익점(1329~1398년). 그들은, 이 시기에 업적을 남겼고 조선시대까지 살았다. 이 사람들은 여운(餘韻)의 장에 더 적합할 것이다.

예술의 몽환과 파탄/미추음결(美醜淫潔)/이인임(? ~1388년)과 최영(1316~1388년)/친원파와 친명파/군인 최영/이성계(1335~1408년)/정몽주(1337~1392년)/정도전(1337~1398년)과 조준(1346~1405년)/해외파와 국내파?/황산대첩, 그후/몰락과 더 거대한 몰락/최영과 이성계/무정견(無政見)

예술의 몽환과 파탄

신돈은 곧 내외 권력을 총괄하고 왕의 권위를 누린다. 중국은 그를 권왕(權王)이라 불렀고 백관은 그를 영공(令公)이라 했다. 그러나 그의 배경은 왕일 뿐 독자적 세력기반이 없었고, 그는 비행을 일삼았으며, 그의 '개혁정치'는 매우 독재·자의적이고 때론 과격하고 혁명적이었다. 그를 탄핵하던 두 대신 이존오와 정추가 거꾸로 유배의 길을 떠난 직후인 1366년 5월, 그는 전민변정(正이 아니라 整)도감을 설치하고, 세도가들이 빼앗았던 토지와 재산을 백성들에게 돌려주었다. 백성들은 성인이 났다고 환호한다. 1367년부터는 처첩을 거느리고 주색에 빠져 비난이 높았다.

그러나 같은 해 그는 숭문관 옛터에 성균관을 짓는 현장을 방문하여 '공자는 천하만세의 스승'이라면서 독려하고 그 공사에 후원을 아끼지 않음으로써 공민왕의 유학중흥 의욕에 화답한다. 그렇다. 공민왕과 신돈이 연출하는 현실과 환각의 교차 속에 유교와 불교가, 예술과 포르노가 근친상간하는 것이다. 그는 같은 해 《도선비기》를 근거로 왕에게 서경천도를 건의했지만 실현되지는 않았다. 육체반란의 잔영(殘影)인가. 암살음모가 끊이지 않았다. 1367년과 1368년 암살계획이 발각되어 신돈에 의해 오히려 그 주모자들이 살해당했다.

이것은 모두 현실이지만 마치 영화장면처럼 진행된다. 그리고 이제 그 영화가 끝나는 것이다. 1368년 중국대륙에서 원이 만리장성 북쪽으로 밀려나고 명이 선다. 그 정세변동이 영화를 끝나게 했을까? 왕은 이인임을 보내 명나라와 협력, 요동에 남아 있는 원 세력을 공략했다.

1369년 신돈은 자신의 세력기반을 확립하려고 사심관제도를 부활시키려 했다. 그러나 왕은 그 안을 물리쳤다. 별 이유 없이. 그리고 이듬해 왕은 친정(親政)할 뜻을 밝혔고 그대로 시행했다. 이듬해 신돈은 역모혐의로 유배되었다가 그 일당과 함께 피살된다. 그렇게 공민왕의 꿈인 현실의 영화(映畵)가 막을 내린다. 그러나 그의 예술의 환각과 파탄은 계속된다. 이듬해 그는 최영의 청을 받아들여 이성계로 하여금 동녕부를 치게 하고 오로산성을 점령하지만, 그건 이미 최영·이성계의 장이었다. 그 이야기는 뒤에 하고, 우선 공민왕을 보내자.

그는 비참하고 수치스런 최후를 맞게 된다. 북벌군을 보내던 바로 그해 그는 명문자제들로 구성된 자제위(子弟衛)를 설치했다.

미추음결(美醜淫潔)

이것은 왕의 남색을 위한 미소년들이었다. 이듬해 그는 모니노에게 '우'라는 이름을 내리고 세자에 봉했다. 모니노가 누구인가. 신돈이 노국대장공주와 비슷한 용모라며 천거한 반야라는 여인에게서 난 아들이었다. 그는 사실 신돈의 아들이라는 소문이 무성했다.

혼음(混淫)과 변태의 양상은 끝간 데를 모르고, 급기야 자제위 소속 홍륜이 익비를 범하여 임신시켰다. 이것은 아마 공민왕의 관음증(觀淫症) 탓일 것이다. 그 사실을 밀고한 자는 환관 최만생. 김용에게 배웠을까? 공민왕은 임신사실을 은폐하기 위해 홍륜뿐 아니라 밀고자까지 죽일 계획을 세웠다. 그러나 거꾸로 그가 당하고 만다. 허망하다, 실로. 마치 허망함을 보여주기 위해 그의 생애가 그렇게 파란만장하고 음탕유약했다는 듯이. 공민왕은 그림과 글씨에 뛰어났다. 고려의 대표적인 화가로 꼽힐 수준이다. 그는 그렇게 예술을 위해 파탄의 삶을 살았고 예술은 그의 '양성애(兩性愛)적인' 삶을 고도로 난숙한 육감성으로 증언하고 있다.

뒷이야기가 있다. 1395년 이성계가 조선을 세워 한양으로 도읍을 정하고 종묘를 짓던 때이다. 북쪽에서 갑자기 회오리바람이 불더니 무슨 물건이 묘정에 뚝 떨어졌다. 주워보니 공민왕 영정이었다. 군신이 놀라 논의한 끝에 신당을 짓고 영정을 봉안했다고 한다.

그는 무엇이 억울했을까? 공민왕과 신돈의 결합의 끝장은 정말 악취가 날 정도이다. 그러나 역사가 어찌 깨끗함이 깨끗함을 낳는 역사이겠는가. 오히려, 역사란 깨끗함과 더러움의 이분법이 더욱 질높은 차원으로 극복되는 과정이다. 그 지저분한 모태 속에서 정몽주 · 정도전 · 윤소종 등 신진사대부 세력이 등장한다. 이들은 정확히 공민왕의 개혁정치가 아니라 공민왕 · 신돈의 '개혁정치' 속에서 성장하는 것이다. 공민왕과 신돈의 혈연적 피는 더러웠다. 그러나 사회적 피는 그렇게 단순하지 않았다. 그리고 사회적 피가 혈연적 피를 가른다.

이인임(? ~1388년)과 최영(1316~1388년)

공민왕의 뒤를 이은 것은 문제의 '우'. 그가 우왕(1374~1388년)이다. 그러나 이미 고려 왕실은 역사의 주체가 아니다. 6도 도순찰사 최영

레메디오스 바로, 〈만남〉.

과 수(守)시중 이인임은 시해사건에 착수, 곧 최만생과 홍륜을 처단하고 우를 왕위에 올렸다. 이때 실권을 쥔 것은 이인임.

공민왕이 죽자 명덕태후 등은 종친을 새로운 왕으로 세우려 했다. 그러나 그는 자신의 일파와 모의, 나이 10세의 우를 즉위시켰다. 이때 최영도 동조했을 것이다. 왜 그랬을까? 이인임의 음모는 거기서 끝나지 않는다. 그는 명나라 사신 채빈을 중간에 살해케 한다. 공민왕 피살에 대한 명의 심문이 두려웠던 것이다.

이때 최영의 역할은 확실치 않다. 아니 그는 확실히 이상하다.

1373년 그는 6도 도순찰사가 되었는데, 민간인을 군대식으로 재편하여 전함을 만들게 하고, 나이 일흔이 넘은 자로부터 쌀을 거두어 군수에 충당해서 백성들의 원성이 높았다. 그는 6도 행정을 문란케 했다는 이유로 대사헌의 탄핵을 받았지만 오히려 대사헌을 파면시켰다. 전횡인가?

그에게도 시련기가 있었다. 1365년 교동·강화에 침입한 왜구를 격퇴하던 중 그는 신돈의 참소를 받아 좌천·유배에 처해졌다. 유배기간은 1371년 신돈이 처형되고서야 끝난다. 그리고 그는 즉시 찬성사직에 재임명되었다. 그래서 그랬던가? 군인으로서 평생, 그리고 억울한 유배, 그것에 대한 억하심정이 그의 사고와 시야를 경직되게 한 것만은 틀림없다.

그는 분명 이인임과의 연계에도 불구하고 애초부터 친원파는 아니었다. 그는 왜구와 홍건적에 시달리던 공민왕 치세에 걸맞는 불세출의 명장이었을 뿐이다. 군사 2천을 거느리고 원의 홍건적 격퇴를 도우러 갔을 때 그는 혁혁한 공을 세웠다. 그러나 이듬해 고려 조정이 반원정책을 택하자 그는 곧바로 압록강 서쪽 8참을 공격, 파사부(구연성) 등 3참을 쳐부수어버렸던 것이다.

하회별신굿, 각시탈. 고려말.

친원파와 친명파

탄핵을 받던 그해 명이 제주도 말 2천 필을 요구해왔다. 그런데 제주도의 호목(胡牧)이 단 3백 필만을 보내온다. 최영은 전라·경상 도통사가 되어 도병마사 영홍방과 함께 전함 314척과 군사 2만 5천 명을 지휘, 제주를 함락시켰다. 이때 제주는 원에 복속된 것이나 마찬가지인 지역이었다. 최영은 친원파인가, 친명파인가? 그는 순수한 군인으로서 진정한 고려파였다. 그러나 그의 좁은 시야와 경직된 사고가 그를 갈수록 친원파로 굳어가게 만든다.

이인임의 친원 행각은 신진사대부들을 크게 자극시켰다. 친명파의 목소리가 높아졌다. 대표적인 것이 정도전과 정몽주, 그리고 권근. 원은 지는 해요, 명은 뜨는 해이다……. 그들의 주장은 강력했다. 정도전이 먼저 유배에 처해진다. 그러나 신진사대부의 주장은 잦아들지 않았다. 게다가 이첨이 이인임과 찬성사 지윤의 죄목을 열거하며 목벨 것을 상소한다. 이인임은 최영·지윤 등과 합심하여 이첨 등을 사기죄로, 정도전·정몽주·이숭인 등을 해코지 죄로 모두 유배시켰다.

그후 이인임·지윤 일파는 권력을 완전히 장악했다. 그리고 탐학을 일삼았다. 나라는 몇 년째 흉년이 들고 왜구가 출몰하고 명과의 관계에 긴박감이 도는데, 관직과 옥(獄)을 팔고 전국에 걸쳐 토지와 노비를 축적했다.

이때 최영은 무얼 했을까? 우왕 2년 7월, 수만 명의 왜구가 공주 땅에 쳐들어와 노략질을 했다. 관군을 급히 보냈지만 총사령관이 전사하고 만다. 최영이 자원했다. 어린 임금 우왕이 그를 말린다. '장군은 그 동안 공을 많이 세웠으니 편히 쉬시고…….' 최영은 막무가내다. 신 비록 늙었사오나…….'

늙었다? 그렇다. 최영은 이미 육순이 넘은 상태이다. 자, 여기서 그의 이제까지 생애를 보충해보자.

군인 최영

풍채가 괴걸하고 힘이 장사였던 그는 왜구를 수차례 토벌한 공으로 우달치(迂達人)에 임명되었다. 그가 두각을 나타낸 것은 공민왕 즉위년. 왕위 교체기를 틈타 분탕질을 일삼던 조일신의 무리를 진압하는 데 공을 세운 그는 호군(護軍)에 올랐고 2년 후 대호군으로 승진했다. 357년에 그는 4백여 척의 선박에 실려 오예포를 침입한 왜구를 복병작전으로 격파했다.

2차에 걸친 홍건적 침입은 그의 충성심과 용맹을 떨치는 더없는 기회였다. 이때 그가 받은 서훈은 훈 1등. 2년 후 그는 김용의 난을 평정하고, 그 일년 후 최유의 원군을 이성계와 함께 고려에서 몰아낸다. 다시 훈 1등. 그는 최고 지휘관 자리에 올랐다. 그리고 공민왕의 죽음이 빚어졌을 때, 그는 막강한 6도 도순찰사였다. 이인임과의 정치적 연계는 앞서 말했듯이, 불미스럽다.

그러나 그것이 미련한 일이기는 했을망정, 정치에 초연해야 할 군인으로 잘못된 행동이라고는 할 수 없다. 그는 죽을 때까지 군인이었던 것이다. 그리고 군인으로서 그의 충성과 용맹, 그리고 '황금 보기를 돌같이' 하는 청렴의 생애는 그후로도 이어진다. 물론 죽을 때까지 이어진다.

어쨌거나 지금은 우왕 2년. 어린 왕의 만류를 물리치고 전장에 나선 최영은 매우 불리한 전황을 만났다. 왜구들의 쏘아대는 화살이 비오듯 했다. 그중 하나가 최영의 입술을 관통한다. 어찌되었을까, 아니 그는 어찌했을까? 그 화살을 그대로 뽑아 원래 활시위를 당겼던 왜구를 겨냥, 즉사시켰다. 진작부터 최영과 이성계를 무서워하던 왜구는 혼비백산하여 달아났다고 한다.

이성계? 자, 이제 여러 사람의 이제까지 생애를 정리해주어야 할 때이다. 이성계 · 정몽주 · 정도전 · 조준 · 그리고…….

이성계(1335~1408년)

이성계는 최영의 19년 연하이다. 최영은 믿음직한 후배로 보았고 이성계는 그를 경쟁상대로 보았을 것이다. 최영은 군인이지만 이성계는 야심가였던 까닭이다.

이성계는 어려서부터 총명·담대했으며 특히 활쏘는 솜씨가 뛰어났다. 그의 선조 이안사는 전주에서 옮겨와 여진인이 살던 남경(간도)으로 들어가서 원의 지방관이 된 자이다. 그후 아들 행리, 손자 자춘이 원의 천호(千戶) 벼슬을 받게 된다. 원의 후원을 등에 업고 이주민들을 기반으로 한 이자춘의 세력은 함경도 일대를 호령할 정도로 컸다. 그러나 원이 약화되고, 게다가 원에서 이주민 차별정책을 쓰려 하자 이자춘은 공민왕과의 연대를 모색하게 되었던 것이다.

아버지 이자춘의 동북면 병마사 직을 이어받은 후 이성계는 급속히 두각을 나타낸다. 1361년 10월 그는 반란을 일으킨 독로강 만호(萬戶) 박의를 잡아죽였다. 같은 해 2차 침입한 홍건적이 개경을 함락하게 되고 그 이듬해가 그가 선봉으로 참여했던 개경 탈환작전이다. 그 이듬해 나하추의 원군 수만 명, 또 이름 해에는 최유의 원군 1만 명. 그의 명성은 하늘을 찌를 듯했다.

더욱 중요한 점은 그가 동북면을 안정시켰다는 점이다. 이 무렵 여진족은 위력이 상당했다. 삼선·삼개의 지휘 아래 동북면을 침범한 여진족은 함주까지 함락시키며 기세를 올렸다. 그 여진족을 이성계가 무찌르고 동북면의 평화를 정착시키는 것이다. 자, 그렇게 아주 탄탄하게 자기 기반을 다지며 파죽지세로 그는 우왕 치세에 당도했다.

정몽주(1337~1392년)

정몽주는 이성계의 2년 연하였다. 이성계는 그를 매우 아꼈다. 그러나 정몽주는 내내 그의 야심을 의심했다. 둘은 뗄래야 뗄 수 없는 관계였고, 매우 불행한 관계였다.

초명은 몽란(夢蘭). 어머니가 꿈에 난초 화분을 안고 있다 떨어뜨리며 놀라 잠에서 깨어나 그를 낳았다고 한다. 과연 그는 공민왕을 환몽(幻夢)에서 깨어나게 할 유일한 인물이었으나 여의치 못했다. 그는 1357년(공민왕 6년) 감시(監試)에 합격하고 3년 후 문과에 장원, 그 2년 후 예문관 검열 수찬에 제수되는 동안 줄곧 공민왕의 총애를 받았다. 공민왕은 그에게 높이 23센티미터, 폭 22센티미터 무궁화 봉오리 모양의 금동촛대를 특별히 하사한 바 있었다.

그 총애는 물론 김용이나 신돈이 받던 총애와는 다른 유였다. 그는 신진사대부의 대표격이었고 공민왕의 가장 멀쩡한 개혁정치를 담당해가야 할 인물이었다. 왕이 김용의 불만에도 불구하고 정몽주에게 김득배의 장례를 허락한 것은 그 총애의 질적인 차이를 보여주는 대목이다.

그는 이듬해 동북면 도지휘사의 종사관으로 종군, 이성계와 함께 여진 토벌에 참가했다. 이때 이미 두 사람의 관계가 정해졌을 것이다. 정몽주는 천하의 충신이었고, 이성계의 군대는 어딘가 도에 넘치는 데가 있었다. 1366년 정몽주는 극진한 효행으로 상까지 받게 된다. 그렇다. 그는 경세치(經世治)의 유학자가 아니라 충효의 유학자였고 그런 채로 망국을 맞게 된다.

1367년 예조정랑으로 성균관 박사를 겸했는데 그의 강설이 사람들의 의표를 찔렀다. 사람들이 그냥 긴가민가하다가 후에 도입된 송의 《사서통》을 보니 정몽주의 견해 그대로이다. 모두 탄복을 금치 못했고 대사성 이색은 정몽주를 '동방 이학(理學)의 시조'라고 평했다 한다.

정몽주는 여러 벼슬을 두루 거치고 1372년 서장관(書狀官)으로 명

光緒庚辰秋八月下澣
趙子實船館 英植

정몽주. 1357년(공민왕 6) 감시에
합격하고 1360년 문과에 합격하며
벼슬길에 오름.

에 갔는데, 정몽주의 사람됨을 전해들은 바 있던 명 태조 주원장의
환대를 받았다. 귀국길에 풍랑을 만나 12명이 익사하고 그는 13일
동안 사경을 헤매다가 명 구조선에 구출되어 이듬해에야 귀국했다.
어쨌거나 그렇게 사지에서 돌아온 그는 여러 관직을 거치다가 성균
관 대사성에 올랐다. 그리고 우왕 2년 현재. 그는 유배중이다.

정도전(1337~1398년)과 조준(1346~1405년)

정도전은 정몽주와 동갑내기이다. 그는 이색의 문하이고 정몽주와
교유가 많았다. 그러나 그는 정몽주보다 경세치학적이었고 이색보다
혁명적이었다. 둘 사이는 견원지간(犬猿之間)이 된다.

그는 자신의 경세이론을 실현시켜줄 사람을 이성계에게서 찾았고
스스로 그를 따랐다. 후에 그는 조선 개국과정에서 자신의 위치를 한

(漢)의 장량(장자방)에 견주면서 한 고조 유방이 장량을 이용한 것이 아니고 장량이 한 고조를 이용한 것이라 했다. 이것은 자신이 조선 개국의 주역이었음을 과시하기 위해 한 말이기도 하지만 유학·정치 경제학의 '혁명적인' 중요성을 설파하기 위한 것이기도 하다.

그는 문인이면서 무를 겸비했고 성격이 호방하고 혁명가적 기질을 지녔으며, 매우 총명하여 어려서부터 책을 닥치는 대로 읽으면서 정연한 논리를 세웠다. 많은 신진사대부들과 교분을 쌓았는데, 그의 문장은 그의 신조답게 '왕양혼후(汪洋渾厚)'하여 동료들의 추앙을 받았다고 한다. 그는 1360년(공민왕 9년)에 성균시에 합격했고 2년 후 진사시에 합격하여 벼슬을 두루 거치다가 1370년 성균관 박사가 되었다. 그리고 이때부터 정몽주와의 본격적인 만남을 갖게 된다. 그는 매일같이 성리학을 수업, 강론했으며 정몽주와 토론을 벌였다.

이듬해 태상박사에 임명되고 5년 동안 인물 전형선발을 담당했다. 이인임에 대한 도전은 그가 정몽주보다 빠르고 또 구체적이었다. 북원(北元) 사신을 맞이하는 문제를 놓고 이인임 일파를 강력하게 비판하다가 유배당하는 것이다. 어쨌거나 그 또한 지금, 울혈을 삭이며 유배중이다.

조준은 정몽주·정도전보다 9년 연하, 그래서 그는 투쟁기를 거쳐 평화·건설기까지 감당할 수 있었던 것일까, 단지 더 살아서가 아니라 윗세대의 전쟁을 객관적으로 볼 수 있는 신세대였기 때문에? 그는 몽고어 역관으로서 풍양 조

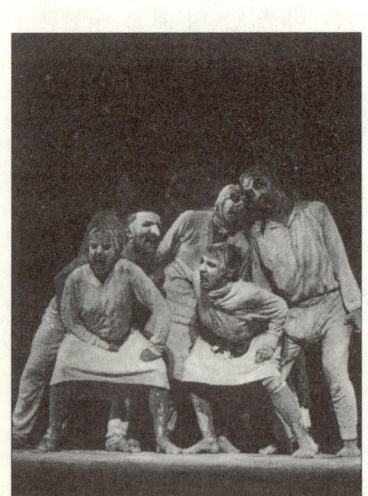

마귀 마랭 무용단, 《May B》 중.

씨 가문을 일으킨 조인규의 증손이다. 6형제 중 5남. 어머니가 자식 중에 과거급제자가 없는 것을 늘 개탄하였으므로 어려서부터 힘써 공부했다. 어렸을 적 공민왕의 눈에 들었고 문과에 급제한 것은 우왕 즉위년. 그는 현재 신망을 쌓아가는 중이다.

해외파와 국내파?

1377년 정몽주와 정도전 등은 유배에서 풀려난다. 정도전은 4년 동안 고향에 있다가 삼각산 밑에 초가집을 짓고 후학을 가르쳤으나 여의치 않아 부평으로 이사했고, 그곳에서도 여의치 않아 다시 김포로 옮겼다. 그리고 1383년 그는 마침내 결심한다. '이 지긋지긋한 유배·유랑생활이 도대체 무슨 의미가 있단 말인가. 이성계에게로 가자……' 그는 동북면 도지휘사 이성계를 찾아 함주막사로 떠난다. 여행은 성공적이었다.

정몽주는 길이 달랐다. 그에게는 함정이 기다리고 있었다. 일본 사신길. 이인임 일파가 정몽주를 풀어준 이유는 그것이었다. 그것은 죽음의 길일 것이 분명해 보였다. 우왕 즉위년에도 나홍유를 보냈으나 3년 동안 옥에 갇혔다가 겨우 살아왔던 터였다. 그런데 규슈 지방장관 이마카와에게 화친을 청하고 왜구 단속을 요청하라……. 그것은 불가능한 임무였다. 당시 일본 조정은 왜구를 단속할 힘이 없었다. 그러나 이 일은 '충신' 정몽주에게 맞았다. 1377년 9월 그는 임무를 준 왕께 감사하는 마음을 품고 일본으로 떠났다.

이마카와는 정몽주를 옥에 가두었으나 곧 그의 글솜씨와 사람됨에 탄복한다. 그는 무례한 행동을 고개 숙여 사죄하고 일본 각지 명승지를 구경시킨 후 수백 명의 고려인 포로와 함께 귀국토록 했다. 정몽주는 백성들의 존경을 한몸에 받게 된다. 하지만 왜구 침입은 그치지 않았다. 정몽주가 일본에 있던 1377년 최영은 강화·통진 등지에 침입한 왜구를 격퇴했다. 이때 그는 다시 사전(私田)을 혁파, 군자에 충당했다. 왜구의 위협을 피하기 위한 천도 주장이 있었지만 그는 단호히 반대한다.

1378년 승천부에 수많은 왜구가 침입했을 때 최영은 이성계와 합작하여 왜구를 거의 전멸시켰다. 그러나 왜구들은 정말 끈질겼다. 이곳 저곳에서 소규모 출몰이 끊이지 않더니 1380년 8월 금강 어귀에 5백여 척의 전함이 나타난다. 그 배에 탄 왜구는 무려 2만 명. 최영은 이번 기회에 시험해보고 싶은 것이 있었다. 화약이었다. 화약이라……. 최무선은 30년 동안의 연구와 고생 끝에 원과 별도로 화약을 만들었다. 그리고 3년 전부터 화통도감 책임자로서 20여 가지의 화약무기를 만들어왔던 것이다.

황산대첩, 그후

고려 군선들이 금강 어구에 이르렀을 때는 왜구들이 벌써 뭍으로 상륙한 후였다. 최영과 최무선은 왜구들의 배를 몽땅 태워버리기로 작전을 짠다. 화약의 위력은 어마어마했다. 왜구들의 배가 하나씩 차례로 불길에 휩싸여 바다 밑으로 가라앉았다.

그러나 이것은 왜구한테도, 또 장차 이성계와의 격전을 감안할 때에도 커다란 작전상 실수였다. 배를 잃은 왜구는 이판사판으로 삼남 지방을 휩쓸며 난동을 부렸고 고려 조정은 이성계를 삼남도통사로, 정몽주를 조전원수(助戰元帥)로 삼아 왜구를 무찌르게 한다. 이성계의 아들 방원도 동행했다.

고려군 숫자는 왜구의 10분의 1이 채 안 되었다. 완전 열세였다. 게다가 여진족 출신으로 이성계의 의동생인 맹장 이지란이 왜구측 소년 장수 아기발도('아기 같은 놈이 참으로 용감하다'라는 뜻)의 용맹을 당하지 못해 죽을 고비를 맞았다. 그때 돌연 화살 하나가 이 아기발도의 투구끈을 끊는다. 그리고 아기발도가 놀라 입을 벌리는 그 속으로 또 하나의 화살이 들어가 박혔다. 모두 이성계가 쏜 화살이었다. 그렇게 상황이 역전되어 왜구는 완전히 패배, 시체가 산과 들을 뒤덮고 포로로 잡힌 자만 6천이 넘었다. 이 황산대첩으로 이성계의 이름은 마침내 최영과 어깨를 겨루게 된다.

최영은 덜컥 병에 걸렸다. 첨단무기까지 갖춘 최영의 전술적 실책. 그것이 그의 운명을 예고한다. 정몽주는? 그는 오로지 청렴결백하고 충성스러운 고려의 신하일 뿐이었다. 노골적인 친원정책을 쓰던 이인임이 안팎으로 궁지에 몰리기 시작한다.

북원은 힘을 합쳐 명의 요동부를 치자고 요구해왔고 명은 그 일을 트집잡더니 사신 채빈의 죽음을 해명하라고 요구했다. 이때 명의 세력은 원보다 분명 강했다. 어쩔 수 없이 명에 파견된 고려 사신들은 유배당하기 일쑤였다. 이인임 일파는 다시 정몽주를 사신으로 보낸다. 1384년. 이때 정도전이 그를 수행했다. 정몽주는 다시 주원장의 호의로 양국관계를 호전시키고 무사히 돌아왔다. 그는 이듬해 과거를 주재하여 우홍명 등 33인을 뽑았다. 그리고 이듬해 다시 명으로 가서 증액된 세공의 삭감 및 5년 간 미납한 세공의 면제를 요청, 결국 뜻을 관철하였다.

그러나 그게 끝이다. 고려와 명의 관계가 최악으로 치닫고 그는 또 한 차례 사신으로 파견되지만 요동에서 되돌아오고 만다. 그리고 명과의 관계가 개선되었을 때 그는 이미 망자(亡者)였다.

몰락과 더 거대한 몰락

정도전은 명에 갔다온 이후 이성계의 천거로 성균관 대사성에 오른다. 조준은? 그는 계속 이성계 · 최영 · 정몽주 삼각관계의 바깥에서 독자적으로 신망을 쌓아갔다. 1376년, 나이 30세, 문과 급제 2년에 강릉도 안렴사(安廉使)로 뽑혔을 때, 이미 그는 정치를 잘하여 관리와 백성 양자에게 사랑과 존경을 받았다. 1382년 최영이 그를 천거, 그는 경상도로 특파되어 왜구 토벌에 소극적이던 도순무사를 벌하고 병마사를 참한다. 이어 1383년 강원도 검찰사로서 왜구를 토벌하고, 그 공으로 공신 직위에 올랐다.

그런데 그후 4년 동안 그는 은둔생활을 택한다. 그가 내세운 이유는 간신권력배들이 조정에서 판을 친다는 것. 그러나 사실은 경사를 공부하고 여러 사람과 교우를 맺으면서 이성계와 연계, 우왕을 폐하고 국정을 쇄신하고자 함이었다. 이성계는? 여진과 왜구를 자기 근거지에서 맞아 싸우고 있었다.

1382년 호바투가 이끄는 여진의 무리가 동북면 일대를 노략질, 그 피해가 극심하였다. 이성계는 이지란과 함께 출진하여, 길주에서 호바투의 무리를 궤멸시켰다. 1384년 동북면 도원수가 되고, 이듬해 함주로 쳐들어온 왜구를 대파했다.

이 당시 이성계는 명으로 향하는 혹은 명에 다녀오는 정몽주를 몇 번 보았을 것이다. 아마 이때 두 사람의 사이가 가장 밀접했을 것이다. 아니, 정몽주가 이성계를 '친명파'로 설득했을지도 모른다. 고려와 명, 북원의 삼각관계는 갈수록 꼬여갔다. 명은 고압적이고 그리하여 고려내 친원파들에게 빌미를 제공했다. 최영은 갈수록 친원파로 굳어졌고 정몽주는 원칙적인 친명파였으며 이성계는 점차 친명파로 기울어갔다.

그러나 먼저 처결해야 할 것이 있었다. 이인임은 1386년 노병으로 사직했지만 그 일파의 실정(失政)이 고려의 자멸을 걱정할 정도였다. 왕의 밀명을 받은 최영은 이성계와 (마지막) 합작으로 이인임과 그 일파를 제거해버린다.

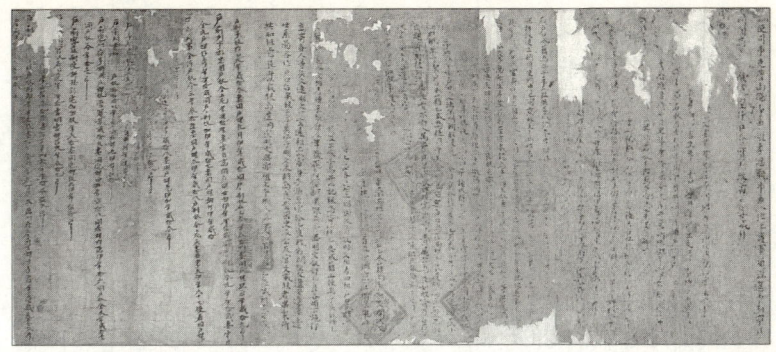

조선 태조 이성계의 호적원본. 고려 1390년 지본묵서(紙本墨書).

최영과 이성계

이것이 1388년 1월의 일이다. 왕은 최영을 문하시중, 이성계를 수문하시중, 이색을 판삼사사(判三司使), 정몽주를 삼사좌사에 임명했다. 최영은 정치의 실권을, 이성계는 군사의 대권을 쥐게 된 것이다. 이색과 정몽주는 무엇을 쥐었나? 아무것도 쥐지 않았다. 청렴결백하고 충직한 행정가 역할을 맡았을 뿐이다. 최영은 '욕심 없는 원로'였고 이성계는 탁월한 군사지휘관이었다. 이것은 무척 이상적인 구도였다.

하지만 이 긴박한 외적·내적 상황에서 이상적인 구도란 것은 정말 얼마나 위험하고, 또 자체 유지력이 없는 구도인가? 외부의 충격이 오자마자 이 구도는 여지없이 허물어진다. 이 구도가 이루어진 지한 달도 못 되어 명은 철령 부근의 땅을 '돌려달라'고 요구해왔다. 원의 쌍성총관부가 있던 곳이었다. 최영은 분개하여 명의 사신을 옥에 가두고 명에 서신을 띄웠다. '철령은 물론이고 공험령(마천령)까지도 우리 땅이다……'

내각은 곧 의견이 둘로 갈라졌다. '요동 쪽으로 밀고 올라가면 아예 그런 소리 못 할 것 아닌가…….' 최영의 주장은 그랬고 우왕이 동조했다. '명과 싸우는 것은 불리하니 다른 방법으로 달래자…….' 이것이 정몽주와 이성계의 주장이었다.

격론을 벌이고 있는 사이 명은 발 빠르게 요양에서 철령에 이르는 사이 70여 군데에 물자보급 기지 건설을 서두른다. 철령위를 설치하려는 것이었다. 이 소식은 회의 분위기를 급변시키고 최영과 우왕은 요동 정벌을 결정한다.

이성계가 4불가론(四不可論)을 편다. 첫째, 작은 나라로 큰 나라를 치는 것은 불리하다. 둘째, 농사철에 군대를 일으킬 수 없다. 셋째, 요동 정벌로 남방 경비가 허술해지면 왜구가 틈을 노릴 것이다. 넷째, 장마철이므로 창칼은 녹슬고 활에 먹인 아교가 녹으며 전염병이 일어나기 쉽다.

최영이 맞받아친다. 첫째, 명이 크지만 북원도 크므로 요동에 신경을 못 쓸 것이다. 둘째, 요동 방비는 허술하다. 셋째, 요동은 기름진 땅이므로 여름에 공격하면 가을에 충분한 군량을 얻을 수 있다. 넷째, 명의 군사들은 장마철에 싸우기를 좋아하지 않는다.

무정견(無政見)

여기서 문제는 선배와 후배 군인의 전술판단의 첨예한 대립이 아니다! 이것은 이미 힘과 힘의, 무(武)와 무의 대립인 것이다. 이때 정말 중요한 것은 정몽주와 이색의 역할일 것이다. 정몽주와 이색은 무엇을 했을까?.아무것도 하지 않았다. 아니, 할 수 없었다. 둘은 끝내 무력한 고려의 문신이었던 것이다. 둘이 직권을 최대한 활용하며 불가(不可)를 외쳤다면 최영은 정벌을 강행할 수 없었을 것이다. 둘이 확실하게 가(可)를 외쳤다면 이성계는 회군하지 못했을 것이다.

그러나 둘은 상반된 입장이 화해하기만을 기다릴 뿐 자기 몸을 던져 화해를 이끌어내려는 노력을 하지 않았다. 그러므로 둘은 무리한 정벌도, 위화도 회군도, 고려 멸망도 막지 못한 것이다. 둘은 망국의 충신밖에는 될 것이 없었다. 이것이 이제현 성리학의 치명적인 한계이다. 그것은 물론 아름다운 한계이다. 다만 구국(求國)의 충신이 아니라 망국의 충신일 운명이 그 둘 앞에 벌써부터 놓여 있었다는 이야기이다. 아니, 더 나아가 그 둘로써 고려는 이미 망해 있었다는 이야기이겠다.

어명을 내려 징집된 요동 정벌군 숫자는 총 5만 명. 총지휘자 최영은 왕 곁에 남고 이성계와 조민수가 군대를 이끌고 서경에서 요동을 향해 출발한다. 약 20일 동안 강행군을 한 정벌군은 5월 7일 압록강 한가운데 섬 위화도에 이르렀다. 그러자 장대 같은 비가 퍼붓는다. 장마가 시작된 것이다. 병사들 사이에 전염병이 돌기 시작했다. 이성계는 조민수와 회군을 의논한다. 조민수도 대찬성이었다. 이성계는 우왕과 최영에게 회군을 간청하는 서신을 보냈다.

내용은 4불가론과 같았다. 회답은 두 번 다 '불가'. 내용은 최영이 주장한 바와 같았다. 이 긴박한 반복과 평행선과 정면충돌 위기 속에 정몽주와 이색은 무얼 했던가? 아무것도 할 수 없었다. 마침내 최영이 직접 지휘하러 온다는 기별이 온다. 어찌할 것인가? 이성계의 물음에 조민수는 고개를 떨어뜨렸다. 그때 배극렴이 말했다. '어느 쪽이든 장군을 따르겠습니다……' 그렇다. 이런 사람이야말로 구국의, 아니 건국의 충신이다. 이 사람으로 하여 이성계가 '장군, 어명을 어깁시다!'라고 말할 수 있었다.

여운 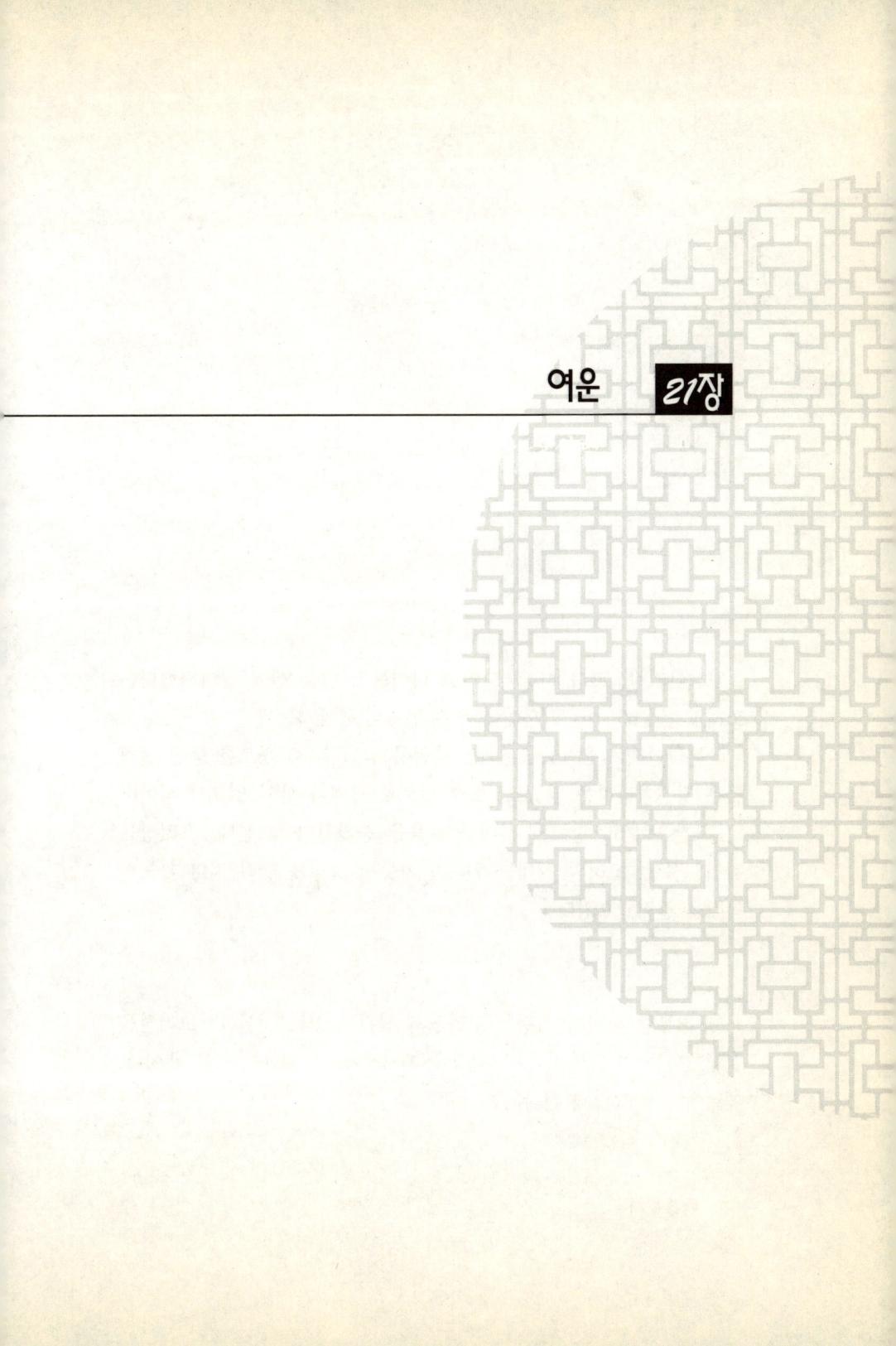21장

1

　정선아리랑, 고려 사찰, 그리고 나이든 노인을 산에 갖다버렸다는 고려장(高麗葬). 이 셋 사이에 무슨 연관이 존재하는가.

　근본적인 멸망은 더 근본적인 슬픔을 남긴다. 새 왕조를 등진 신하들은 정선아리랑을 남겼고, 도성 밖으로 쫓겨나 산의 일부가 되어버린 사찰은 불교 정치의 시대가 갔음을 증거한다. 그런데, 고려장은 뭐지? 사실, 고려의 시대는 50대가 가듯이 그렇게 빨리 지나간 듯한 착각을 불러일으킨다.

2

　그 허무한 노년의 심정이 고려장과 연관이 있는 것일까? 고려장을 실행했다는 기록은 없다. 고려장을 폐지하게 된 설화가 있을 뿐이다. 옛날에…… 그렇게 시작되는.

옛날에 노인네를 산에 갖다버리는 풍습이 있었다. 그날도 아들이 70세 된 아버지를 버리려고 지게에 이고 깊은 산속으로 들어갔다. 약간의 음식도 갖고 갔다. 그의 아들, 즉 70세 된 할아버지의 손자도 따라왔다.

아들이 아버지를 내려놓고 약간의 음식을 그 곁에 두고 내려오려는데, 손자가 지게를 둘러멨다.

"지게를 왜 가져오는 거냐?"

아버지가 아들에게 물었다. 아들이 대답했다.

"아버지도 나이가 차면 이 지게에다 져서 버리게요……."

아버지는 아들의 말에 크게 뉘우치고 자기 아버지를 다시 지게에 지고 내려왔다. 그리고 그뒤로 잘 봉양했다.

이건, 치매에 대한 이야기인가? 할아버지보다 아버지가, 아버지보다 아들이 더 똑똑하다는 것은?

3

다른 이야기도 있다. 아니, 정반대의 이야기이다. 처음은 역시 옛날에…… 그렇게 시작되지만.

옛날에 고려장이 국법으로 정해져 있는 어느 나라에, 법을 어긴 사람이 있었다. 효자였다. 부모가 늙어 고려장을 할 시기가 되었지만 그는 차마 그러지 못하고 부모를 깊숙이 숨겨두고 봉양했다.

그러던 중 중국에서 어려운 문제를 내고는 풀지 못하면 침략하겠다고 협박한다. 나라 안이 모두 근심에 쌓였는데 그때 그 늙은 부모가 답을 가르쳐준다. 이 일로 인해 늙은이도 쓸모 있음을 알고 나라에서 고려장을 폐지했다.

여기서는 노년이 바로 지혜이다. 그러나 아, 어지러워라, 아버지의
아버지와, 아들의 아들이. 동물들은 시간을 먹고 살지 않는다. 국가
도, 법도, 효(孝)도, 도(道)도, 종속도, 지혜도 먹고 살지 않는다. 다
만 인간도 평화로울 때는 그것을 의식하지 않는데……. 어지러워라,
허무, 무너짐, 고려, 고려장.

4

문익점은 원에 있다가 목화씨를 붓대에 숨겨 간신히 국내에 들여
왔다. 그는 최유의 난에 동조했다는 혐의로 귀국과 동시에 파직된다.
그는 장인과 함께 목화 실험재배에 매달린다. 처음엔 겨우 한 그루만
을 건졌다.

3년의 노력 끝에 그는 마침내 목화 재배에 성공한다. 목화씨가 전
국에 퍼졌다. 그러나 어떻게 실을 뽑는지 몰랐는데, 때마침 장인 집
에 묵고 있던 원나라 스님이 씨를 빼는 씨아, 실을 뽑는 물레 제작법
을 가르쳐주었다.

그로 인해 한반도에는 의복 혁명이 일어났다. 백성들이 따뜻한 옷
을 입고 겨울을 날 수 있었다. 그의 공적은 참으로 위대한 것이었다.
공민왕이 죽고 우왕이 즉위하면서 그는 복권된다. 그리고 창왕 때에
는 왕 앞에서 강론을 하기도 했다.

그러나 문익점은 이성계측의 전제개혁에 반기를 들었다가 조준의
탄핵을 받아 관직에서 물러났다. 그리고 얼마 후 죽었다. 조준의 토
지개혁은 백성들을 위한 것이었다. 그는 의복은 알았으되 토지는 몰
랐던 것인가. 그는 조선 태조 7년 때까지 살았다.

5

최무선은 조선 태조 4년 때까지 살았다. 고려 때 그는 왜구의 노략질을 막기 위해 화약과 총을 만들기로 결심하였다. 유황과 분탄은 쉽게 구할 수 있었다. 그러나 초석(염초)을 만드는 게 제일 어렵고 중요했다.

그는 무역항 벽란도로 간다. 중국인을 만나기 위해서였다. 당시 화약 제조법은 원의 국가기밀에 속했다. 그는 중국 강남 사람 이원을 만나 후한 대접을 해주고 끈질기게, 또 눈물로 호소했다. 그의 정성과 조국애에 감동받은 이원은 마침내 흙에서 염초를 추출하는 방법을 가르쳐준다.

그는 몇 번의 실험을 거쳐 화약과 화약무기를 연구했다. 그러나 고려 조정은 화약에 대해 무지몽매했다. 화통도감을 만들자는 그의 건의는 여러 차례 묵살되었다. 겨우 허락을 받은 것이 1377년 10월. 그 때부터 그는 본격적인 무기를 만들기 시작했다.

화통도감에서 제작된 화기 종류는 모두 18가지. 총포는 대장군·이장군·삼장군·육화석포(六火石砲)·화포·신포(信砲)·화통 등이다. 화전·철령전(鐵翎箭)·피령전(皮翎箭) 등의 발사물, 질려포(疾藜砲)·철탄자·천산오룡전(穿山五龍箭)·유화(流火)·촉천화(觸天火), 그리고 일종의 로켓포인 주화(走火) 등이다. 이 화기들의 '어처구니없는'(?) 활약과 위력을 우리는 이미 보았다.

조선시대 들어서면서 최무선은 벼슬을 받지 못했다. 나이가 많다는 이유였다. 조선은 그 점에서 최영을 답습했던 것일까? 그래서 임진왜란 때 일본의 소총에 그리 형편없이 당했던 것일까? 어쨌거나, 화약의 나이라. 화약이야말로 젊으면 젊을수록 그 위력이 비인간적(非人間的)이다.

6

박위는 위화도 회군 이후와 조선시대 초에 활동하므로 시기적으로
는 다음 권이다. 그러나 그는 분명 '고려시대' 사람이다. 그도 최영처
럼 우달치로 등용되었다. 1388년(우왕 14년) 위화도에서 회군하던 군
대행렬에 속해 있었다. 최영을 몰아낸 군 행렬 속에도 물론 그는 속
해 있었다. 후에 그는 경상도 도순문사로 임명되어 전함 1백여 척을
이끌고 대마도를 쳐서 적선 3백여 척을 불태우고 크게 이겼다. 뒤에
그는 이성계와 함께 창왕을 폐하고 공양왕을 추대한 공으로 벼슬이
지문하부사에 올랐다. 1390년(공양왕 2년) 옥사에 연루되어 풍주에 유
배되지만 곧 사면, 회군공신(回軍功臣)이 되었다.

조선 초에도 그는 경상·전라 양 도의 왜구를 물리쳤다. 그러나 다
시 옥사에 연루, 구금된다. 태조가 그를 아껴 석방했지만 사헌부의
거듭되는 탄핵으로 파직되었다. 파란만장 허무하고 개인의 생애 위
대하다.

7

눈이 올라나 비가 올라나 억수장마 질라나
만수산 검은 구름이 막 모여든다

가사에 비해 곡조는 느리고 단조롭다. 정선아리랑은 가장 오래된
아리랑이다. 진도아리랑은 흥청거리고 신명나지만 오도방정이다. 밀
양아리랑은 뚝뚝하고 남성적이지만 역시 초라니방정이다. 정선아리
랑이 애잔하고 소박하면서도 서글픔을 쌓아가며 그 서글픔에 영롱한
깊이를 부여한다.

강원도 금강산 일만이천봉 팔람구암자 유점사 법당 뒤에 칠성단
돋우몿고 팔자에 없는 아들 딸 낳아 달라고 백일 정성 석달 열흘 노

구에……. 늘이고 늘어지고 또 늘어지면서 슬픔의, 힘이 아니고 풀어냄으로, 그 풀어냄의 보다 아름다운 음악의 시간, 시간의 음악으로 저 혼자 흐를 때까지.

정선아리랑은 이런 기원설화(起源說話)가 있다. 고려 말엽 조선 창업을 반대한 고려 유신(遺臣) 72명이 개경 두문동에 숨어 살다가 그 중 전오륜 등 7명이 정선으로 옮겼다. 그래서 정선을 거칠현동(居七賢洞)이라고도 한다. 그들은 산나물을 뜯어먹으며 살았다.

그들은 멸망한 고려 왕조가 망극했고 가족과 고향이 그리웠다. 외롭고 고달팠다. 그들은 한시(漢詩)를 지으며 그 심정을 달랬는데 후에 세인들이 이를 풀어 불렀다. 그것이 정선아리랑이다……. 애절하지만 절규를 참는 정선아리랑. 그들은 정선아리랑으로 또 다른 세계를 창조했다.

8

오래된 목조건물은 정말 생명이 수천 년 나이를 먹은 것 같다. 있을 수 없는, 공상적인 고려장의 현현(法法, 顯現)이다. 그것은 누추한 위엄이지만 누추의 거대한 위엄이기도 하다. 현존하는 고려시대 목조건물은 모두 고려 후기의 것들이다.

백성의 수난이 건물 골격으로 들어선다. 아, 나무. 봉정사 극락전도, 부석사 무량수전도, 수덕사 대웅전도, 그 위에 원색이 헐겁다. 그 밖에 개경 궁궐, 현화사, 홍왕사 등 사찰은 모두 불탔다.

9

고려장, 정선아리랑, 버려진 목조건물들. 그 속에, 그 사이에, 그 너머에, 얼마나 많은 고려 백성들의 생애가 있는가. 허무하고 위대한 생애가 허무하고 위대하다.

10

도교는 불교와 뒤섞인데다 도참사상까지 수용하여 정체성이 모호하고 민간신앙으로 퍼지지 못했다. 풍수지리설의 횡행은 그 허다하고 정치색 강력한 서경천도설로 미루어 짐작할 수 있겠다.

11

마지막으로 특기할 만한 것은 역사서이다. 허무의 역사서? 봉건사상의 역사서? 색즉시공 공즉시색의 역사서? 대표적인 것은《삼국사기》와《삼국유사》이다. 우린 이것에 대하여 이미 많은 말을 했고, 아직 그 사관 속에서 방황하고 있는지도 모른다.

고려 후기의 활발한 역사 연구와 저술활동은 무신난 이후 사회적 혼란, 그리고 몽고 침략을 경험한 식자층들의 반성의 결과이고 그 내용이 자주적이지만, 반성은 매우 폐쇄적이고 자주성은 열림으로 깊지 않다.

《제왕운기》는 1287년(충렬왕 13년)에 이승휴가 쓴 역사시(詩)이다. 상권은 삼황오제에서 원의 발흥에 이르는 중국 역사의 요체를 칠언고시 264구로 읊었다. 하권은 우리나라 역사이다. 1부는 서(序)에 이어 지리기, 단군의 전(前) 조선에서 3국과 후삼국, 그리고 발해가 고려로 통일되는 과정까지 칠언고시 264구로 읊었다.

2부는 고려 태조 세계설화(世界說話)에서 필자 당대인 충렬왕까지를 읊고 있다. 이승휴 또한 신진사대부로서, 왕권강화를 통한 국가질서의 회복을 이 역사시를 통해 희구하고 있는 것이다. 이 글은 1280년 충렬왕의 실정과 친원파 세도가들의 탐학을 10여 조목으로 상소했다가 파직된 후 은둔의 시기에 쓰여졌다.

우리나라와 중국을 대등하게 보려 한 것은 물론 자주성의 발로이다. 그러나 그것은, 적어도 그 당시까지는, 은둔자의 과대망상일지 모른다.

이규보, 이제현의 역사서에 대해서도 언급했다. 이승휴 이전 이규보의 《동명왕편》에 보이는 '자주'사관은 출세하지 못한 자의 비분강개의 발로였다. 이승휴 이후 이제현의 사관은 성리학적인 유교사관이다. 역사보다 더 엄정하게 사관이 발전함을 알 것이다.

그러나 사관이란 정말 얼마나 허무하고 위대한가.

역대 왕조 계보   부록
한국사 연표

역대 왕조 계보

고려 〈475년, 918~1392〉

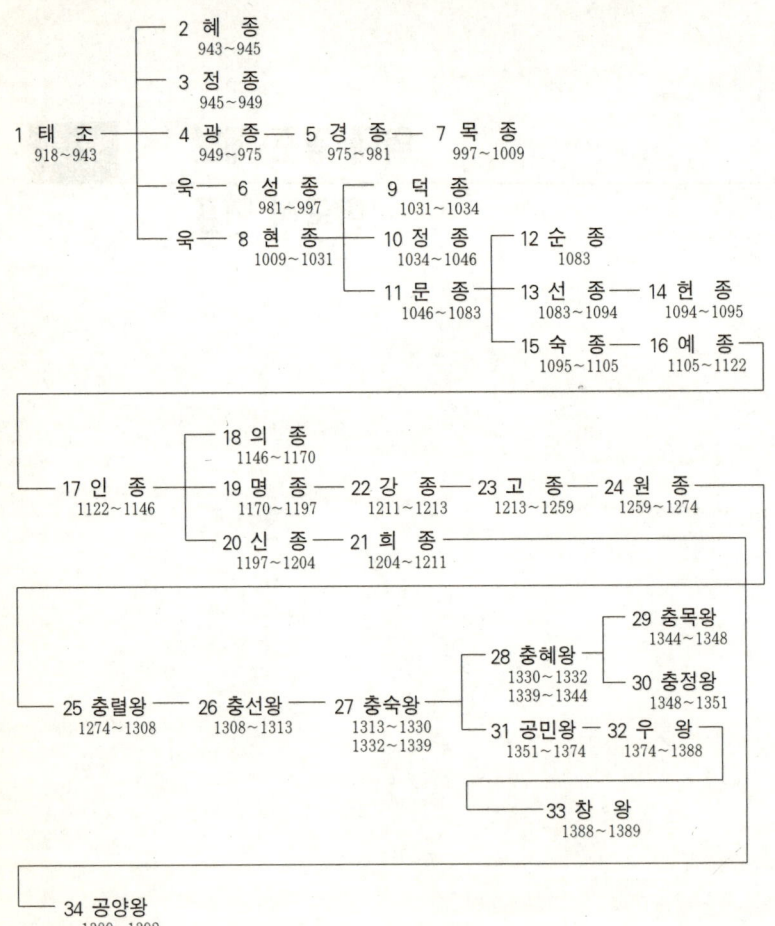

한국사 연표(고려)

정치	사회	문화
918 왕건, 고려 건국 926 발해 멸망 935 신라 멸망 936 고려, 후삼국 통일 945 왕규, 박술희를 죽임. 왕규, 사형됨 947 서북지방에 축성·개척해 30만 군의 광군사(光軍司)를 두고 거란 침입에 대비 950 연호를 다시 세움 (光德)	946 왕, 대사원에 곡식 70만 석을 바치고 불명경보(佛名經寶)·광학보(廣學寶)를 둠 949 국초(國初)의 유공자들에게 미곡을 내림 956 노비안검법 시행 958 쌍기의 건의로 과거를 실시, 시(詩)·부(賦)·의(醫)·복(卜) 등을 고시과목으로 함	950 가요(歌謠)〈한송정(寒松亭)〉 이룩됨 960 승려 체관(諦觀), 《천태사교의(天台四教儀)》 저술 973 균여대사, 《보현십원가(普賢十願歌)》 지음

907 당 멸망, 오대의 시작
916 거란 건국
946 거란, 국호를 요라 함
960 송의 건국
962 로마에서 대관식을 거행하고 신성로마제국 성립 (교황과 황제와의 대립의 시초)

정치	사회	문화
976 전시과 설치		
	981 팔관회의 잡기를 폐지	
983 전국에 12목 설치, 3성, 6부, 7시를 정함		
984 압록강 연안에 관성 (關城)을 쌓고 여진 족에 대비	987 양경(兩京)의 팔관회 를 파함	
	990 서경에 수서원(修書 院)을 세움	990 송의 무악(舞樂) 전래
	992 국자감 설치	
993 거란, 고려에 대한 1차 침입		
996 철전(건원중보)의 주조		
1009 서북면 병마사 강 조, 반란을 일으켜 왕 목종을 폐하고 대양원군(大良院君) 을 세움		
1010 거란의 2차 침입		
		1011 제1차 대장경(초조 대장경) 조판 시작
1018 거란, 10만 대군으 로 고려에 3차 침입		

979 송, 중국통일 북벌 개시
987 프랑스, 카페 왕조 시작
1013~1014 독일 하인리히 2세, 이탈리아 원정

정치	사회	문화
1019 강감찬이 지휘하는 고려군, 철수하는 거란군을 귀주에서 포위하여 격멸 (귀주대첩)	1022 설총을 성묘(聖廟)에 모심	1032 왕가도를 감수국사, 황동량을 국사로 하여 《7대실록》을 편찬(~1034)
1033 북경에 천리장성의 축조를 개시(1044년 완성)	1034 팔관회 시행	1045 비서성(秘書省)에서 《예기정의》《모시정의》를 간행
1051 동북면 · 서북면에서 여진의 침입을 격퇴	1051 팔관회를 베풂	
1076 전시과 개정, 관제 개혁	1073 아들이 없는 자의 공음전은 사위 · 조카 · 양자 · 의자(義子)의 순으로 전급	
1082 일본 쓰시마 섬 사신, 토산물을 바침	1083 진사 이하 제업(諸業)은 3년에 한 번씩 시험	1083 송나라의 대장경을 개국사에 안치
		1087 1차 대장경(초조 대장경 · 속대장경) 완성

1033 송나라 인종의 친정이 시작됨(경력의 치)
1037 셀주크투르크 제국 건국
1042 신성로마제국, 헝가리 정복. 송나라, 요나라와 화친을 맺음
1051~1062 일본, 전(前) 9년의 전쟁
1054 로마교회 동서로 분리됨(로마와 그리스)
1055 셀주크투르크군, 바그다드에 입성하여 서아시아의 지배자가 됨(부와이조(朝) 멸망)
1069 송나라, 왕안석의 개혁 시작
1077 하인리히 황제, 교황에게 파문의 사면을 애걸(카노사의 굴욕)
1083~1087 일본 후삼년(後三年)의 전쟁
1086 송의 왕안석 죽고 사마광이 재상이 되어 신법을 폐지

정치	사회	문화
1102 해동통보 1만 2천 관을 주조		
1104 윤관, 여진과 싸워 결맹하고 돌아옴	1105 황해·경기·강 원·충청·전라 등 전국적으로 광범위 한 유민발생. 사회 불안 야기	1106 《해동비겸》완성. 거란의 포로 중 공 예기술이 있는 자 에게 그 기술을 발 휘케 함
1107 윤관, 5군을 거느리 고 정주로부터 진 격, 여진촌락 135처 를 격파, 함주 이하 6성을 쌓음		
1108 윤관, 함경도 북부 지방에 9성을 쌓음	1112 혜민국 설치	
1126 이자겸의 난이 일어 남	1129 서경에 새 궁전 태 화궁이 낙성됨	1120 예종, 팔관회에서 잡극을 구경하며 〈도이장가〉를 지음
1135 묘청 등, 서경에서 반란을 일으켜 대위 국을 건립, 서경농 민 이에 호응하여 봉기		

1095 클레르몽 종교회의에서 십자군 원정을 결정
1096~1099 제1차 십자군 원정
1115 여진족, 금나라를 건국
1125 금, 요를 멸망
1127 북송 멸망, 남송 시작
1135 폴란드·보헤미아·헝가리, 독일황제의 주권을 인정
1138 스페인 아라곤, 바르셀로나 점령

정치	사회	문화
	1140 공상악인(工商樂人)의 자손은 유공자라도 벼슬을 못하게 함	1145 김부식, 《삼국사기》 50권 편찬
1147 서경인 이숙 등 모반하다가 사형됨	1147 연등회를 정월 망(望)에 열기로 함 1155 연등회 실시	
		1157 《고려사》에 〈산대잡극〉의 배우에 대한 기사가 보임 1159 고려청자 등 도자기 성행
1170 정중부 등 무신난을 일으킴, 문신대학살. 이후 약 1백 년간 무신정권 1173 김보당, 군사를 이끌고 난을 일으킴	1162 이천 · 동주 · 선주 등에서 대규모의 민란 일어남 1172 창주 · 성주 · 철주 등 서북면에서 민란 일어남 1174 서경에서 조위총, 반란을 일으킴. 이에 호응해서 서북방의 40여 성에서 민란 일어남	1170 정서, 〈정과정곡〉 지음 1172 진주 지리산 단속사에 대감국사탑비 건립

1147~1149 제2차 십자군 원정
1150경 영국의 〈아더왕 이야기〉 완성
1163 프랑스, 노트르담 성당 건축 시작
1170 영국, 토마스 베케트의 순교

정치	사회	문화
1179 경대승, 도방(都房)을 둠	1176 공주 명학소에서 천민 망이·망소이가 지휘하는 민란 일어남. 남부 지방에 민란 성행 1179 서경지방에 민란 재발 1190 경주지방에 민란 일어남, 토벌 실패	1186 최세보, 《국사》를 편수 1193 이규보, 《동명왕편》 지음
1196 최충헌, 이의민을 죽이고 그 삼족(三族)을 멸함. 정권장악(4대 60년 간의 최씨정권 성립) 1200 최충헌, 도방(都房)을 세움	1198 개경에서 만적이 난을 일으킴 1200 진주사 정방의 등 민란을 일으킴. 1202 경주·운문·울진 등 연합하여 대규모 민란을 일으키고 주군을 장악	1197 임춘, 《공방전》《국순전》(1146~)을 지음

1189~1192 제3차 십자군 원정
1192 일본, 가마쿠라 막부 세움
1194 셀주크투르크, 분열하여 사실상 멸망(영토의 대부분은 코라즘에 귀속되고 잔여 세력은 소아시아에 할거)
1202~1204 제4차 십자군 원정
1206 칭기즈칸, 몽고 통일

정치	사회	문화
1219 조충 · 김취려, 거란의 재침략을 강동성에서 격퇴. 몽고와 통교 1225 몽고 사신 저고여, 돌아가다 압록강 연안에서 피살. 몽고, 고려를 의심하여 절교. 1231 살리타이를 원수로 하는 몽고군, 고려에 제1차 침입 개시. 1232 강화로 천도. 몽고군의 제2차 침입 개시 1235 몽고군의 제3차 침입 개시 1247 몽고군, 고려에 제4차 침입 개시	1219 의주에서 수졸(戌卒), 폭동을 일으킴 1229 삼사(三司)의 문장고(文張庫), 불에 탐	 1222 내소사(來蘇寺) 동종(銅鍾) 제작 1230 대묘구실(大廟九室) 이 옥책을 분실함 1232 초조대장경, 몽고병의 침입으로 타버림 1234 금속활자로《상정고금예문》50권 인쇄(세계 최초금속 활자의 기록, 부전) 1236 고려 대장경 새김(~1251)

1215 영국, 마그나카르타(대헌장) 제정
1228~1229 제5차 십자군 원정
1234 금, 원에 의해 멸망함
1241 신성로마제국, 한자동맹 성립

정치	사회	문화
1258 유경 등 최의를 죽이고 정권을 왕에게 돌림 (최씨 정권 붕괴) 1269 전민변정도감을 둠 1270 배중손 등 삼별초를 거느리고 항쟁 1273 김방경을 보내어 원 장(元將)과 함께 탐라의 삼별초를 공격 1274 김방경, 원의 장수와 함께 일본을 정벌, 실패 1281 몽고, 고려군을 강제 동원하여 일본정벌. 일본정벌군, 패하여 돌아옴 1282 원, 정동행중성을 폐지	1265 왕, 백좌인왕도장 (百座仁王道場)을 베품 1272 세자, 변발·호복 (胡服)하고 돌아옴 1274 결혼도감을 둠 1278 공사노비의 방랑을 금함 1284 원, 쌍성에 도망한 고려인을 추쇄케 함	1250 고려청자 전성기. 불타의 생애와 효를 드러내는 대리석 탑이 남경에서 옮겨짐. 《한림별곡》 이룩됨 1272 진주 자운사 진명국사 진광탑비를 건립 1280 청자상감 순마명이 구워짐 1282 정월, 송에서 대장경을 가져와 강화 전등사에 장치

1248~1254 제6차 십자군 원정
1270 제7차 십자군 원정(루이 9세의 객사로 중도 귀환)
1271 쿠빌라이, 원(元)을 시작함

정치	사회	문화
		1285 일연의 《삼국유사》 이룩됨 1287 이규보,《제왕운기》 지음
1288 전민변정도감을 둠 1298 충선왕 즉위,충렬왕 을 태상왕으로 함. 관제를 고침 1301 관명이 원조(元朝) 와 같은 것은 모두 개칭	1304 안향의 주장으로 국 학에 대성전 세움	1304 〈금강산도〉가 그려 짐 1308 〈쌍화점〉이 지어짐 (1278~)
	1318 제주도 민란 일어남	1312 충선왕, 역대실록을 본국에 송환시킴
1324 충숙왕, 원의 금동 공주와 결혼		1330 안축,《관동별곡》 《죽계별곡》 지음 1342 이제현,《역옹패설》 을 지음
1345 정방을 다시 둠	1345 팔관회 시행	

1285~1307 영국, 수차에 걸친 스코틀랜드 정벌
1302 프랑스, 삼부회의 최초로 소집됨
1303 보니파시오 교황의 아나니 굴욕(교황의 보편적 중세적 우월성 종말)
1309~1377 교황의 아비뇽 재위(이른바 교황의 아비뇽 유폐)
1328~1329 원, 황실의 내분으로 정권이 남북으로 나뉨
1333 일본, 겸창막부(鎌倉幕府)

정치	사회	문화
1350 왜의 침략 격화. 고성·거제·순천부·합포 등에 침략		1350 《서경별곡》《청산별곡》《가시리》 등 이룩됨
1351 남해에 왜구 침입		
		1354 조인규, 원에 화청자(畵靑瓷)를 가져다 바침. 분청 및 백자 구음.
1356 쌍성 등지를 수복함. 이로써 고려군민, 원 침략군을 완전히 구축		
1359 홍건적, 압록강을 건너 각지에서 노략질. 서경을 함락(홍건적의 제1차 침입)		1357 이인복 〈고금록〉 편수
1361 홍건적의 2차 침입	1361 백의·백립을 금함	
1362 이성계, 함흥평야에서 홍건적을 대파	1363 문익점, 원에서 목화씨를 가져옴	1363 〈태묘악장〉을 새로 찬수함
1366 전민변정도감을 설치. 신돈을 판사(判事)로 함. 신돈, 정치개혁을 행함	1367 호복제를 폐함. 국학을 다시 설치	
1368 공민왕, 원이 오왕(명)에 망하자 백관에게 명과의 수교를 의논케 함.		

1338∼1453 영국과 프랑스 간의 백년전쟁
1357 원 진우량, 홍건적을 쫓아버리고 한왕(漢王)이라 칭함
1368 명 주원장, 황제를 칭하고 명을 건국

정치	사회	문화
	1372 제주에 민란 　　　일어남 1375 제주에 민란 재발	
1376 최영, 왜구 정벌 1377 화통도감을 설치. 　　　최무선, 화약을 발 　　　명하고 각종 화약무 　　　기를 제조 1380 이성계, 운봉에서 　　　왜구를 대파		1377 부석사 조사당에 벽 　　　화천부상이 그려짐 1379 왜구로 인해 해인사 　　　소장의 역대실록을 　　　선주 득익사로 옮김
	1382 양수척들, 영해군에 　　　서 난을 일으킴	
1388 위화도 회군 1389 박위, 왜구의 근거 　　　지인 쓰시마 섬을 　　　정벌	1387 원복(元服)을 폐하 　　　고 명제(明制)를 따 　　　름	1390 왜구로 인해 국사 　　　(國史)를 죽주 칠정 　　　사에서 충주로 옮김
1392 배극렴 등 이성계를 　　　왕으로 추대. 공양 　　　왕, 왕위를 물려줌 　　　(고려 멸망)	1392 노비결송법(奴婢決 　　　訟法)을 제정	

1371 명나라, 하를 멸하고 촉을 평정. 요동을 지배하에 넣음(군주독재제 확립)
1380 명나라, 황제독재권 강화
1380 티무르 제국, 인도 침입 시작
1386 신성로마에 대해 민병의 승리

반란의 시대

첫판 1쇄 펴낸날 · 1997년 6월 20일

지은이 · 김정환
펴낸이 · 김혜경
편집주간 · 김학원
기획실 · 김수진 조영희
편집부 · 한예원 김선경 임미영
디자인 · 김진
영업부 · 이동흔 엄현진 강진호 김영회
관리부 · 권혁관 임옥희 우지숙

펴낸곳 · 도서출판 푸른숲
출판등록 · 1988년 9월 24일 제 11-27호
주소 · 서울시 서대문구 충정로 3가 270번지
     푸른숲 빌딩 4층, 우편번호 120-013
전화 · (기획실) 362-4457~8 (편집부) 364-8666
     (영업부) 364-7871~3
팩시밀리 · 364-7874

ⓒ 김정환, 1997

값 9,000원
ISBN 89-7184-119-2   04910(세트)
     89-7184-126-5   04910

＊ 저자와의 협약에 의해 인지는 생략합니다.
＊ 잘못된 책은 바꾸어 드립니다.